DAS RIFFAQUARIUM
Praxis für Neueinsteiger
3., neu bearbeitete Auflage

Rüdiger Latka

Ein Buch der Zeitschrift „Der MeerwasserAQUARIANER"

Bildnachweis:
Alle Fotos, Zeichnungen, Diagramme und Tabellen stammen vom Autor,
sofern keine anderen Angaben im begleitenden Text gemacht werden.

Umschlagfotos: Paul-G. Rohleder/Aquarium Manfred Trusheim,
                            Erik Kollinger, Rüdiger Latka
Vorsatz/Schmutztitel: Rüdiger Latka, Erik Kollinger

Hinweis: Alle in diesem Buch enthaltenen Angaben, Empfehlungen, Daten,
Dosieranleitungen etc. wurden vom Autor nach bestem Wissen und Gewissen erstellt und sorgfältig überprüft. Da inhaltliche Fehler nicht vollständig auszuschließen sind, übernehmen der Autor und der Verlag keinerlei
Haftung.

Die Deutsche Bibliothek – CIP-Einheitsaufnahme

Rüdiger Latka
Das Riffaquarium
Praxis für Neueinsteiger
(3., neu bearbeitete Auflage)

– Rüdiger Latka Verlag Marxzell 3 –

ISBN 978-3-9810570-4-1

© 2012 Rüdiger Latka Verlag, Dekan-Fellhauer-Str. 18, D-76359 Marxzell 3

Sämtliche Computergrafiken wurden vom Autor erstellt.

Layout: Rüdiger Latka
Lektorat: Martina Leiber
Druck: Stober GmbH, Eggenstein

Statistische Erhebungen des Zoo-
fachhandels gehen davon aus, dass
von 100 Neueinsteigern in die Meerwasseraquaristik 90 bereits im ersten
Jahr wieder abspringen. Frust, weil
nichts so funktioniert, wie es geplant
war, dürfte wohl der Hauptgrund
dieses Missverhältnisses sein. Ich wäre
zufrieden, dieses Verhältnis mit dem
vorliegenden Buch zu verbessern.

Foto: R. Pätzold

Heiz- und Kühltechnik

Dekoration

Wasserchemie

Einrichten und Einfahren

Allgemeines zum Besatz

Besatz Korallen

Besatz diverse Wirbellose

Besatz Fische

Algen

Pflegeplan

Urlaub

Probleme

Parasiten

Vermehrung

Einrichtungsplan

Vorwort

Jeder praktizierende Aquarianer weiß, wie viel Zeit und Sorgfalt er seinem Aquarium widmen muss, damit es funktioniert. Auch Sie, liebe Leser, die kein oder noch kein Aquarium besitzen, vermögen sich leicht vorzustellen, dass das Wasser ohne Pflege nicht sauber bleibt, dass Fische ohne ausreichende Futterzugaben und Korallen ohne Spurenelemente sowie korrekt eingestellte Umgebungsparameter nicht gedeihen.

Das alles hört sich nun so an, als sei die Meerwasseraquaristik die arbeitsintensivste aller Freizeitbeschäftigungen. Ich kann Sie aber beruhigen, sie ist es nicht. Gleichwohl handelt es sich um ein Hobby, das nicht mit der „linken Hand" erledigt werden kann. Die Achtung vor der Kreatur, Lernbereitschaft, Sorgfalt und ein gewisses Maß an selbst erarbeiteter Erfahrung sind notwendig, wenn ein Meerwasserbecken kein verschmutztes Hafenbecken, sondern ein möglichst naturnahes Korallenriff für Fische, Korallen, höhere Algen und die ganze Palette der wirbellosen Tiere werden soll.

Dieser Anspruch wird umso bedeutender, je stärker der Mensch verändernd auf den natürlichen Lebensraum Einfluss nimmt. Eine stärkere Einflussnahme als z. B. der Transport über mehr als den halben Erdball, etwa von Australiens Barriereriff bis in unsere heimischen Gefilde, ist dabei gar nicht denkbar.

Wer diese Auffassung teilt, dem erwächst als Meerwasseraquarianer aus seinem Interesse an der Haltung tropischer Fische auch gleichzeitig die Pflicht bzw. die Aufgabe, den willkürlich aus ihrem angestammten Lebensraum entfernten Geschöpfen ein nicht nur akzeptables, sondern ein ihnen art- und wesensmäßig entsprechendes Biotop zu schaffen. Je näher diese künstliche Umwelt den natürlichen Lebensbedingungen unserer Pfleglinge kommt, desto vollkommener, desto perfekter hat der Aquarianer diese Aufgabe gelöst. Letztlich sind unvollkommen konstruierte Kunstbiotope das Ergebnis zu großer Kenntnislücken oder falscher Anleitungen. Genau dies soll mit dem vorliegenden Leitfaden verhindert werden.

Die nun vorliegende dritte Auflage wurde um eine ganze Reihe neuer Erkenntnisse ergänzt. Besonders die Kapitel Abschäumung, Strömung und Beleuchtung wurden umgearbeitet und teilweise stark erweitert. Auch das Kapitel über die Fische wurde erheblich vergrößert. So komme ich den Wünschen meiner treuen Leserschaft nach, die mich immer wieder durch konstruktive Vorschläge inspiriert.

Rüdiger Latka
Marxzell, im Februar 2012

1 Aquarium und Technik

1.1 Glas und Aquarium

Äußerlich hat sich in der Riffaquaristik in den letzten 10 bis 15 Jahren vieles geändert. Beckenmaße und -formen gibt es in allen erdenklichen Varianten. Eine meist zu wenig beachtete Grundregel ist, dass der Pfleger die Ausstattung des Riffaquariums, wie es hier vorgestellt wird, seinem Geldbeutel anpassen sollte. Es nützt nichts, wenn zu Beginn eine große Summe für die Anschaffung investiert wird, aber später, bei laufendem Betrieb, eisern gespart werden muss. Es ist wesentlich vernünftiger, die Größe des Beckens dem jeweiligen Budget anzupassen. Denken Sie bitte daran, dass z. B. eine HQI-Birne 250 Watt, 14.000 Kelvin, im Fachhandel ca. 110,- Euro kostet

(Stand Oktober 2011). Diese Birne sollte spätestens jedes Jahr einmal gewechselt werden! Daher macht es einen erheblichen Unterschied, ob ein Aquarium mit ein, zwei oder drei HQI-Brennern betrieben wird. Als unterste Netto-Literzahl sollten 150 Liter gelten. Bis ca. 500 Liter dürfte es für einen Normalverdiener möglich sein, das Aquarium anständig zu unterhalten. Entgegen einigen landläufigen Vorstellungen ist die Form des Glasbehälters nicht egal. Bevor Sie über die Maße nachdenken, sollten Sie jedoch zuerst die im Fachhandel erhältliche Beleuchtungstechnik mit in Betracht ziehen. Sondermaße erfordern Sonderausführungen, die unverhältnismäßig teuer werden können. Neben den HQI-Brennern, die im Kapitel Beleuchtung explizit behandelt werden, kommen auch noch Leuchtstoffröhren zum Einsatz.

Große Aquarien sind sehr beeindruckend.
Foto: A. Geschwill

verschiedene Zonen entstehen müssen. Eine Dämmerlicht-, Mittellicht- und Sonnenlichtzone benötigen Platz. Je höher ein Meerwasserbecken ist, umso leichter lassen sich diese unterschiedlichen Stufen aufbauen. Ein flaches Aquarium könnte nur als Sonnenlichtzone eingerichtet werden. Es gibt aber auch Tiere, die nicht dem gleißend hellen Sonnenlicht ausgesetzt sein möchten. Eine Höhe von 60 cm bietet sich somit für das Meerwasserbecken mit Wirbellosen an. Wenn es höher wird, leidet die leichte Pflegbarkeit, da die Armlänge eines Erwachsenen relativ selten 70 cm überschreitet.

Wir brauchen eine Beckenhöhe (A) von mindestens 60 cm zum Aufbau verschiedener Lichtzonen. Die Beckenlänge sollte sich nach der Länge der Leuchtstoffröhren richten.
Foto: M. Gruber

Von den alten T8-Leuchtstofflampen mit einem Röhrendurchmesser von 26 Millimetern sollten wir uns verabschieden. Wir wählen für unser Becken heutzutage die Hochfrequenz-T5-Lampen mit 16 Millimetern Röhrendurchmesser. Sie sind etwas leistungsstärker und im laufenden Betrieb sparsamer als die alten 26-Millimeter-Röhren. Die meisten Leuchtbalken für diese T5-Röhren werden in einer Länge von

- 24 Watt – 650 mm,
- 39 Watt – 950 mm,
- 54 Watt – 1250 mm oder
- 80 Watt – 1550 mm

angeboten. Ein weiterer wichtiger Punkt ist, dass Meerwasserbecken höher sein sollen als Süßwasseraquarien. Das liegt daran, dass beim Aufbau der Dekoration

Folgende Maße gelten somit als „perfekt":

    Länge **x B**reite **x H**öhe (in cm)

- 75 x 50 x 60 cm,
- 105 x 60 x 60 cm,
- 135 x 60 x 60 cm oder
- 165 x 70 x 60 cm

1.2   Die Glasstärke

Generell ist es von Vorteil, wenn für das Becken dickere Scheiben als gemeinhin empfohlen verwendet werden und das Becken sauber verklebt ist. Dann sind die Kanten optimal haltbar. Eine einfache äußere Wulstverklebung hat sich in der Vergangenheit gegenüber einer Stoßverklebung als weniger haltbar erwiesen. Achten

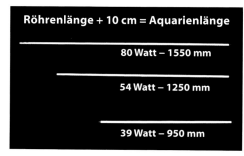

Die als Zusatzlicht (Blaulicht) bevorzugten T5-Leuchtstofflampen bestimmen durch ihre Länge die günstigste Aquarienlänge.

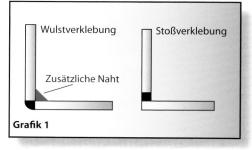

Die Wulstverklebung (links) wird im Bereich der Innenkante leicht überdehnt und kann dort eventuell ausreißen. Deshalb sollte auch an den Innenseiten noch eine Silikonnaht (rot) angebracht sein.

Sie unbedingt darauf, dass solche Aquarien zusätzlich an den Ecken der Innenscheiben mit einer Silikonnaht versehen sind (Grafik 1). Für ein 60 cm hohes Meerwasserbecken sind mindestens 12 mm starke Glasscheiben ratsam. Nach oben gibt es keine Grenzen. Achten Sie auf eine Verklebung mit schwarzem Silikon. Dann können sich unter den Silikonfugen keine Algen bilden und diese im Laufe der Zeit sprengen.

Besondere Beachtung verdient die saubere Verklebung. Jede unsauber ausgeschmierte und nachlässig verklebte Silikonfuge ist ein Herd der Unsicherheit. Achten Sie weiterhin auf eine Dehnfuge von mindestens 2 bis 3 mm. Sie fängt Spannungen auf. Alle Seitenscheiben dürfen nicht auf der Bodenscheibe aufgesetzt sein. Die Bodenscheibe muss sich zwischen den Seitenscheiben befinden.

Lange Aquarien ab ca. 120 cm Länge benötigen in der Regel Querstreben zur Verstärkung. Es ist darauf zu achten, dass beispielsweise bei einem 150 Zentimeter langen Aquarium, das mit 3 HQI-Strahlern beleuchtet werden soll, nicht nur eine Strebe genau in der Mitte sitzen darf, sondern zwei Streben jeweils so im linken und rechten Drittel angebracht werden müssen, dass keine Glasstrebe genau unter einer HQI-Lampe liegt und durch die abgegebene Lampenhitze ggf. platzt (Grafik 2).

1.3 Aquarientypen

Schauen wir uns nun die Vor- und Nachteile einiger Beckentypen im praktischen Betrieb an:

1.3.1 Die Rechteckform

Sie lässt sich gut beströmen und gewährleistet durch die im Verhältnis zum Volumen relativ große Oberfläche einen guten Sauerstoffaustausch. Hier bewährt es sich, wenn in allen vier Ecken jeweils eine Strömungspumpe integriert ist und diese im Puls- oder Intervallrhythmus betrieben wird. Auch hat sich gezeigt, dass zwei sehr starke Pumpen,

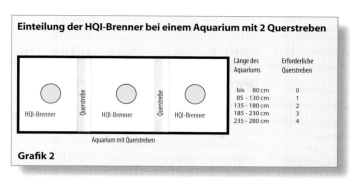

Einteilung der HQI-Brenner bei einem Aquarium mit 2 Querstreben

Länge des Aquariums	Erforderliche Querstreben
bis 80 cm	0
85 - 130 cm	1
135 - 180 cm	2
185 - 230 cm	3
235 - 280 cm	4

Aquarium mit Querstreben

Grafik 2

jeweils eine an jeder Seite des Aquariums (Ausströmöffnungen in verschiedene Richtungen zeigend), ebenfalls gute Ergebnisse bringen, wenn beide Pumpen abwechselnd im Intervall- oder Pulsrhythmus gefahren werden.

1.3.2 Dreieckaquarien

Sie benötigen eine besondere Beströmungsanordnung. Hier sollten die Ausströmöffnungen der Pumpen von der Sichtscheibe aus nach hinten auf das Riff gerichtet werden. Optisch ist das nur vertretbar, wenn

Ein Aquarium mit den Maßen 100 x 60 x 60 cm ist eine gute Ausgangsbasis für ein schönes Korallenriffbecken.
Foto: D. Stüber

die Strömungsleitungen über der Wasseroberfläche zur Vorderscheibe geleitet werden und nur die relativ kurzen Austrittsöffnungen sichtbar sind. Diese Öffnungen sollten zudem drehbar sein. Eine kleinere Pumpe muss hinter dem Riffaufbau angebracht werden, um eine Riffhinterspülung zu gewährleisten. Sie verhindert, dass sich der gesamte Mulm hinter der Dekoration absetzt.

1.3.3 Die geneigte Vorderscheibe

Bei Aquarien, deren Vorderscheibe im Winkel von 35 bis 45 Grad nach hinten läuft, ergeben sich Pflege-, Platz- und Wartungsprobleme. Zweifellos gibt dieser

Die nach hinten geneigte Vorderscheibe bietet einen schönen Einblick auf die Tiere. Allerdings verkleinert sie die Wasseroberfläche und kann Probleme bei der Beckenreinigung machen.
Foto: R. Leonhardt

Beckentyp einen schönen Einblick, da der Betrachter direkt auf die Tiere schaut und so die Farben sehr gut zur Geltung kommen. Ansonsten bieten diese Becken eine im Vergleich zu den übrigen Abmessungen zu kleine Oberfläche. Weiterhin sind sie wegen der schrägen Scheiben nur schwer zu pflegen. Scheibenputzen oder das Hantieren im vorderen unteren Bereich werden schnell zur Tortur. Auch für den Aufbau einer großflächigen Dekoration ist dieser Aquarientyp ungeeignet, weil der Dekorationsabstand zur Vorderscheibe großzügig gewählt werden muss. So geht dringend benötigte Siedlungsfläche aus Gründen der Optik verloren. Vorteilhaft ist hier allerdings die Beströmung. Wenn aus dem hinteren Teil die Pumpen auf die Vorderscheibe gerichtet werden, ergibt sich durch das Umlenken der Strömung eine von unten nach oben treibende Aufwärtsströmung. Eine Strömung von vorn in die Dekoration ist bei diesem Beckentyp wie auch beim Dreieckbecken nur mit einer aufwändigen Verrohrung zu bewerkstelligen, die jedoch, sorgfältig durchgeführt, gute Ergebnisse liefert. Im hinteren Bereich muss ebenfalls eine Riffspülung installiert werden.

1.3.4 Panoramabecken

Etwas gewöhnungsbedürftig ist das Panoramabecken mit seinen abgeschrägten Ecken. Strömungstechnisch hat es jedoch den Vorteil, dass sich die Strömung weniger an den Seitenscheiben bricht, da sie durch die „abgerundeten" Ecken sanfter umgeleitet und weniger gebremst wird. Zwei starke Pumpen im Intervall sind hier schon ausreichend. Optimal ist es, wenn diese Pumpen noch durch eine oder zwei weitere, die von der Hinterscheibe zur Vorderscheibe strömen, unterstützt werden. Diese Pumpen müssen dann allerdings zeitweise durch Pulsation minimal gefahren werden, sodass die Hauptströmung hin und wieder umgelenkt bzw. unterbrochen wird.

Heutzutage ist im Aquarienbau fast alles möglich. Vom futuristischen Aquarium (links) bis zum Becken mit halbrunder Glasfront wird jeder Wunsch erfüllt.
Foto rechts:
A. Geschwill

Panoramabecken mit 45 Grad abgewinkelten Seitenscheiben lassen eine effektive Wasserbewegung zu, da die Strömung an diesen Scheiben sanft umgelenkt wird.
Foto: L. Gessert

Links: Sehr populär sind Sechs- oder Achteckbecken. Sie sind für Fische günstig, da sie den in der Mitte angeordneten Aufbau umschwimmen können.
Foto: L. Gessert

Rechts: Selbst um eine Ecke herum kann ein Glasaquarium gebaut werden.
Foto: A. Geschwill

1.4 Filterkammern

Ein heikles Thema in der Meeresaquaristik ist die günstige Anordnung des sog. „Filtersumpfs". Dieser dient in erster Linie als Aufnahmekammer für die notwendigen technischen Geräte. Das Aquarium soll sich harmonisch in den Wohnraum integrieren, und deshalb ist jeder Aquarianer bestrebt, die sinnvolle, aber nicht gerade ästhetische Technik aus dem Blickfeld zu verbannen. Hier bietet sich an, den „Filtersumpf" unter, neben oder in dem Becken selbst zu installieren. Alle Installationen sind als gleichwertig zu betrachten, weisen jedoch gravierende Unterschiede in Betrieb und Aufbau auf.

1.4.1 Die Kammer <u>unter</u> dem Aquarium

In diesem Fall wird eine Durchführung durch die Aquarienbodenscheibe gewählt. Man kann einmal zwei Löcher direkt in den Aquarienboden bohren und mittels zweier Tankdurchführungen zwei graue PVC-

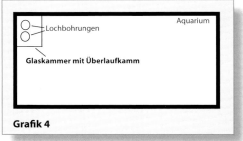

Grafik 3

Lochbohrungen direkt
im Becken ohne Glaskammer

Aquarium

Zwei Einlaufrohre für den Filter im Unterschrank.
Das erste Rohr (A) ist der eigentliche Abfluss. Das zweite Rohr (B) sollte 1,5 cm höher sein. Es stellt den Sicherheitsabfluss dar, falls (A) verstopft.

Rohre mit mindestens 32 mm Durchmesser einkleben. Diese Konstruktion nimmt wenig Platz in Anspruch und hat sich in der Praxis über Jahre bewährt.

Noch sicherer ist es, wenn die Durchführung mit einem aus Glas geklebten Überlaufkasten gesichert wird. Dieser Kasten

Das Unterschrankfilterbecken hat den Vorteil, dass hier die ganze Technik unsichtbar und geräuschlos untergebracht werden kann.

benötigt zum Schutz der beweglichen Tiere einen Überlaufkamm. In der Regel wird dieser Kasten zum Dämpfen des Ablaufgeräuschs mit allerlei Material befüllt. Egal, ob es sich hierbei um Keramikröhrchen, Biofilterigel, groben Korallengrus oder Schaumstoffplatten handelt, eines sollte

Lochbohrungen

Aquarium

Glaskammer mit Überlaufkamm

Grafik 4

klar sein: Wenn er mit diesen Materialien bestückt wurde, funktioniert er nach einer gewissen Einlaufphase als biologischer Filter und beeinflusst den Eiweißabschäumer negativ. Deshalb ist es günstig, die Kammer leer zu lassen und auf die – auch hier notwendige – Tankdurchführung zusätzlich ein Rohr zu kleben. Über dieses Rohr läuft das Wasser nach unten. Zusätzlich bauen wir in die Kammer noch ein Sicherheitsrohr mit ein, falls das Hauptrohr einmal verstopft. Diese Mehrinvestition kann viel Ärger ersparen!

1.4.1.1 Geräuschentwicklung

Wenn Abflussrohre direkt mit der Öffnung nach oben zeigen, entsteht beim Ablaufen ein Strömungstrichter, der so weit in das Rohr hineinreicht, dass Luftblasen vom Wasserstrom erfasst werden. Hierdurch entsteht ein unangenehmes Schlürfen, das auch die geduldigsten Mitbewohner mit der Zeit um den Verstand bringt. Die Trichterbildung kann vermieden werden, indem in der Rohrleitung, die zum Filtersumpf führt, ein sogenanntes Schrägsitz-

ventil angebracht wird. Damit lässt sich der Wasserstand so fein regulieren, dass er sich einige Zentimeter über dem Abfluss einstellen lässt. Das Abflussgeräusch ist dann größtenteils eliminiert. Beim Verstopfen des Hauptabflussrohrs läuft das einfließende Wasser dann über das völlig frei liegende Sicherheitsrohr ab, dessen Öffnung noch mit einem Plastikgitter gegen ein Verstopfen gesichert wird. Dann können Sie auch mal beruhigt in Urlaub gehen.

Bei solch einer Kammer reicht es aus, wenn Sie sich für eine Förderpumpe entscheiden, die den gesamten Inhalt des Aquariums ein- bis zweimal in der Stunde umwälzt. Es empfiehlt sich nicht, diese Förderpumpe gleichzeitig als leistungsstarke Strömungspumpe zu verwenden. Das Ablaufgeräusch des Überlaufs wird so nur unnötig verstärkt.

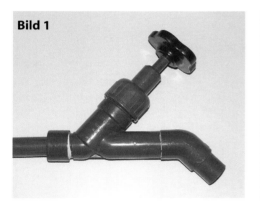

Bild 1

Bild 2

Das Schrägsitzventil (Bild 1) ist dem Kugelhahn (Bild 2) in puncto Regelungsgenauigkeit weit überlegen.

Bild 3

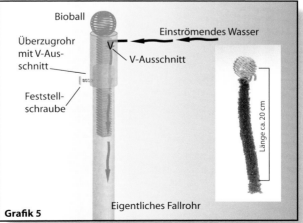

Bioball

Überzugrohr mit V-Ausschnitt

Feststellschraube

Einströmendes Wasser

V-Ausschnitt

Länge ca. 20 cm

Eigentliches Fallrohr

Grafik 5

Es funktioniert auch einfacher: In ein PVC-Rohr größeren Durchmessers (Bild 3) wird ein V-Ausschnitt gesägt. Dieses Rohr wird über das Einlaufrohr geschoben (Grafik 5). Ein Streifen Filterschwamm wird an einem Bioball befestigt und in das Rohr eingeführt. Nun kann der ablaufende Strudel keine Luft mehr mitführen. Dadurch wird ein „Gurgelgeräusch" unterbunden.

1.4.2 Die Kammer <u>neben</u> dem Aquarium

Befindet sich der Filtersumpf neben dem Aquarium, wird eine Glasbohrung an einer Seitenscheibe im Becken und im Filterbehälter in Höhe des gedachten Wasserspiegels angebracht. Der Rohrquerschnitt (mind. 32 mm) sollte so groß gewählt werden, dass der Wasserstand zwischen Becken und Filter nur wenig differiert.

Bei dieser Konstruktion entwickelt sich kein Saug- oder Gurgelgeräusch und das teure Schrägsitzventil wird eingespart. Sie bietet sich z. B. für Filter an, die in einem Raum neben oder hinter dem Aquarium untergebracht werden sollen.

Ein zweiter, zusätzlicher Sicherheitsablauf (sprich Bohrung) bietet sich dennoch auch hier an.

Grafik 6 zeigt das externe Filterbecken neben dem Aquarium (z. B. mittels Wanddurchführung in einen separaten Raum).

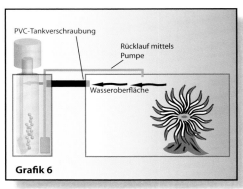

Grafik 6

Grafik 7: Das Wasser kommt zuerst aus dem Aquarium und läuft direkt in die Abschäumerkammer. Nach der Reinigung durch den Abschäumer läuft es über ein dünnes Reinigungsmedium (Filtervlies), um dann in Kammer 3 wieder zurück in das Aquarium gepumpt zu werden. Das Filtervlies wird idealerweise täglich kurz in Leitungswasser ausgewaschen.

1.4.3 Die <u>integrierte</u> Kammer im Aquarium

Diese ist nur durch eine Glasscheibe vom Hauptbecken getrennt. Weiterhin wird sie in drei Teile unterteilt. Als günstig erweist sich z. B. bei einem 60 cm tiefen Becken folgende Dreiteilung:

Von einer integrierten Kammer spricht man, wenn diese direkt in das Becken geklebt wurde.

Erstens eine 30 cm breite Kammer (Einströmkammer), die den Abschäumer beinhaltet und mit einem Überlaufkamm ausgestattet wird.

Zweitens eine mechanische Schnellfilterkammer, die mit einem Stück blauem Filterschaumstoff versehen wird und maximal 10 cm breit sein sollte.

Drittens eine Kammer, die den Ansaugstutzen der Strömungspumpen und andere technische Geräte (außer dem Heizstab!) aufnehmen kann.

Diese integrierte Kammer benötigt keine Bohrungen. Es empfiehlt sich aber, bei der Verwendung den motorbetriebenen Eiweißabschäumer auf eine dicke Schaumstoffunterlage zu stellen, damit die durch den Motor erzeugten Vibrationen nicht stören.

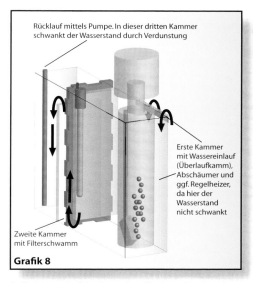

Rücklauf mittels Pumpe. In dieser dritten Kammer schwankt der Wasserstand durch Verdunstung

Erste Kammer mit Wassereinlauf (Überlaufkamm), Abschäumer und ggf. Regelheizer, da hier der Wasserstand nicht schwankt

Zweite Kammer mit Filterschwamm

Grafik 8

Grafik 8 veranschaulicht eine weitere Einteilung einer integrierten Kammer. Der Wassereinlauf sollte nur im Bereich der ersten Abtrennung liegen. Hier wird auch der Abschäumer installiert.

1.5 Das Filtersystem

Unser Aquarium hat den Anspruch, auch in der Wartung und Kontrollierbarkeit perfekt, d. h. sicher zu sein. Über kein Thema wird in Aquarianerkreisen so häufig diskutiert wie über die Filtertechnik. Es ist der Anspruch dieses Buchs, den sogenannten „salzigen Daumen" abzuschaffen und reproduzierbare Ergebnisse zu ermög-

lichen. Das ist mit einem der häufig in der meeresaquaristischen Literatur vorgestellten „natürlichen Systeme", die auf spezielle Algenfilter, besondere Schlammfilter oder gar großflächige denitrifizierende Bodenbereiche innerhalb des Aquariums (Jaubert-System) zurückgreifen, nicht möglich. Biologische Filter jeglicher Art sind kaum zu beeinflussen und ihre Wirkung ist nicht kontrollierbar. Sie stellen eine Mülldeponie dar, über die wir permanent unser Meerwasser schicken. Viele feste mechanische Stoffe wie Algenfetzen, Fischhautfetzen etc. lösen sich im Filter auf und liegen dann in gelöster Form vor.

Wir müssen verstehen, dass ohne die Anwesenheit aerober und anaerober Bakterien kein Filtersystem funktioniert. Diese Bakterien sitzen jedoch nicht nur im Filter, sondern als Biofilm auf der gesamten Dekoration des Aquariums. Biofilme wachsen auf allen Oberflächen. Entscheidend für den biologischen Abbau sind

* die Versorgung mit abzubauenden Substanzen,
* ausreichend Sauerstoff sowie
* das schnelle Abtransportieren der Abbauprodukte.

Ein Aquarium mit hohem Bodengrund nach dem Jaubert-System. Diese sogenannten natürlichen Systeme sind nur für den fortgeschrittenen Meerwasseraquarianer geeignet, denn ihr Betrieb erfordert eine gehörige Portion Erfahrung.
Foto: M. Languet

Da die Schleimschicht der Biofilme sehr „scherfest" ist und die Strömungsgeschwindigkeit des Wassers an der Grenzfläche herabsetzt, wird die Abbauleistung durch eine hohe Strömungsgeschwindigkeit und Turbulenz nicht verringert. Alle Filtermaterialien, egal, welche tiefere Logik und Weisheit hinter ihrer Auswahl stehen, sind somit gleich gut geeignet, wenn sie keine Giftstoffe und Schwermetalle abgeben und eine dauerhaft gute Durchströmbarkeit und Sauerstoffversorgung garantieren.

Da wir in unserem System zusätzlich einen Eiweißabschäumer als Hauptfilter verwenden, ist zu beachten, dass eine extreme Abbauleistung durch überdimensionierte Biofilter nicht sinnvoll ist. Im ungünstigsten Fall werden die Abfallstoffe so schnell abgebaut oder in Teile zerlegt, dass sie der Eiweißabschäumer nicht mehr als Großmoleküle entfernen kann (der Schmutz bleibt im Becken und wird gar nicht entfernt). Auch kann es vorkommen, dass kleine Bruchstücke (Peptide), die die Korallen gerne aufnehmen, zu schnell mineralisiert werden. Deshalb entschließen wir uns, unser Riffaquarium <u>nicht</u> mit einem zusätzlichen biologischen Filter zu betreiben, sondern wir machen uns nur die Bakterienpopulation auf den Dekorationsmaterialien zunutze.

1.5.1 Lebende Steine als Biofilter

Für eine Filterung des Meerwassers haben sich in der Vergangenheit die sogenannten lebenden Steine sehr bewährt. Die Menge, die bei dem von uns angestrebten Aquarium benötigt wird, beläuft sich auf 5 bis 10 % des Aquarienbruttoinhalts in Litern. Dies bedeutet, dass z. B. bei einem Bruttoinhalt von x Litern 5 bis 10 % (in Kilogramm) lebende Steine benutzt werden sollten. Bei einem 500-Liter-Becken wären das somit 25 bis 50 kg. Diese Menge reicht für das System in jedem Fall aus.

Unter lebenden Steinen wird in der Meerwasseraquaristik ein einem Steinbrocken ähnliches Gebilde aus abgestorbenen Korallen, Röhrenwürmern und Sedimenten verstanden, das im Riff gefunden wird. Diese Gesteinsbrocken sind innen und außen voller Leben. Wer solch einen Brocken näher betrachtet, stellt fest, dass er durchsetzt ist mit einer Vielzahl von Organismen: Röhrenwürmer, Schwämme, Seescheiden, Wurmschnecken, bunte Kalkalgen etc. Bevorzugt werden diese Steine auch von vielen kleinen Krebschen besiedelt, die hier Wohnhöhlen bauen und darin leben. Dieser lebende Stein erfüllt einen der wichtigsten Aspekte für den Betrieb unseres perfekten Aquariums. Er bringt ein reichhaltiges Angebot an Leben in unser zuerst einmal steriles Aquarienmilieu. Je nach Qualität steuert er das Aquarienklima in die richtige Richtung. Die normalerweise auf den lebenden Steinen wachsenden höheren Algen können zusammen mit den ersten Korallen eine ähnliche Einfahrleistung erbringen wie ein dichter Pflanzenwuchs in der Einlaufphase eines Süßwasseraquariums.

Info – falls Sie es genau wissen möchten

Der Dekorationsuntergrund muss für die Bakterien spezielle Eigenschaften erfüllen. Tiefe Poren und Ritzen unter den Biofilmen sind die Ursache für eine Nitrat abbauende (denitrifizierende) Wirkung von porösem Riffgestein, Korallenbruch oder Foraminiferensand. Durch den Abbau stickstoffhaltiger Moleküle entsteht Ammonium (NH_4^+), das dann von anderen Bakterien im oberen Teil des Biofilms mit Sauerstoff zum giftigen Nitrit (NO_2^-) und weiter zum ungiftigen Nitrat (NO_3^-) oxidiert wird. Gelangt dieses Nitrit oder Nitrat in tiefere, sauerstoffarme (mikroaerophile) Zonen des Biofilms, werden beide dankbar als „Sauerstoffspender" verwendet und wieder in Ammonium umgewandelt. Nur in einem nährstoffarmen, sauerstofffreien Bereich, also in tiefen Poren und Ritzen des Trägermaterials, wird Nitrat (NO_3^-) über Lachgas (N_2O) zu reinem Stickstoff denitrifiziert und der ursprünglich durch das Futter eingetragene Stickstoff als Gas aus dem Wasser entfernt.

Die Steine werden etwas vorgereinigt. Schwammrückstände sollten auf jeden Fall mit einer ausgedienten Zahnbürste entfernt werden. Sie verpesten das Wasser. Dann müssen die Steine in einem Eimer mit ausgereiftem Seewasser (gebrauchtes Wasser eines Aquarienfreundes oder aber vorbereitetes, mindestens 21 Tage altes Meerwasser) stark durchgeschüttelt und hin- und her bewegt werden. Dadurch werden tote Krebschen und anderes verendetes Getier ausgespült und außerdem werden die Steine von anhaftendem Sediment befreit. Ein komplettes Abbürsten der Steine verbietet sich, da wir zu Beginn noch nicht erkennen können, welche Algen etc., die für uns später nützlich sind, auf den Steinen sitzen.

Die Steine sollten erst in das Becken eingebracht werden, wenn das Aquarienwasser mindestens zwei bis drei Wochen alt ist und das System während dieser Zeit mit allen technischen Komponenten wie Abschäumung, eingeschaltetem Licht und Umwälzung betrieben wird und sich mittlerweile ein leichter Algenfilm auf der Dekoration gebildet hat. Dann ist das Wasser so weit entschärft, dass es die Lebewesen in den Steinen nicht mehr zerstört.

Im Aquarium selbst werden die Steine in den nächsten Wochen immer wieder mit einer kleinen Strömungspumpe abgeblasen und von Sediment befreit. So wird verhindert, dass das Sediment auf den Steinen verdickt und viele Tiere, die sich in der

Aufwuchs, der sich nach ca. eineinhalb Jahren aus einem lebenden Stein, der in der Dunkelzone im Aquarium lag, entwickelte.

Ein lebender Stein, der nach der Reinigung in einem dunklen, mit Meerwasser gefüllten Fass reifen konnte. Selbstverständlich muss dieses Fass beströmt und ggf. temperiert werden. Nur so bleibt der Stein „gesund"!

Lebender Stein

Toter Stein

Info – lebende Steine immer auf die toten Steine legen

Beachten Sie, dass die lebenden Steine immer auf das tote Riffgestein gelegt werden müssen. Dadurch ergeben sich für den Aquarianer bereits in der Einlaufphase an den vom Licht beschienenen Stellen, wesentlich weniger Probleme mit Fadenalgen. Die Biofilme, die auf den lebenden Steinen schon etabliert sind, verhindern zuverlässig eine übermäßige Ansiedlung von Algen. Das nebenstehende Foto verdeutlicht das: links ein aufgelegter lebender Stein, rechts ein toter Dekorationsstein.

Entwicklungsphase befinden, erstickt. In dieser Zeit sollte der mechanische Schnellfilter des Aquariums sehr häufig gereinigt werden.

1.5.2 Der mechanische Schnellfilter

Neben den lebenden Steinen, die hauptsächlich die biologische Filterfunktion übernehmen, sollte noch ein mechanischer Schnellfilter betrieben werden. Er schützt die Korallen nicht nur vor zu starker Sedimentation, sondern er bringt auch die massenhaft im freien Wasser treibenden und von Fischen aufgewirbelten Mikroalgen, Kieselalgen, Dinoflagellaten, Raphidophyten, Cyanobakterien etc. aus dem Kreislauf. Es darf nicht vergessen werden, dass all diese Organismen zu einem nicht unerheblichen Teil über ihre Bedürfnisse hinaus in ihrem Zellsaft Phosphat und Stickstoffverbindungen speichern, die dadurch aus dem Aquarium entfernt werden. Bei diesen Filtern handelt es sich oft um eine Schaumstoffpatrone oder eine mit Watte gefüllte Filterglocke, die beide mit einer Tauchkreiselpumpe betrieben werden. Die Lösung ist zwar elegant, hat aber auch einen kleinen Nachteil: Wenn dieser Filter nicht wirklich täglich gereinigt wird, entwickelt er sich im Laufe weniger Tage während der Beleuchtungsphase zu einer regelrechten Luftblasenschleuder.

Dies liegt zum einen an der Ansammlung sich zersetzender organischer Substanzen und zum anderen an der Entgasung des während der Assimilationsphase stark mit Sauerstoff angereicherten Aquarienwassers, das dann durch die schnell laufenden Kreiselpumpen entgast wird.

Hier können dann die im Becken umherwirbelnden Luftblasen die Korallen schädigen. Besonders Hornkorallen mögen das nicht und öffnen meist die Polypen nicht mehr. Vorteilhafter ist es, in einer Filterkammer ein Stück Aquarienschaumstoff unterzubringen, durch den das gesamte

Grafik 9 und das Bild rechts unten zeigen deutlich, wie man einen effektiven Schnellfilter anfertigen kann, der nicht zur Blasenbildung neigt. In einer zweiten Filterkammer (FK 2) wird ein passend zugeschnittener grober Filterschwamm auf ein sogenanntes Leuchtengitter gelegt. Dieser kann nun täglich leicht gereinigt werden.

Wasser geleitet wird. Dieser Filter produziert keine Luftblasen.

Es ist aber in jedem Fall darauf zu achten, diesen Filter so zu konstruieren, dass er be-

Eine POWER HEAD-Pumpe, die für den Einsatz als mechanischer Schnellfilter mit Filterglocke geeignet ist.

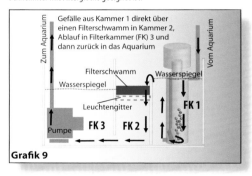

Gefälle aus Kammer 1 direkt über einen Filterschwamm in Kammer 2, Ablauf in Filterkammer (FK) 3 und dann zurück in das Aquarium

Zum Aquarium · Vom Aquarium

Filterschwamm · Wasserspiegel · Wasserspiegel · Leuchtengitter · FK 1 · Pumpe · FK 3 · FK 2

Grafik 9

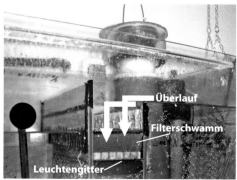

Überlauf · Filterschwamm · Leuchtengitter

quem gereinigt werden kann. Nur dann lassen sich die unbedingt notwendigen kurzen Reinigungsintervalle einhalten.

1.6 Eiweißabschäumer

Solange es Meerwasseraquarien gibt, versuchen wir Aquarianer die Abbau- und Zwischenprodukte organischer Substanzen aus dem Wasser zu entfernen.
In der Meeresaquaristik wird die Ausgangssubstanz dieser Produkte unter dem Namen „Eiweiß" zusammengefasst. In Wirklichkeit handelt es sich aber um oberflächenaktive Substanzen auch Detergenzien oder Tenside genannt.

1.6.1 Wie entsteht die Schaumbildung?

Um einen festen Schaum zu bilden, der sich dazu noch leicht entfernen lässt, reicht es nicht aus, einfach nur Luft ins Wasser zu blasen. Pustet man beispielsweise mit einem Strohhalm in ein Glas Wasser, blubbert es zwar, aber es entsteht kein Schaum. Geben wir dagegen etwas Seife ins Wasser, entstehen stabile Luftblasen und Schaum.
Seife ist eine oberflächenaktive Substanz. Sie besteht aus einem wasserliebenden (hydrophilen) und einem wasserabstoßenden (hydrophoben) Teil. Deshalb werden oberflächenaktive Substanzen als amphiphil

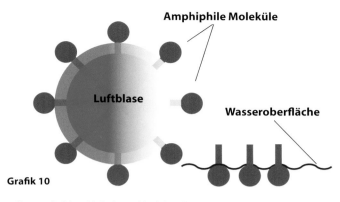

Amphiphile Moleküle

Luftblase

Wasseroberfläche

Grafik 10

Grafik 10: Amphiphile Moleküle, die sowohl Luft als auch Wasser mögen, lagern sich an der Wasseroberfläche und somit auch an Luftblasen an.

(beides liebend) bezeichnet. Bleiben wir zur Veranschaulichung beim Beispiel Seife.
Die eine Hälfte des Seifenmoleküls möchte im Wasser bleiben, die andere Hälfte möchte aber das Wasser so schnell wie möglich verlassen. Eine gute Möglichkeit hierzu bietet die Wasseroberfläche. Sobald die Seifenmoleküle auf Luftblasen treffen, lagern sie sich an diese an, denn auch so können die Wasser abstoßenden (hydrophoben) Enden das Wasser verlassen. Die angelagerten Seifenmoleküle stabilisieren die Luftblase, diese verbindet sich nicht mehr so leicht mit anderen Luftblasen zu größeren Gebilden. Ein weiterer Vorteil: Wenn sie an der Wasseroberfläche ankommt, geht sie nicht mehr kaputt und bildet zusammen mit anderen mit Seife beladenen Luftblasen eine neue Form: den Schaum (GLASER 2009).

Wird einfach nur Luft in Wasser geblasen (links), entsteht kein Schaum. Befinden sich aber sogenannte oberflächenaktive Substanzen im Wasser, die im rechten Glas als Seife zugegeben wurden, bildet sich ein zäher Schaum.

1.6.2 In der Praxis

Das Gleiche passiert im Eiweißabschäumer. Auch hier entsteht Schaum durch die Verbindung von Luftblasen mit amphiphilen Molekülen. Hierbei wird natürlich keine Seife verwendet, denn das wäre sehr ungesund für unsere Aquarienbewohner. Statt dessen geschieht die Schaumbildung durch Stoffe, die als Abbauprodukte im Meerwasser vorkommen. Viele dieser Stoffe entstehen durch die Zersetzung von Bakterien. Auch Giftstoffe, die von Korallen, Algen oder Bakterien produziert werden, können abgeschäumt werden. Weiterhin entfernt die Abschäumung organische Stoffe und verringert dadurch die Bildung von Ammonium und Detritus. Durch den Entzug vieler organischer Stoffe verringert sich das Wachstum der Bakterien, da ihnen einiges an Nahrung entzogen wird. Selbst Gelbstoffe und andere Stoffe, die sich durch Bakterien kaum abbauen lassen, werden durch die Abschäumung reduziert.

Untersuchungen zeigen, dass Proteine (Eiweiße) gar nicht den Großteil der Schaum bildenden Stoffe ausmachen. „Eiweißabschäumer" ist somit nicht die korrekte Bezeichnung aber sie hat sich in der Meerwasserszene eingebürgert (GLASER 2009).

1.6.3 Ein weiterer Vorteil – der Gasaustausch

Ein weiterer Vorteil der großen Luftblasenoberfläche, die im Abschäumer entsteht, ist die Förderung des Gasaustauschs.

Zwischen Aquarium und Umgebungsluft müssen ständig Gase hin- und hertransportiert werden. Nachts würde beispielsweise der Sauerstoff im Wasser knapp werden, da alle Organismen atmen und niemand im Becken Sauerstoff produziert. Er muss daher aus der Umgebungsluft nachgeliefert werden. Dies gelingt umso leichter, je größer die Wasseroberfläche ist und je stärker sie bewegt wird. In einem Abschäumer mit 20

Ein Abschäumer neueren Typs. Die modernen Geräte arbeiten meist auf Basis der Dispergator- bzw. Nadelrad-Technologie (siehe kleines Bild). Aufgrund ihrer kurzen Bauhöhe lassen sie sich gut im Unterschrankfilterbecken verstauen. Fotos: TUNZE

Nadelrad

cm Durchmesser und 30 cm Höhe, der mit 1 mm großen Luftblasen gefüllt ist, steht eine Oberfläche von fast 30 Quadratmetern für den Gasaustausch zur Verfügung. Diese Oberfläche ist auch deutlich stärker bewegt, als es mit der Wasseroberfläche des Aquariums auch bei bester Strömung möglich ist – somit eine optimale Voraussetzung für die nächtliche Sauerstoffversorgung.

Der Abschäumer sollte daher nachts auf keinen Fall abgeschaltet werden.

Nicht nur für die Sauerstoffversorgung ist ein guter Gasaustausch notwendig. Die Kohlendioxidkonzentration schwankt im Laufe von Tag und Nacht ganz erheblich: Morgens ist sie am höchsten, abends am niedrigsten. Dies wirkt sich unter anderem auf den pH-Wert aus, der in der Nacht sinkt und im Laufe des Tages ansteigt. Je besser überschüssiges Kohlendioxid ausgetrieben werden kann, desto geringer sind die pH-Schwankungen im Wasser (GLASER 2009).

1.6.4 Die Optimierung der Schaumbildung

Für die optimale Schaumbildung, die wir immer anstreben sollten, spielen mehrere Faktoren eine Rolle:

• Einmal müssen natürlich Tenside im Wasser vorhanden sein. Ohne sie bildet sich kein Schaum. Unglücklicherweise beeinflusst die Dekoration im Aquarium die Abschäumung, denn die Tenside können sich außer an Luftblasen auch an Oberflächen anlagern. Dann stehen sie der Abschäumung nicht mehr zur Verfügung. Das können die Oberflächen von unbelebtem Gestein, frischer Riffkeramik oder auch Aktivkohle sein. In der Folge steigt dadurch die Anzahl der Bakterien, die wiederum das Wasser mit ihren Stoffwechselprodukten über Gebühr belasten. Es wird somit dringend empfohlen, nicht mehr Dekorationsteile oder Materialien als nötig im Aquarium unterzubringen. So können z. B. einzelne Korallen auch direkt auf die schon vorhandene Dekoration geklebt werden, ohne sie zuerst auf einem separaten Stein zu befestigen.
Natürlich muss niemand auf eine Dekorationsgrundlage wie Kalkgestein, Kalktuff, Korallensand und lebendes Riffgestein verzichten, aber Sie sollten sich im Klaren darüber sein, dass ein mit Dekorationsgegenständen überladenes (!) Aquarium (einschließlich Filterkammer) die Abschäumung negativ beeinflusst.

• Weil sich Tenside vermehrt an der Wasseroberfläche sammeln, ist eine Zuführung von Oberflächenwasser in den Abschäumer unbedingt zu empfehlen.

• Das Wasser muss mit möglichst vielen kleinen, gut bewegten Luftblasen vermischt werden. Die Luftmenge muss dabei zur Abschäumergröße passen, sonst bilden sich zu große Luftblasen.

• Je trockener der Schaum eingestellt ist, desto höher ist der Gehalt an Abfallstoffen. Da aber noch kein Abschäumer perfekt ist, ist in der Praxis eine etwas feuchtere Abschäumung effektiver, da mit der größeren Wassermenge auch eine größere Schadstoffmenge entfernt wird (GLASER 2009).

• Die Bewegung der Luftblasen muss gleichmäßig sein. Übertriebene Turbulenzen im Abschäumer können dazu führen, dass sich die Tenside miteinander verbinden und unwirksam werden.

• Je länger die Kontaktzeit zwischen Luftblase und Wasser ist, desto mehr Tensidmoleküle (Schadstoffe) können sich an der Luftblase anlagern.

• Fette und Öle, wie sie hin und wieder in Vitaminen oder im Futter vorkommen, wirken sich fatal auf die Schaumbildung aus. Sie verbinden die Luftblasen miteinander und zerstören so den Schaum.[1] Deshalb muss nach einer Fütterung mit solchen Produkten vorübergehend mit einem Zusammenbruch des Schaums gerechnet werden! Nach einiger Zeit verschwindet dieses Phänomen aber wieder.

• Auch der pH-Wert und die Temperatur beeinflussen die Schaumbildung. Diese sind jedoch im Aquarium durch die Bedürfnisse der Tiere fest vorgegeben.

1.6.5 Entfernung weiterer Stoffe

Bei der Abschäumung werden nicht nur die beschriebenen Stoffe, die den Schaum bilden, entfernt, auch Teile organischer Moleküle oder Metall-, Phosphat- und

Chlorid-Ionen werden unter bestimmten Voraussetzungen abgeschäumt (GLASER 2009). Nicht zu unterschätzen ist auch die mechanische Wirkung der Abschäumung. Der feste Schaum reißt Bakterien und alle möglichen Schwebeteilchen mit sich.

1.6.6 Was befindet sich in der abgeschäumten Brühe (Flotat)?

Zuerst einmal kann festgestellt werden, dass das Flotat hauptsächlich aus normalem Aquarienwasser besteht. Eine Anreicherung von Hauptelementen wie Calcium oder Magnesium findet im Flotat nicht statt. Doch wie sieht es mit den Spurenelementen aus? Hier unterscheiden sich die Verhältnisse im Flotat erheblich von denen im Aquarium. Besonders die beiden Spurenelemente Eisen und Mangan reichern sich im Flotat stark an. Sie sind vor allem für die Zooxanthellen der Korallen lebenswichtig. Die Abschäumung stellt somit einen bedeutenden Eingriff in die Zusammensetzung des Wassers dar, der zu einer Reduzierung der Zooxanthellendichte, aber auch zur Verhinderung von Algenwachstum führen kann. Bemerkenswert ist auch die Anreicherung

von Cobalt, Kupfer und Barium im Flotat. Cobalt und Kupfer sind lebenswichtige Elemente, wobei Kupfer oft eher in zu hoher Konzentration in Meerwasseraquarien vorhanden ist. Die übrigen Spurenelemente werden bei der Abschäumung nicht so gründlich entfernt bzw. besitzen keine bekannte Funktion für Organismen.

Bei einem regelmäßigen Wasserwechsel werden jedoch die durch den Abschäumer entfernten Salze dem Aquarium wieder zugeführt. Deshalb ist der Wasserwechsel eine nicht zu unterschätzende Pflegemaßnahme (GLASER 2009).

1.6.7 Nährstoffe im Flotat

GLASER (2009) unternahm einige Untersuchungen bezüglich der im Flotat zu findenden Nährstoffe Stickstoff, Phosphor und Kohlenstoff. Stickstoff plagt uns im Laufe der Zeit als Nitrat (NO_3) und aus Phosphor entsteht Phosphat (PO_4). Er kam zu dem Ergebnis, dass das Flotat mit erheblichen Mengen von zwei dieser drei Stoffe angereichert ist. Die durch die Abschäumung entnommene Menge an Stickstoff ist nicht besonders groß. Die Bedeutung der Abschäumung liegt vor allem in der Entnah-

Zu den Hauptelementen zählen

Chlorid
Natrium
Sulfat
Magnesium
Calcium
Kalium
Bromid
Strontium
Bor
Fluorid

Dieser Filteraufbau ist sinnvoll

Zuerst läuft das Wasser durch den Abschäumer, dann über den Wattefilter und erst danach über alle sonst noch eingesetzten Filtersysteme.
Befinden sich diverse Filter **vor** dem Abschäumer, bleibt ein Teil der Schmutzstoffe bereits an den Oberflächen der Filtermaterialien hängen und wird dort vorzeitig „umgebaut" und für den Abschäumer weniger „griffig".

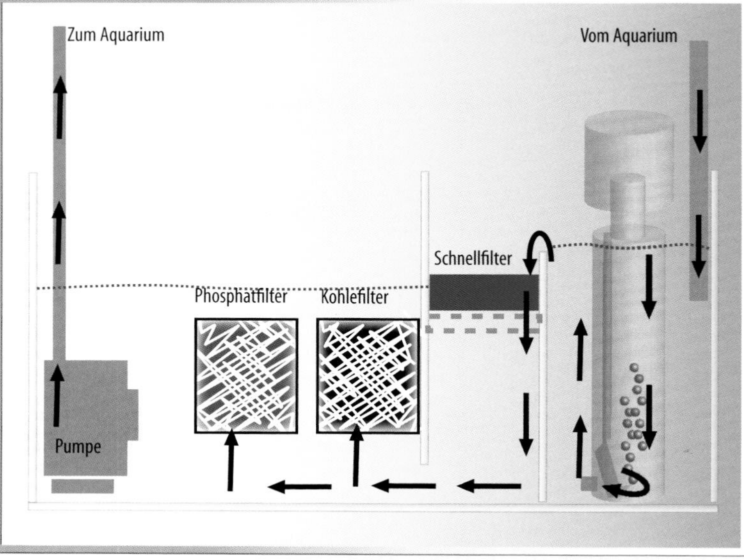

Grafik 11

Zum Aquarium

Vom Aquarium

Schnellfilter

Phosphatfilter   Kohlefilter

Pumpe

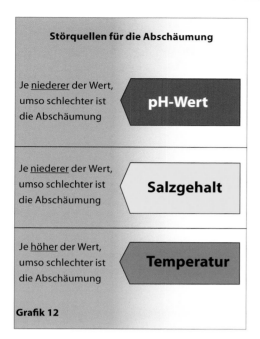

Störquellen für die Abschäumung

Je <u>niederer</u> der Wert, umso schlechter ist die Abschäumung — **pH-Wert**

Je <u>niederer</u> der Wert, umso schlechter ist die Abschäumung — **Salzgehalt**

Je <u>höher</u> der Wert, umso schlechter ist die Abschäumung — **Temperatur**

Grafik 12

me von organischem Kohlenstoff und von Phosphat.

1.6.8 Die Techniken

Es gibt verschiedene Möglichkeiten, Abschäumer zu konstruieren. Entweder wird der Schaum mit Lindenholzausströmern, Venturi-Injektordüsen, Nadelrädern oder sogenannten Dispergatoren erzeugt.

1.6.8.1 Ausströmer auf Lindenholzbasis

Der Lindenholzausströmer steht heutzutage den mit Düsen oder Dispergatoren betriebenen Typen in nichts nach. Bei der Auswahl der Ausströmer-Steine (Lindenholz) können Fehler passieren. Nicht wenige sind heutzutage von minderer Qualität und produzieren viel zu große Blasen. Einwandfrei gearbeitete, engporige Steine bieten hier die größtmögliche Chance auf gute Funktion. Als Lufterzeuger wählen Sie am besten hochwertige Luftpumpen oder Kompressoren. Sie sind das Herz der Anlage und sollten auf jeden Fall zuverlässig sein.

1.6.8.2 Das Venturi-Prinzip

Abschäumer nach dem Venturi-Düsenprinzip arbeiten hauptsächlich mit Kraft, da die Blasenentstehung am Pumpenausstoß stattfindet. Hier muss also das Wasser mit hohem Druck an einer Lufteinzugsdüse vorbeigepresst werden. Der Wasserkörper im Reaktionsrohr wird durch den Druck des aus der Düse gepressten Wassers in Rotation versetzt. Dies bewirkt auf der Ebene des Injektors eine Phasentrennung zwischen Schaum und Wasser. Da mit dem hineingepressten Wasser ständig neue Schaumbildner zugeführt werden, entsteht im Schaumrohr ein Druck von unten nach oben, sodass der Schaum aus dem Schaumrohr in den darauf sitzenden Auffangbecher geschoben wird. Die Injektordüse muss sorgfältig gepflegt werden, da sie bedingt durch den Luft-Wasser-Kontakt schnell verkalkt und somit nicht mehr wirkungsvoll ist.

Die Verkalkung geschieht übrigens schleichend, so dass es passieren kann, dass der Abschäumer längere Zeit nicht optimal arbeitet.

1.6.8.3 Dispergator und Nadelrad

Den dritten Abschäumertyp repräsentieren Modelle, die entweder mit der Dispergator- oder mit der Nadelradtechnik funktionieren. In beiden Fällen wird die Luft in einem Kreiselgehäuse durch ein jeweils speziell konstruiertes Pumpenrad zerschlagen. Je nach Art und Aufbau dieses Pumpenrads sind sie mehr oder weniger effektiv. Der Vorteil ist, dass sie keine allzu hohe Energieanforderung stellen, denn die Schaumerzeugung wird <u>vor</u> dem Druck realisiert. Übertrieben starke Pumpen sind nicht notwendig. Durch die hohe Drehzahl der Rotationsscheibe wird das Volumen der Gasblasen stark verkleinert. Dies bedingt eine wesentlich größere Grenzfläche (Luft/Wasser), die den Abschäumprozess einleitet. In der Regel liefern alle Typen nach diesem Prinzip sehr kleine Schaumblasen und haben sich im Dauereinsatz gut bewährt. Das Rad oder die Achse stellt bei diesen Modellen die Schwachstelle dar, da beide langsam, aber sicher verkalken. Auch hier ist eine sorgfältige Pflege durchaus angebracht, um eine einwandfreie Funktion zu gewährleisten.

Links ein Abschäumer, der mit Lindenholzausströmersteinen betrieben wird. Das linke Bild zeigt, wie die Ausströmer angeordnet werden sollten. Beide müssen in exakt der gleichen Höhe befestigt werden, sonst ist die Luftversorgung aufgrund des unterschiedlichen Wasserdrucks unausgewogen.

Vorteile: Günstig! Gute Leistung bei geringem Geräuschpegel (wenn die Luftpumpe außerhalb des Aquarienzimmers installiert werden kann). Sehr sparsam im Verbrauch.

Nachteile: Relativ hoher Pflegeaufwand (regelmäßiges Auswechseln der Steine).

Abschäumer nach dem Nadelradprinzip. Die kleinen Bilder zeigen oben das Nadelrad und unten, wie es in die Treiberpumpe eingepasst ist.

Vorteile: Wartungsarm, kompakte Bauweise, sparsam im Verbrauch.

Nachteile: Relativ starkes Luftansauggeräusch. Nur für kurze Abschäumer geeignet. Bei hohen Abschäumern Leistungsabfall. Je nach Modell wenig Luftleistung.

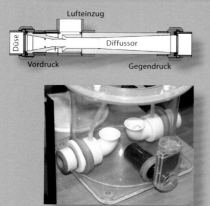

Kegelförmige Abschäumer nach dem Venturi-Prinzip. Unten links zwei Venturi-Düsen und darüber im Querschnitt der Aufbau einer solchen Düse.

Vorteile: Hohe oder kompakte Bauweise. Die Kegelform erlaubt eine sehr effektive Abschäumung. Gute Lösung für kleine und große Aquarien.

Nachteile: Regelmäßige Wartung (Entkalken) der Düse mit Aus- und Einbau erforderlich (je nach Modell mehr oder weniger kompliziert).

1.7   Die Strömung

Die Bewegungen der Wassermassen der Erde werden von Kräften wie Wind, atmosphärischem Druck, Mondgravitation und Dichteunterschieden sowie Gefälle beeinflusst. Die biologischen Auswirkungen sind sehr umfangreich. Im Wesentlichen haben die diversen Strömungsformen eine wichtige Transport- und Verteilerfunktion: zum Beispiel die gleichmäßige Verteilung der Wärme, der gelösten Gase und für das Aquarium gilt, wenn auch nur in bescheidenem Rahmen, der Transport von Nahrungspartikeln. Die Diffusionsgeschwindigkeit von Sauerstoff und Kohlendioxid in stehendem Wasser ist so langsam, dass das Leben im Meer, wie wir es kennen, unmöglich wäre (TUNZE 1995).

Im Riff leben viele festsitzende Tiere bevorzugt an strömungsreichen Stellen, die eine Ernährung durch herantreibendes Plankton sicherstellen. Im Ökosystem Aquarium kommt dem Transport der Schmutzpartikel zum Schnellfilter oder Abschäumer eine ebenso wichtige Rolle zu. Beobachtet man im Meer die Wasserbewegung, wird deutlich, dass sich im Großen und Ganzen fünf Bewegungsmuster auf das Aquarium übertragen lassen:

1. Eine breitflächige Strömung: Sie tritt in natürlichen Gewässern aufgrund der Größenverhältnisse und der Art der Entstehung auf. Die Strömungslinien sind parallel und gehen auf keinen Fall – wie im Aquarium – von einem Punkt, wie z. B. vom Ausstoß der Pumpe, aus.

2. Eine Wellenschlagströmung: Diese entsteht infolge von Wind in der Nähe der Oberfläche. Dort existiert sie entweder als starker Wellenschlag (Wellental) oder als schwächere Strömungsimpulse (Wellenberg). Die so entstehende Strömung wirkt einige Meter tief und durch sie entsteht eine Vielzahl von Turbulenzen.

3. Eine Intervallströmung, die z. B. aufgrund des Richtungswechsels der Strömung durch Ebbe und Flut auftritt. Die Auswirkungen sind wichtig für den Stofftransport von und zum Riff.

4. Die Nachtabsenkung ist am natürlichen Riff häufig durch das Ausbleiben starker Winde in der Nacht sichtbar. Ein großer Teil der Tierwelt des Tages kommt zur Ruhe.

5. Die Futterpause gehört ebenfalls zu den beobachteten Strömungsmustern. Sie ermöglicht den Tieren im Aquarium eine bessere Aufnahme von Nahrungspartikeln, die vielleicht aufgrund zu starker Strömung vorschnell in den Filter oder in die Dekoration verdriften würden. Auch haben manche Algen fressenden Fische nun die Chance, einmal am Tag an Stellen zu gelangen, die sie während der Strömungsphase nicht erreichen können.

1.7.1   Pumpen

Die Strömung wird im Aquarium vornehmlich mit unterschiedlichen Pumpentypen realisiert: Diese unterscheiden sich im Wesentlichen durch diverse Motor- und Propellertypen sowie den Einsatzzweck. Wir stellen Synchronmotoren, Asynchron-

Ein Meerwasseraquarium muss ausreichend beströmt werden. Die 15- bis 20-fache Nettowassermenge pro Stunde sollte dabei umgewälzt werden.

motoren und Elektronikmotoren, die mit Sicherheitskleinspannung betrieben werden, gegenüber.

1.7.1.1 Synchronmotorpumpen

Die Synchron-Motoren laufen – wie der Name schon sagt – synchron mit der Netzspannung und sind <u>nicht</u> zu dimmen. Sie eignen sich als Förderpumpen und zur Erzeugung einer gleichmäßigen Wasserströmung. Die sogenannten POWERHEAD-Tauchmotorpumpen können ständig unter Wasser betrieben werden. Diese Bauart kann mit Wasserkühlung und -schmierung arbeiten. Von Nachteil ist jedoch, dass die Motoren eine undefinierbare An-

laufrichtung haben und deshalb die meisten Hersteller ein symmetrisches Kreiselgehäuse verwenden müssen. Die Folge ist ein schlechter Wirkungsgrad. Wechselt die Drehrichtung der Pumpen – z. B. nach einer Futterpause – ist es möglich, dass die gleiche Pumpe nun eine etwas geringere oder höhere Leistung bringt. Auch gelangt relativ viel Abwärme in das Aquarium. Dies ist besonders im Sommer nicht unerheblich. Einige als POWERHEAD angebotenen Pumpen (besonders die etwas teueren Modelle – siehe Seite 22) bieten einen Drehrichtungsgeber und ein asymmetrisches Kreiselgehäuse, das die Wirkung der Pumpen um etwa ein Drittel steigert.

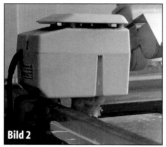

Bild 1: Günstiges POWERHEAD-Pumpenmodell. Bild 2: Asynchrone Tauchkreiselpumpe, luftgekühlt und pulssteuerbar. Bild 3: Dreieckige kombinierbare 24-Volt-Pumpe der Fairma aquabee mit einer Leistung von 5.000 l/h. Es können bis zu 4 Pumpen mit einem Transformator betrieben werden.

Bild 3

TUNZE Stream und Nanostream. Mittels Kugelkörper lassen sich die Pumpen nach allen Seiten verdrehen. Fotos: TUNZE

TUNZE masterstream für sehr große Aquarien.

Bei Pumpen des rechts abgebildeten Typs handelt es sich um Synchronmotorpumpen. Sie können <u>nicht</u> gedimmt werden und dienen hauptsächlich als Rückförderpumpen. Foto: Eheim

Synchronmotorpumpe, die als Strömungs- oder Förderpumpe einsetzbar ist. Sie besitzt neben einer außergewöhnlichen Laufruhe den Vorteil, dass sie über drei Leistungsstufen verfügt. Dadurch ist sie mit einem Zusatzteil pulssteuerbar.

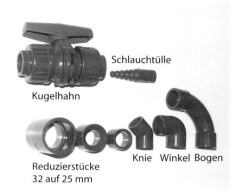

Schlauchtülle

Kugelhahn

Knie Winkel Bogen

Reduzierstücke
32 auf 25 mm

1.7.1.2 Asynchronmotorpumpen

Die Asynchronmotorpumpen können mit einer anderen als der Netzfrequenz laufen. Deshalb werden sie bevorzugt mit elektronischen Steuergeräten auf Dimmerbasis eingesetzt: in der Regel als Tauchkreiselpumpen. Die meisten dieser Pumpen sind luftgekühlt und geben keine Wärme an das Aquarienwasser ab. Die Nachteile sind ein relativ lautes Laufgeräusch außerhalb (verursacht durch die notwendigen Motoren-Lüfter) und innerhalb des Aquariums.

1.7.1.3 Vor- und Nachteile

Externe Pumpen werden sowohl mit Synchron- als auch Asynchronmotor gebaut. Sie werden durch Schläuche oder PVC-Verbindungsrohre mit dem Aquarium verbunden. Die Asynchrontypen sind regelbar und stellen bezüglich Leistung und Laufruhe das Nonplusultra dar. Die Leistungsverluste können durch eine intelligente Leitungsinstallation vernachlässigt werden. Dabei gelten folgende bewährte Regeln: Die Rohrverschraubungen müssen jeweils einen Querschnitt größer gewählt werden, als das verwendete Rohr im Durchmesser ist. Man nimmt z. B. für eine 20-mm-Verrohrung immer eine 25er-Rohrverschraubung oder einen 25er-Absperrhahn, die/der mit jeweils zwei Reduzierstücken wieder auf die vorgeschriebenen 20 mm

verengt werden kann. In der Normalversion, also einem 20er-Hahn oder einer 20er- Rohrverschraubung, ist nur ein 16-mm- Querschnitt vorhanden, der einen hohen Leistungsverlust herbeiführt. Wenn möglich, sollten 90°-Bogen anstatt Winkel Verwendung finden. Obwohl Winkel natürlich etwas platzsparender und billiger sind, verursachen Bogen einen erheblich geringeren Druckverlust. Der Druckverlust ist stark abhängig von der Geschwindigkeit, mit der das Wasser durch die Rohrleitung transportiert wird, und davon wie die Rohrleitung installiert wurde. Bei geraden Rohren nimmt mit einer Verdopplung der Geschwindigkeit der Druckverlust bereits um das 4-fache (!) zu (DRÖGE 1993).

Erreichen wir in der Praxis am geraden Leitungsende einen Strömungswert von 1000 l/h durch eine 1.200 l/h leistende Pumpe, so benötigen wir, um den Strömungswert von 1.000 l/h auf 2.000 l/h anzuheben, bereits eine Pumpe mit einer Leistung von 4.800 l/h (z. B. EHEIM compact).

Real würde das ungefähr so aussehen, dass wir bei 1.000 l/h eine Pumpe mit einer Leistung von 32 Watt benötigen, bei 2.000 l/h bereits eine Pumpe mit 86 Watt. Nehmen wir an, dass die Pumpe das ganze Jahr über 24 Stunden pro Tag läuft, dann ergibt sich hieraus folgende Rechnung:

Im Frühjahr 2004 wurde erstmals eine Wellenmaschine (siehe Pfeil) für Aquarien vorgestellt: die TUNZE-Wavebox. Mit ihr ist es möglich, je nach Dekorationsaufbau zusätzlich zur normalen Strömung noch eine auf- und ablandige Strömung zu simulieren. Am besten wird dieses System zusammen mit den üblichen Strömungspumpen eingesetzt.

Pumpenbetrieb ganzjährig = 8.760 h/Jahr. Stromkosten: 0,2052 EUR kWh.

32-Watt-Pumpe =   57,52 EUR/Jahr.
86-Watt-Pumpe = 154,59 EUR/Jahr.

Sie sehen, dass wir uns hierüber schon einige Gedanken machen sollten.

Bei der Verwendung von sogenannten Formstücken (Winkel, Bogen etc.) sind die Zunahmen noch erheblich größer. Ein 90°-Bogen weist gegenüber einem 90°-Winkel nur 1/9 Druckverlust auf! Ein 45°-Knie gegenüber einem 90°-Winkel weist nur 1/10 Druckverlust auf. Möchte man also einen 90°-Abzweig in das Rohrsystem einbauen, verwendet man besser entweder einen 90°-Bogen oder zwei nachgeschaltete 45°-Knie anstatt eines 90°-Winkels.

Sollten sich aber einmal (z. B. aus Platzgründen) wirklich nur Winkel verlegen lassen, dann ist es besser, wenn der Durchmesser der Winkel um 1 bis 2 Stufen größer gewählt wird als das jeweilige Rohr. Bei einem 20-mm-Rohr wären das Winkel mit 25 mm oder gar 32 mm Durchmesser. So kann auch hier der Leistungsverlust minimiert werden.

1.7.2 Erwärmung und Scher-Stress

Gemäß dem 1. Hauptsatz der Thermodynamik geht bei einer externen Pumpe die gesamte Antriebsenergie als Wärme ins Aquarium. Bei den völlig untergetauchten Tauchmotoren kommt noch die Abwärme des Motors hinzu. Wenn aber eine 3000-l/h-Pumpe mit 20 Watt und ca. 50 % Wirkungsgrad untergetaucht betrieben wird, entstehen 10 Watt Wärme durch Bewegung (Reibungswärme) und 10 Watt Motor-Verlustwärme, insgesamt also 20 Watt Wärmeenergie.

Im Test ergab dieser Pumpentyp bei einem 300-Liter-Süßwasserbecken ohne jeglichen Inhalt einen Temperaturunterschied von 0,4 °C gegenüber 22 °C Raumtemperatur. Dieser Wert kann vernachlässigt werden. Es empfiehlt sich somit, bei im Wasser betriebenen Strömungspumpen auf eine hohe Pumpleistung mit relativ geringem Stromverbrauch zu achten, denn nur diese können einen extremen Temperaturanstieg im Sommer vermeiden.

Nicht für die Aquaristik konzipierte Pumpen – wie etwa die häufig eingesetzten Springbrunnenpumpen – haben in der Regel eine höhere Antriebenergie und geben somit mehr Wärme an das Becken ab. Diese Pumpen erzeugen zwar eine ganz passable Strömung, allerdings haben sie einen im Verhältnis zur Leistung engen Pumpenauslauf. Hier treten am Rand der Strömung starke Scherkräfte auf. Diese schädigen oberhalb bestimmter Druckwerte die Korallen. Man spricht dann von der „Scher-Rate" oder dem „Scher-Stress". Die Wirkung ist, als würde ein Mensch bei einer Stundengeschwindigkeit von 60 km/h vom Wasserski fallen.

1.7.3 Wie soll die Strömung beschaffen sein?

Für das in diesem Buch beschriebene Korallenaquarium, das einerseits eine hohe Strömungsgeschwindigkeit, andererseits jedoch nur eine Strömung aufweisen soll, die nicht mit starken Scherkräften auf die Tiere auftrifft, sollten wir uns für Pumpen entscheiden, die z. B. bei einer Leistung von 4.000 l/h eine Ausströmöffnung mit einem Durchmesser von 32 mm haben sollten.

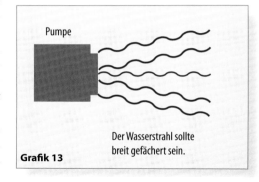

Der Wasserstrahl sollte breit gefächert sein.

Grafik 13

Bei Durchmessern von nur 8 mm dürfen z. B. nicht mehr als 1.000 l/h umgesetzt werden. Verbessern lässt sich eine bedenkliche Scherkraft mit einem Strömungswinkel, der den Strahl auffächert. Eine weitere Möglichkeit ist es, die gemeinüblich verwendeten grauen PVC-Rohre mit sogenannten Reduzierstücken zu versehen. Dadurch lässt sich ein 25-mm-Auslauf auf 32, 40 oder 50 mm verbreitern. Diese Strömung ist dann weich und für unsere Korallen optimal. Mit Elektronikpumpen oder Pumpen mit Asynchronmotor kann eine Strömungs-Pulsation erreicht werden. Sie kommt der Simulation natürlicher Werte schon ziemlich nahe. Es ist nicht nötig, alle Pumpen im Aquarium mit dieser Pulsation auszustatten, aber wenn z. B. von 3 Pumpen eine mit Puls läuft, entstehen durch die ungleichmäßigen Verwirbelungen im Becken wesentlich weniger Strömungslöcher.

1.7.4 Wellenbewegung

Im Jahr 2004 brachte die Firma Aquarientechnik TUNZE® die Wavebox auf den Markt, einen patentierten Wellengenerator für Aquarien. Diese Wavebox wurde später noch durch die Nano-Wavebox, eine Wellenmaschine für kleine Aquarien, ergänzt. Beide sind heute viel genutzte Wellengeneratoren für Aquarien von 150 bis 1.500 Liter. Dort erzeugen sie eine sogenannte Oszillationsströmung. Unter „Oszillation" versteht man eine Schwing- oder Pendelbewegung. Diese Strömung entspricht in vielen Fällen der Wellenbildung und Wasserbewegung in natürlichen Riffdachzonen. Durch sie wird eine gute Wasserbewegung geschaffen. An fast allen Stellen im Aquarium ist das Wasser in Bewegung und selbst kleinste Bereiche hinter der Dekoration werden umspült.

Zur Frage, ob die Wavebox mit anderen Pumpen kompatibel ist, kann nur gesagt werden, dass meiner Erfahrung nach niemals eine Wavebox als alleinige Strömungspumpe verwendet werden sollte, denn sie

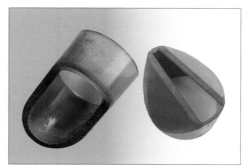

Strömungswinkel zum Entschärfen des Pumpenstrahls. Sie werden auf die jeweilige Pumpenöffnung aufgesetzt.

hat den Nachteil, dass durch die Schaukelbewegung des Wassers sämtliche Feinsedimente wie Sand, Mulm etc. immer ins Zentrum plattenförmiger Korallen befördert werden. Unter dem Sediment erstickt das Gewebe und stirbt ab (pers. Mittl. H. Kirchhauser). In der Praxis stellten wir fest, dass die Wavebox, kombiniert mit anderen Strömungspumpen, ein echter Fortschritt für viele Korallen ist. Besonders großpolypige Steinkorallen profitierten von der Schaukelbewegung. Waren z. B. in einigen unserer Becken, die ohne Waveboxen betrieben wurden, *Trachyphyllia geoffroyi*-Korallen nur wenig expandiert (das Gewebe lag nur eng am Skelett an), entwickelten sie sich nach dem Einsatz einer Wavebox/Pumpenkom-

Die Wavebox: eine Wellenmaschine für Meerwasseraquarien. Bei diesem technischen Gerät muss der obere Rand des Beckens etwas höher gewählt werden, damit das Wasser nicht überschwappt.

bination wieder zu repräsentativen Korallen mit weit ausgedehntem Gewebe. Die zweite Korallengruppe, die das Geschaukel liebt, sind die karibischen Hornkorallen, allen voran die Seefächer (*Gorgonia spp.*), oft begehrte Objekte von Korallenriffaquarianern — allerdings nicht einfach zu halten.

Ohne Wavebox war in der Praxis nur eine Seefächerseite dem Licht zugewandt, mit der Konsequenz, dass die lichtabgewand-te Seite häufig unterversorgt war. Auf der Lichtseite streckte die Koralle die Polypen aus, auf der abgewandten Seite waren diese dauerhaft eingezogen. Nach dem Einsatz der Wavebox wogt die *Gorgonie*, ähnlich in der Natur, hin und her und dadurch sind, bei aufrechtem Stand, immer beide Fächerseiten ausreichend beleuchtet. Auch die Polypen sind nun auf beiden Seiten regelmäßig zu sehen (KIRCHHAUSER 2010).

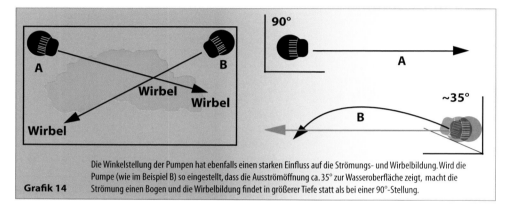

Grafik 14 Die Winkelstellung der Pumpen hat ebenfalls einen starken Einfluss auf die Strömungs- und Wirbelbildung. Wird die Pumpe (wie im Beispiel B) so eingestellt, dass die Ausströmöffnung ca. 35° zur Wasseroberfläche zeigt, macht die Strömung einen Bogen und die Wirbelbildung findet in größerer Tiefe statt als bei einer 90°-Stellung.

Grafik 15

Grafik 15: **Passt die Nano Wavebox/Wavebox in ein Aquarium mit Ablauf?** Bei einer einfachen Wellenbildung ergeben sich in der Mitte des Aquariums (bezogen auf die Längsachse) nur wenige Wasserschwankungen. Wenn möglich, sollte diese Zone für den Ablauf und Zulauf verwendet werden. Je weiter von dieser Zone entfernt, desto größer wird der Wasserniveau-Unterschied.

Vorschläge zum Beströmen von Korallenriffaquarien

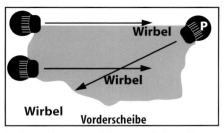

Drei Pumpen, davon eine mit Pulssteuerung. Die Pumpe hinten links sorgt zum Teil noch für eine Strömung hinter der Dekoration.

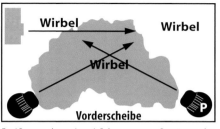

Zwei Pumpen, davon eine mit Pulssteuerung zur Beströmung des Riffs. Die Wavebox hinten links sorgt für eine Wellenbewegung.

nicht pulsgesteuert
normalerweise 220 Volt

pulsgesteuert
meist 24 Volt und regelbar

Zwei Pumpen auf einer Seite sind für Becken geeignet, die von vorne und von der Seite einsehbar sind. Eine Pumpe mit Puls.

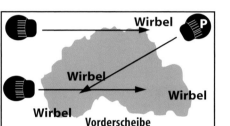

Zwei Pumpen auf einer Seite sowie eine Pumpe mit Puls zusätzlich hinten rechts.

Wavebox

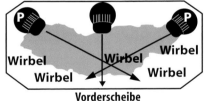

Diese Variante ist für sogenannte Panoramabecken mit 45° Seitenscheiben gut geeignet.

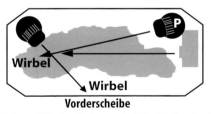

Variante mit Wavebox. Die Pumpe rechts hinten ist pulsgesteuert.

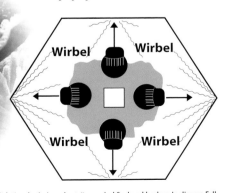

Relativ schwierig zu beströmen sind Sechseckbecken. In diesem Fall werden vier Pumpen ohne Puls direkt auf 2 Scheiben und 2 Ecken gerichtet. Die Strömung bricht sich, verwirbelt und läuft zurück ins Riff.

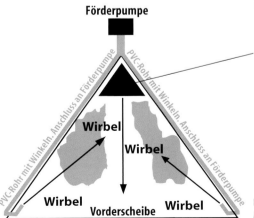

Kompliziert ist die Dreieck-Variante. Die Stömung sollte von der Vorderscheibe aus in die Dekoration strömen. Das ist der Optik wegen nur mit Rohrleitungen über dem Wasserspiegel zu bewerkstelligen.

Kann mit vielen Modulen kombiniert werden: die aquabee stream 5000.

Grafik 16

Strömungscheck: Schaschlikspieß und Wollfaden geben Auskunft darüber, wie die Strömung verläuft.

In der Praxis getestete Strömungsstärken:

Becken 1:
200 Liter Inhalt
80 x 60 x 60 cm
(R. Latka).

Becken 2:
200 x 70 x 70 cm
(Oliver Buschmann).

Becken 3:
120 x 50 x 50 cm
(R. Latka).

Becken 4:
130 x 50 x 50 cm
(R. Latka).

Das hier besprochene Aquarium sollte mit einer Strömungsleistung, die der 15- bis 20-fachen Menge des Nettowasservolumens entspricht, betrieben werden, denn so sind ausgeglichene Werte bezüglich Wärme-, pH-Wert und Sauerstoffgehalt gewährleistet. Weiterhin baut diese Strömungsstärke eine Sauerstoffübersättigung ab, die sich zum Beispiel durch assimilierende Luftbläschen im Becken bemerkbar macht. Die Pumpen „gasen" hin und wieder während des Betriebs. Dies vermittelt den Eindruck, als würden gelegentlich von den Pumpen irgendwelche Blasen angesaugt. Sie treiben jedoch bei diesem Vorgang den überschüssigen Sauerstoff aus, der zum einen den Korallen gefährlich werden kann und zum anderen die Spurenelemente zu schnell in unlösliche Verbindungen oxidiert, die dann für die Korallen nur noch teilweise verfüg-

bar sind. Es ist besser, gleich von vornherein stärkere Pumpen einzusetzen. Diese können gegebenenfalls gedrosselt werden. Sehr wichtig ist es, im Lauf der Zeit die Pumpenleistung der Wuchsleistung des Miniriffs anzupassen.

1.7.5 Starke Strömung – schlechte Abschäumung?

Die Wasserqualität wird durch nicht aufgenommenes Futter und durch die Ausscheidungsprodukte der Fische und Wirbellosen nachhaltig beeinflusst. Der Abbau des Futters (kohlenstoffhaltige Verbindungen) findet im Aquarium selbst durch Bakterien und Pilze statt. Diese befinden sich vor allem als Biofilm auf der gesamten Dekoration einschließlich dem Bodengrund. Neben dem Abschäumer der, wie wir gelesen haben,

Welche Fehler sollten bei der Strömung vermieden werden?

1. Hinter der Dekoration herrscht zu wenig Strömung. Mulm setzt sich ab.
2. Der Großteil der Strömung verpufft an der Scheibe (Sonderfall Sechseckbecken).
3. Zu kleine Ausströmöffnungen gewählt. Die Strömung verletzt Korallen in der Nähe.
4. Pumpe sitzt zu nahe bei den Korallen. Die Polypen werden an das Skelett gepresst.
5. Alle Pumpen ohne Pulssteuerung, dadurch herrschen zu wenige Turbulenzen.
6. Pumpen Tag und Nacht auf volle Leistung gestellt. Keine Nachruhe für die Tiere. Mindestens eine Strömungspumpe entweder per Nachtdrosselung betreiben (Fotozelle) oder per Zeitschaltuhr abstellen.
7. Wavebox wird ohne zusätzliche Strömungspumpen betrieben. Dadurch bleibt der Mulm auf plattenartigen Korallen liegen.

einen großen Anteil der kohlenstoffhaltigen Verbindungen bereits <u>vor</u> ihrer Umsetzung (z. B. in Nitrat) aus dem Wasser holt, ist auch die Wasserbewegung, sprich die Umwälzrate der Aquarienpumpen, maßgeblich an der Klärung des Aquarienwassers beteiligt (MILDENBERGER 2005). Die Umsetzung der kohlenstoffhaltigen Verbindungen erfolgt bei starker Strömung besser als bei geringer Strömung. Dafür verantwortlich ist eine stärkere Durchmischung des Aquarienwassers und eine dadurch entstehende bessere Sauerstoffversorgung der abbauenden Bakterien und Pilze (RHEINHEIMER 1981). Eine höhere Umwälzrate (= stärkere Strömung) erhöht also die Leistung der Bakterien **im Aquarium**.

Leider hat dieser Sachverhalt, der maßgeblich aus der Abwassertechnik/-biologie stammt, im Meerwasseraquarium auch eine Kehrseite!

Es kommt immer wieder vor, dass ein als zuverlässig bekanntes Abschäumermodell in manchen Becken einfach nicht richtig abschäumt. Neben den üblichen Gründen wie Fetten oder Ölen im Wasser kann der Grund dafür auch sein, **dass die Strömung im Becken zu stark ist** und dadurch der Umbau der kohlenstoffhaltigen Verbindungen (hin zum Nitrat) so zügig erfolgt, dass der Abschäumer, der diese Folgeprodukte nur schlecht abschäumen kann, nicht richtig arbeitet. Dann ist es von Vorteil, wenn einige der eingesetzten Strömungspumpen in der Leistung gedrosselt werden können. Durch die etwas schwächere Strömung und den dadurch langsameren Umbau der Schad-

stoffe durch die Bakterien, ist es möglich, dass der Abschäumer nun besser schäumt. Alternativ kann bei starker Strömung und schlechter Abschäumung auch die Leistung der Förderpumpe, die den Abschäumer mit Wasser aus dem Aquarium versorgt, erhöht werden. Einen Versuch ist es allemal wert.

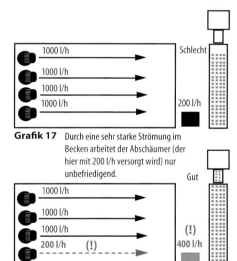

Grafik 17 Durch eine sehr starke Strömung im Becken arbeitet der Abschäumer (der hier mit 200 l/h versorgt wird) nur unbefriedigend.

Grafik 18 In diesem Fall gibt es **zwei** Möglichkeiten: entweder die Strömung im Becken zu reduzieren (gestrichelter roter Pfeil) oder die Leistung der Förderpumpe zum Abschäumer zu erhöhen (hier von 200 auf 400 l/h).

Info – von Anfang an starke Pumpen

Es ist besser, sich sofort für stärkere Pumpen als im Moment benötigt zu entscheiden. Am besten ist es, wenn die Leistung der Pumpen gedrosselt werden kann. Das Riff wächst und mit ihm auch der Strömungsbedarf. Ärgerlich ist es, wenn die angeschafften Pumpen nach relativ kurzer Zeit zu leistungsschwach sind.

Im Aquarium ist es wichtig, dass der Chemismus des Wassers zwischen den Korallenzweigen und dem Freiwasser identisch ist.
Wird durch massives Wachstum die Strömung zwischen den Zweigen zu gering, sinkt auch der pH-Wert. Dann können Krankheiten an den Korallen entstehen.

bodennahe Grenzschicht
Impuls-Grenzschicht
Diffussions-Grenzschicht

Grafik 19

1.7.6 Strömung und pH-Wert

Neben der oben besprochenen Hauptströmung spielen noch viele weitere Faktoren zusammen, wenn es darum geht, die optimalen Umweltbedingungen für Korallen zu schaffen. Ein wichtiger Bestandteil für die erfolgreiche Pflege ist die Strömungsstärke, die direkt am Tier ankommt. Jedes Objekt, das sich im Wasser befindet, ist von einem Mantel aus still stehendem Wasser, verursacht durch die sogenannte Adhäsion der Wassermoleküle, umgeben. Dieser Mantel wird umso dünner, je schneller das Wasser strömt. Ist die Strömung ausreichend, kann sie aggressive Wechselwirkungen zwischen konkurrierenden Korallen mildern und eine maßgebende Rolle bei der Formbildung des Korallenskeletts spielen. Im Riff wurden hierüber Untersuchungen gemacht. Wissenschaftler fanden heraus, dass bei der Entstehung und während der Wachstumsphase eines Korallenriffs immer wieder neue Variationen in der Strömungsstruktur entstehen und dadurch viele kleine Mikrohabitate gebildet werden. In den Zonen zwischen den Korallenzweigen zirkuliert Wasser, das in engster Verbindung zum Tier steht. In diesen Räumen kann zum Beispiel über den pH-Wert ermittelt werden, ob die Strömung noch ausreichend ist oder ob sie den Umständen entsprechend angepasst werden muss. Es wird nach Grenzschichten unterschieden. Diese werden als relativ dünne Wasserschichten, die eine jeweilige Kolonie umgeben, definiert. Hier liegt die Strömungsgeschwindigkeit nahe null. In der Praxis werden drei Grenzschichttypen beobachtet:

• die bodennahe Grenzschicht,
• die Impulsgrenzschicht und
• die Diffusionsgrenzschicht.

Die **bodennahe Grenzschicht** ist die Zone, in der die Hauptströmungen von der gesamten Struktur des Untergrunds beeinflusst werden.

Die **Impulsgrenzschicht** ist eine dünnere Schicht, die innerhalb der bodennahen Grenzschicht existiert. Sie wird mit den feinen Strömungen, die jede Koralle umgeben, in Verbindung gebracht und von der Struktur der Koralle beeinflusst. Einerseits z. B. durch eine Polypenvergrößerung und andererseits durch kleine Strömungen, die von Tieren erzeugt werden, die in den interstitiellen Räumen leben.

Die **Diffusionsgrenzschicht** ist das niedrigere Niveau der Impulsgrenzschicht und nimmt eine besonders wichtige Rolle im Korallenstoffwechsel, dem Atmungsaustausch und diffusionsverwandten Prozessen mit der Umgebung, ein.

Die Forschung zeigt, dass die Grenzschicht, die eine Koralle umgibt, von der Stärke der Turbulenz, die das Tier erreicht, beeinflusst wird. Im Normalfall wird sie umso „dicker", je weniger Strömungsgeschwindigkeit vorherrscht. Wie beeinflusst dies jedoch eine Koralle im künstlichen Riff? Korallen reagieren mit speziellen Techniken auf eine zu geringe Wasserbewegung, z. B. mit peitschenartigen Bewegungen der Korallenpolypen, die den Gasaustausch mit dem Umgebungsmilieu gewährleisten.

Weiterhin fanden Forscher heraus, dass bei einer niedrigen Strömung die Kalzifikations-, Photosynthese- und Atmungsrate bis zu 60 % gegenüber den Normalwerten reduziert werden kann. Es besteht eine starke Abhängigkeit zwischen der Systemströmung (im Becken selbst) und einer ausreichenden Strömung innerhalb der Koralle. Eine pH-Wert-Messung ist ein ausgezeichnetes Werkzeug um festzustellen, ob an den schwächsten Strömungsstellen im System überhaupt eine ausreichende Wasserbewegung innerhalb der Korallenkolonie gewährleistet ist oder ob durch das Einbringen z. B. vieler Korallen bzw. durch das gute Wachstum im Lauf der Zeit eine Strömungsmodifikation dringend notwendig wird. In diesem Zusammenhang ist zu beachten, dass eine Zunahme unerwünschter Bakterien mit Schwefelwasserstoff produzierenden Eigenschaften stark vom pH-Wert abhängig ist. Eine zu geringe Strömung und die dadurch verursachten Veränderungen des pH-Werts in den Zwischenräumen der Korallen stehen in engem Zusammenhang mit einer Reihe von Korallenkrankheiten (RIDDLE 2002).

Info – gute Strömung schützt vor Korallenkrankheiten

Erfahrungsgemäß treten in einem dicht bewachsenen und nur mäßig beströmten Korallenriffaquarium oft Probleme mit periodischem Ciliaten-Befall auf (= Protozoen, die Korallen befallen und abtöten, – siehe Kap. 14.6). In Becken mit guter Strömung muss man sich darüber kaum Sorgen machen. Es ist ratsam, durch eine elektronische pH-Wert-Messung zu überprüfen, ob der pH-Wert an strömungsarmen Stellen so hoch ist wie im Freiwasser. Falls die Korallen im Lauf der Zeit das Becken zuwuchern, können strömungsarme oder gar -freie Stellen mit einem niedrigeren pH-Wert entstehen. Dann muss die Strömungsleistung erhöht werden.

Für viele marine Tiere ist eine gute Wasserströmung überlebenswichtig. Diese *Acropora*-Steinkorallen können bei nicht ausreichender Strömung von verschiedenen Krankheiten befallen werden.

2   Die Beleuchtung

Licht gilt in unserem Meerwasserbecken als das Lebenselixier schlechthin. Es muss zu den symbiotischen Algen, den sogenannten Zooxanthellen, die im Gewebe der meisten von uns gepflegten Korallen, Anemonen oder Muscheln (*Tridacna spp.*) leben und diese mit Nahrung versorgen, vordringen können. Da dieses Korallengewebe in der Regel dicker ist als das Gewebe von Wasserpflanzenblättern, muss das Licht eine entsprechende Stärke aufweisen. In jedem Fall soll es stärker sein, als gemeinüblich für ein gut bepflanztes Süßwasserbecken empfohlen wird. Das Licht ist für die von uns gepflegten sessilen wirbellosen Tiere der Lebensspender, der viele Funktionen erst ermöglicht.

In einem Korallenriff in der Natur gibt es viele unterschiedliche Lichtzonen. In unserem Aquarium versuchen wir diese so gut wie möglich nachzubilden. Die Lichtstärken für die einzelnen Lichtzonen sind schwer festzulegen. Fakt ist, dass das Meerwasseraquarium so dekoriert werden muss, dass bei einer sehr starken Beleuchtung (Sonnenlichtzone) auch die Mittellicht- und Dämmerungszone mit abgedeckt werden.

2.1   Die Optimierung der Farbigkeit

Die Farbigkeit und die lange Gesunderhaltung der Korallen wird im Wesentlichen von folgenden Faktoren beeinflusst:

- durch die Wahl des Beleuchtungssystems (Leistung und spektrale Zusammensetzung),
- die Verfügbarkeit von Nährstoffen und Spurenelementen und
- eine vitaminreiche Ernährung.

Im Gegensatz zu allen bislang in der Riffaquaristik verwendeten Parametern, wie z. B. Lichtstrom (Einheit: Lumen) oder Be-

Unterschiedliche Lichtzonen an einem Ausschnitt im natürlichen Korallenriff.

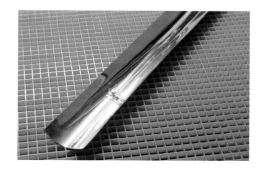

Sämtliche Lichtquellen über dem Aquarium sind mit Reflektoren zu versehen. Die Beleuchtungsstärke wird dadurch noch einmal deutlich erhöht.

leuchtungsstärke (Einheit: Lux), ist nur die sogenannte Photonenflussdichte (PFD) zur Beurteilung der Strahlungsintensität von Bedeutung. Die PFD gibt an, wie viel photosynthetisch nutzbare Photonen pro Sekunde auf eine Fläche von einem Quadratmeter auftreffen.

Meeresaquaristische Leuchtmittel sollten eine möglichst hohe PFD erzeugen, damit die Korallen und ihre Zooxanthellen ausreichend mit Strahlung versorgt werden. Bei der Messung der PFD werden lediglich die Strahlen zwischen 400 und 700 nm gemessen, also die photosynthetisch aktive

Strahlung PAR (= Photosynthetically Active Radiation). Für die optimale Anregung der Photosynthesepigmente muss das Leuchtmittel die spezielle Pigmentausstattung der Zooxanthellen berücksichtigen. Daher sollten im Emissionsspektrum folgende Strahlungen ausreichend vorhanden sein:

430 nm (günstig für Chlorophyll a)
440 bis 470 nm (PCP-Komplexe)
630 nm (günstig für Chlorophyll c2)
660 nm (günstig für Chlorophyll a)

Weiterhin können bestehende Farben nur dann optimal zur Geltung kommen, wenn die farberzeugenden Pigmente mit der richtigen Strahlung angeregt werden. Es müssen Leuchten mit einem ausgeglichenen Emissionsspektrum eingesetzt werden. Dies spiegelt sich in einem hohen Farbwiedergabeindex (RA) wider. Bei Verwendung eines Leuchtmittels mit vielen „Lücken" im Spektrum (z. B. Dreibandenleuchten,

Stark-
licht-
Zone

Mittel-
licht-
Zone

Schwach-
licht-
Zone

Auch im Aquarium gibt es im Wesentlichen drei unterschiedliche Lichtzonen. Foto: M. Staebler

Moderne Lampenein-
heiten für die Meer-
wasseraquaristik.
Oben: einfache
HQI-Lampe ohne
Leuchtstofföhren.
Bild unten HQI-Lampe
mit Leuchtstofföhren
und zusätzlichem
Mondlicht (Mitte).

die einen Farbwiedergabe-Index von RA
1 B aufweisen) erhöht sich die Wahr-
scheinlichkeit, dass eine bestehende Farbe
schlecht sichtbar ist. Letztendlich sollen
die gewählten Leuchtmittel eine möglichst
geringe UV-Emission (< 380 nm) erzeugen.
Die UV-Strahlung wird als sehr schädlich
angesehen.

Unter UV-Bestrahlung produzieren die
Zooxanthellen die bereits erwähnten UV-
Schutzverbindungen allerdings mit hohem
Energieaufwand. Dies geht dann zu Lasten
ihres Wachstums.

Ein einziges Leuchtmittel kann alle diese
Anforderungen in der Regel nicht erfüllen.
Daher ist eine Kombination verschiedener
Leuchtmittel zur Optimierung der Photo-
synthese und der Farbpigmentbildung zu
empfehlen.

Das Meerwasser-Aqua-
rium wird meist mit
einer Kombination aus
HQI-Lampen 14.000
Kelvin und Leucht-
stofföhren betrieben.

2.2 Welche Leuchtmittel für welchen Zweck?

2.2.1 Daylight-Brenner
(HQI-D 6500 Kelvin)

Er besitzt einen geringen Blauanteil. Dieser Bereich ist aber für die Photosynthese
sehr wichtig und muss durch eine zusätzliche Blaubeleuchtung ergänzt werden. Die
Strahlungsemission erfolgt hauptsächlich
im grünen und gelben Spektralbereich.
Daher sind diese Brenner oft „gelbstichig".
Rote Strahlungsanteile sind vorhanden und
fördern die Photosynthese (Chlorophyll-
absorption bei 640 bis 660 nm).
*Diese Brenner eignen sich zwar für das Meer-
wasserbecken, aber sie werden heute kaum noch
eingesetzt, weil sie die farblichen Vorstellungen
vieler Aquarianer nicht zur Zufriedenheit erfüllen.*

2.2.2 10.000-K-HQI-Brenner

Der Brenner besitzt einen hohen Anteil
violetter Strahlung zwischen 380 und 450
nm. Der erzeugte Wellenlängenbereich ist
photosynthetisch schlecht nutzbar. Wenig
Strahlungsemission im Blaubereich zwischen 450 und 500 nm. Dieser Bereich ist
für die Photosynthese aber wichtig und
wird hier nur schwach emittiert. Eine zusätzliche Blaubeleuchtung ist daher zwingend notwendig. Der Ausgleich der Vio-
lett-Lastigkeit erfolgt durch einen hohen
Peak im Grünbereich zwischen 500 und
600 nm, oft zwischen 530 und 560 nm.
Manche Brenner wirken daher leicht grün.
Mit diesem Peak können die Korallen fast
nichts anfangen. Er dient hauptsächlich
dazu, dass wir Aquarianer das Licht als hell
empfinden.

2.2.3 14.000-K-HQI-Brenner

Der 14.000-Kelvin-Brenner wird von Korallenriffaquarianern sehr häufig einge-

setzt, da er einerseits die Farbansprüche der meisten Aquarianer vollauf befriedigt und andererseits für die Korallen einen guten Kompromiss darstellt. Die wichtige Strahlung zwischen 400 und 450 nm ist ausreichend vorhanden. Dieser Wellenlängenbereich ist photosynthetisch sehr gut nutzbar. Bei 450 nm liefert er einen hohen Peak, der den Korallen sehr entgegenkommt. Die übrigen Strahlungsanteile sind ausgewogener als beim 10.000-Kelvin-Brenner.

In den letzten Jahren hat die Praxis gezeigt, dass bei einer <u>alterungsbedingten Änderung</u> des Abstrahlspektrums der 14.000-K-Strahler dem 10.000-K-Strahler weit überlegen ist. Besonders in der letzten Phase seines Einsatzes (ca. 1 Jahr Gesamtbrenndauer) werden die Korallen bei einer Spektralveränderung des 14.000-K-Brenners kaum geschädigt. Der 10.000-K-Brenner kann in dieser Phase empfindliche Steinkorallen zum Absterben bringen, wenn er nicht rechtzeitig ausgetauscht wird (GLASER 2010). Ich verwende in meinen HQI-Becken nur noch den 14.000-K-Brenner.

2.2.4 20.000-K- HQI-Brenner

Er hat einen hohen Emissionspeak im Blaubereich bei 450 nm. Das Absorptionsmaximum von Chl a/c2 und der PCP-Komplexe wird nicht gut getroffen. Die photosynthetische Nutzbarkeit ist fraglich. Er könnte als reine Zusatzbeleuchtung fungieren, aber als solche sind Blauröhren zu bevorzugen, da hier ein breiteres Blauspektrum mit besserer photosynthetischer Nutzbarkeit emittiert wird. Weiterhin hat dieser Strahler die schlechteste Farbwiedergabe aller Leuchtmittel, da außer bei 450 nm keine weitere Strahlung emittiert wird!

2.2.5 Billige HQI-Brenner

Der eine oder andere Aquarianer hat hin und wieder schon einmal damit geliebäugelt, einige Euro zu sparen und statt des teuren Markenleuchtmittels einen billigen

HQI (Daylight) mit Blaulichtzumischung

HQI (10.000 K) mit Blaulichtzumischung

HQI (20.000 K) ohne Blaulichtzumischung

T5-Vollspektrum mit Blaulichtzumischung

HQI-Brenner einzusetzen. Auch ich machte den Versuch, wobei jedoch schon der erste Eindruck recht deutlich war. Der HQI-Billigbrenner (14.000 K) war deutlich dunkler als der daneben leuchtende Markenbrenner mit gleicher Wattzahl (ebenfalls 14.000 K). Mit bloßem Auge lässt sich jedoch nicht unterscheiden, ob der Brenner wirklich weniger stark strahlt oder ob er beispielsweise einen sehr starken Blauanteil auf Kosten des grün-gelben Anteils abstrahlt. Auch dies würde für den menschlichen Betrachter dunkel wirken, da das Auge für Blau weniger empfindlich ist. Aufschluss brachte erst eine Messung, die ein mir bekannter Aquarianer durchführte (GLASER 2010).

Fast alle Spektralbereiche des Billigbrenners lagen um ca. 50 % <u>unterhalb</u> des Markenbrenners, damit lag er unter der Strahlungsleistung des nächst schwächeren Brenners. Auch der Blauanteil lag unterhalb dem des Markenbrenners. Auch wenn die Messung eines einzelnen Brenners nicht repräsentativ ist, zeigt sich doch, dass das Risiko, mit einem Billigbrenner ein ungeeignetes Leuchtmittel zu bekommen, groß ist.

2.2.6 Vollspektrumröhren
(Farbwiedergabe = RA 1A)

Sie weisen ein ausgeglichenes Spektrum mit Anteilen im blauen, grünen, gelben und roten Spektralbereich auf und stellen den besten Kompromiss zwischen photosynthetischer Nutzbarkeit und guter Farbwiedergabe dar. Für die Meerwasseraquaristik sind insbesondere die Leuchtstoffröhren interessant, die eine Mischung aus Vollspektrum und Blaulicht darstellen (als „Aquascience DUO" oder „Aquablue Special" im Handel). Hilfreich ist es, dass einige Hersteller auf der Umverpackung der Röhren das Spektrum grob abbilden. Zum Vergleich gebe ich hier zwei Spektren zur Auswahl, die sich auch in Zukunft kaum wesentlich verändern dürften, weil sie schon sehr nahe am Optimum sind.

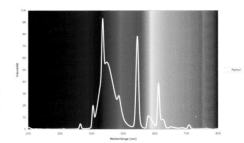

Spektrum der „Aquascience DUO". Aufnahme: S. Brunnengräber.

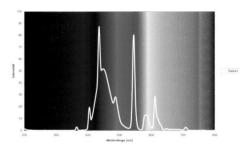

Spektrum der „Aquablue Special". Aufnahme: S. Brunnengräber.

Selbstverständlich ist jede andere Röhre mit einem identischen Spektrum zu empfehlen. Eine zusätzliche Blauröhre ist dennoch zu empfehlen, um die Photosynthese stärker zu fördern.

2.2.7 LED-Beleuchtung

Künftig wird die LED-Technik in der Riffaquaristik eine immer größere Rolle spielen. High-Power-LEDs erreichen heute eine Effizienz von 60 bis 120 lm/W, das heißt, mit 1 Watt elektrischer Leistung können sie 60 bis 120 Lumen Licht erzeugen. Auch HQI- und T5-Leuchtmittel können bis zu 100 lm/W produzieren. Der entscheidende Unterschied aber liegt in der Art der Licht- und Wärmeabgabe. Während HQI, T5 und normale Glühbirnen ihr Licht und ihre Wärme in alle Richtungen abstrahlen, strahlt die LED Licht nur nach vorne, Wärme dagegen nur nach hinten ab. Ihr Abstrahlverhalten hat große Vorteile: Das ganze abgestrahlte Licht kann direkt ausgenutzt werden, ohne es erst über Reflektoren mit Verlust in die gewünschte Richtung zu lenken. Reflektoren sind nicht perfekt. Sie können weder das auftreffende Licht zu 100 % reflektieren, noch fallen überhaupt 100 % des nicht direkt verwertbaren Lichts auf sie. Auch eine Selbstabschattung durch abschwächende oder lichtundurchlässige Teile des Leuchtmittels (Elektroden, Beschichtungen etc.) findet bei LEDs nicht statt, da der Umweg vom Leuchtmittel zum Reflektor und wieder zurück durchs Leuchtmittel und dann erst zur Koralle entfällt. Geringe Verluste treten bei der LED höchstens durch die Verwendung von Optiken (das sind Linsen zur Bündelung oder Streuung des Lichtstrahls) auf. Tatsache ist, dass das von der LED produzierte Licht zu 100 % im Aquarium ankommt. Bei allen anderen Beleuchtungstechniken ist die Differenz zwischen dem produzierten Licht und dem Licht, das tatsächlich im Becken ankommt, größer.

Ein weiterer Vorteil für die Riffaquaristik ist die nach hinten gerichtete Wärmeabstrahlung – zumindest im Sommer. Mit LED-Beleuchtung wird die Gefahr, dass sich das Aquarium aufgrund der starken Wärmestrahlung der Beleuchtung zu sehr erhitzt, wesentlich verringert.

Günstig für die Energiebilanz der LED wirken sich auch die geringen Verluste durch die zur Versorgung notwendigen Konstant-

Dieses Meerwasser-Aquarium von Wolfgang Stark wird ausschließlich mit LEDs beleuchtet.

stromquellen aus. Sie sind deutlich effizienter als z. B. die üblichen Vorschaltgeräte von HQI-Leuchten. Der Gesamtverbrauch einer LED-Leuchte liegt damit nur etwa 10 % höher als der Energieverbrauch der LEDs allein, eine 120-Watt-LED benötigt somit etwa 130 Watt. Insgesamt lassen sich durch LEDs schon heute (Stand 2011) etwa 50 % der Energiekosten gegenüber HQI und T5 einsparen. In Zukunft wird sich diese Einsparung auf mehr als 70 % steigern lassen (GLASER 2010).

LED-Leuchte, bestückt mit 3 Watt High Power- LEDs.

Lichtspektren von LEDs

Als Meerwasseraquarianer interessiert uns natürlich besonders das Lichtspektrum der LEDs, denn davon hängt sowohl die für uns sichtbare Farbe der Korallen als auch deren Gesundheit und Wachstum ab. Weiße LEDs, die für die Beleuchtung von Riffaquarien verwendet werden, haben eine Farbtemperatur von 4.500 bis 10.000 Kelvin. Noch höhere Kelvinzahlen werden durch die zusätzliche Verwendung von blauen LEDs erreicht. Wie bei allen anderen Leuchtmitteln lässt die Kelvinzahl aber auch bei den LEDs nur eine ungefähre Aussage darüber zu, wie blau uns das Licht erscheint. Viel interessanter ist die Betrachtung des Lichtspektrums. Weiße LEDs haben aufgrund der Mischung des direkt erzeugten blauen Lichts mit dem Licht des gelben Leuchtstoffs einen Peak bei ca. 450 nm (blau), einen kleinen Einschnitt bei etwa 500 nm und dann ein recht kontinuierliches Spektrum über den gesamten Farbbereich. Das LED-Spektrum unterscheidet sich deutlich von HQI- und T5-Leuchtmitteln. Bis auf die Lücke bei 500 nm ist das Spektrum der LEDs relativ ausgeglichen. Es ist dem Sonnenlichtspektrum daher ähnlicher als die bisher verwendeten Leuchtmittel. Der für Korallen bzw. Zooxanthellen wichtigste Spektralbereich um 450 nm wird von LEDs sehr gut abgedeckt, der zweitwichtigste Bereich um 650 nm je nach Farbtemperatur ausreichend bis sehr gut.

Die LED zeigt noch einen weiteren Unterschied zu HQI-Brennern und Leuchtstoffröhren: Sie produziert keinerlei UV-Licht. Somit entfällt die Notwendigkeit einer UV-Abschirmung durch Glasfilter, die weitere Lichtverluste mit sich bringen, und die Gefahr von UV-Verbrennungen an den Tieren (GLASER 2010).

Die Lebensdauer der LEDs

Wie verhält sich das Farbspektrum einer LED auf Dauer? Wissenschaftliche Einrichtungen, die sich mit diesem Thema beschäftigen, bestätigen, dass sich das Farbspektrum innerhalb der Lebensdauer der LED nicht verändern wird. Das lässt uns Aquarianer hoffen, auch wenn wir den endgültigen Beweis erst durch die Praxiserfahrungen der nächsten Jahre haben werden. Wir können daher im Moment (Stand 2011) davon ausgehen, dass die komplette Lebensdauer der LED auch die aquaristische Einsatzdauer ist (GLASER 2010).

Sicherheit und Flexibilität

Beim Thema Sicherheit sind LED-Lampen den übrigen Aquarienbeleuchtungen weit überlegen. Auch wenn die Niedrigspannung für die LEDs meist erst im Lampengehäuse erzeugt und die Lampe selbst daher wie üblich mit 230 Volt Netzspannung versorgt wird, sind LED-Lampen sicherer, da sie gegen Spritzwasser viel besser geschützt sind. LEDs sind feuchtigkeitsempfindlich, daher müssen die Lampen abgedichtet sein. Das hat den angenehmen Nebeneffekt, dass zumindest passiv gekühlte LEDs Spritzwasser von allen Seiten ausgesetzt werden können, ohne dass die Gefahr eines Kurzschlusses oder Stromschlags besteht. Das wesentlich geringere Gewicht dieser Leuchten lässt z. B. die direkte Befestigung am Glas des Aquariums zu (GLASER 2010).

Praxiserfahrungen

In der Praxis hat sich eine LED à 3 Watt mit engstrahliger Sammellinse pro 46 cm² bewährt. Das entspricht ungefähr einer Fläche von 6,80 x 6,80 cm. Die gesamte Anlage muss zu dimmen sein. Dabei ist es von Vorteil, wenn die weißen und die blauen LEDs getrennt gedimmt werden können. Ein Becken mit den Maßen 120 x 50 cm hat eine Grundfläche von 6.000 cm². Für dieses Becken (50 cm Wassertiefe) würde man dann 6000 : 46 = 130 POWER LEDs benötigen, um es vollflächig auszuleuchten. Das wären 26 Leisten à 5 LEDs à 3 Watt (insgesamt 390 Watt). Das Verhältnis von weißen zu blauen LEDs sollte ca. 4:3 betragen.

Um den gleichen Effekt (sehr farbige Steinkorallen) mit HQI-Brennern und T5-Leuchten zu erzielen, wären 2 x 250 Watt HQI (14.000 K) und 2 x 54 Watt T5 (Blau)

notwendig. Das entspräche einem Stromverbrauch von ca. 608 Watt! Mit der LED-Beleuchtung erreichen wir gegenüber der konventionellen Beleuchtung eine Einsparung von 218 Watt. Stellt man keine sehr hohen Ansprüche an die Farben der Korallen, lässt sich auch mit einer Gesamtleistung von 300 Watt eine gute Korallenhaltung realisieren, aber mit einer abnehmenden Zahl von LEDs vergrößert sich auch der Abstand zwischen den einzelnen LEDs, sodass irgendwann ein Punkt erreicht ist, bei dem in den Zwischenräumen zu viel Schatten entsteht. Dann kann man ggf. ohne Sammellinsen arbeiten (der Abstrahlwinkel wird dann breiter) oder anstatt wenigen 3-Watt-LEDs mehr 1-Watt-LEDs einsetzen (LATKA/STARK 2011) .

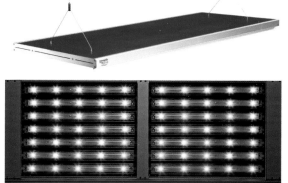

Optik und Technik lassen sich mit LED-Lampen optimal kombinieren. Foto: TropicMarin

Das LED-Aquarium von W. Stark hat den Praxistest bestanden. Die Korallen kommen mit diesem Licht ausgezeichnet zurecht.

Eine ausgewogene Beleuchtung ist wichtig für eine gute Farbwiedergabe der Korallen. Leuchtstoffröhrenkombinationen wie z. B. 4 x Weißlicht (Aquasun) zu 2 x Blaulicht (OSRAM 67) haben sich bewährt.

2.2.8 Blauröhren

Die blauen Leuchtstoffröhren stellen eine reine Zusatzbeleuchtung zur Optimierung der photosynthetischen Nutzbarkeit des Gesamtspektrums dar. Sie weisen einen geringen UV-Anteil auf, der die Wachstumsraten herabsetzt, der in der Praxis aber vernachlässigt werden kann. Sie sind ideal zur Förderung von Fluoreszenzpigmenten, haben allerdings eine schlechte Farbwiedergabe, da nur Violett- und Blaustrahlung emittiert wird.

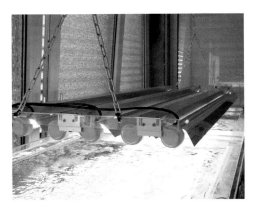

die bei maximal 25 °C Umgebungstemperatur beste Leistung bringen. Die relevante Nutzbrenndauer von T5-Röhren ist – unter praktischen Gesichtspunkten – allerdings nicht höher als die der alten T8-Leuchten, obwohl damit immer geworben wird. Nach spätestens einem Jahr müssen die Lampen ausgetauscht werden. Der entscheidende Vorteil der T5-Röhren gegenüber den T8-Röhren ist der, dass bei gleicher Länge mehr Leistung (Watt) und eine höhere Beleuchtungsstärke erzeugt werden können. Diesen Vorteil erkauft man sich allerdings mit einer höheren Stromrechnung.

Blauröhren fördern das Wachstum der Korallen.

2.3 Was ist bei Leuchtstoffröhren wichtig?

Bei den Leuchtstoffröhren verwenden wir heutzutage nicht mehr die veralteten T8-Leuchten mit einem Röhrendurchmesser von 26 mm, sondern die Hochfrequenz-T5-Röhren mit einem Durchmesser von 16 Millimetern.

Diese T5-Lampen sind L-Lampen in Stabform, deren Leuchtenbetriebswirkungsgrad um ca. 5 Prozent höher ist als der von T8-Röhren. Zusätzlich trägt der dünne Rohrdurchmesser zur Erhöhung des Betriebswirkungsgrades bei. Auch liegt bei diesen Leuchtstofflampen das Lichtstrom-Maximum (= die günstigste Wirkung) bei 35 °C im Gegensatz zu den T8-Röhren,

2.4 Welche Beleuchtung erzeugt die gewünschte Korallenfärbung?

Prinzipiell müssen wir uns entscheiden, ob wir die Fluoreszenzfarben optimal fördern oder die plakativen Farben in den Korallen „herausarbeiten" wollen.

Es wird kaum gelingen, beide „Farben" gleichzeitig mit einer Beleuchtungseinheit optimal zu fördern. Selbst wenn die Pigmente in den Korallen vorhanden sind, ist immer noch die Frage offen, ob sich die verwendete Beleuchtung dazu eignet, diese Farben sichtbar zu machen (siehe Farbwiedergabe). Letztendlich werden die Pigmente nur dann synthetisiert, wenn sie mit der richtigen Strahlung angeregt werden. Fehlt ein Strahlungsanteil im Emissionsspektrum der Leuchten, so wird dieses Pigment schlecht gebildet. Auch ist zu beachten, dass nicht jede Koralle ein bestimmtes Pigment synthetisieren kann, weil die entsprechende genetische Information fehlt. Manche Korallen sind braun und bleiben auch braun, unabhängig von der eingesetzten Beleuchtung.

2.4.1 Fluoreszenzfarben

Zur Optimierung von Fluoreszenzfarben gilt: Für eine Induktion der Synthese durch kurzwellige Violett- und Blaustrahlung eignen sich Blauröhren sowie 10.000-Kelvin-, 10.000+-Kelvin- und 14.000-Kelvin-HQI-Brenner. Die Förderung der Fluoreszenzfarben ist in der Regel unabhängig von der Strahlungsintensität. Erfahrungsgemäß ist es für die Steigerung der Fluoreszenzfarben sehr förderlich, das Verhältnis von HQI zu Blauröhren nach Watt/l einzurichten. Die Wattzahlen der HQI-Strahler sollten mit 0,68 Watt/l, die der Blaustrahlung mit 0,32 Watt/l eingehalten werden.
Ein Beispiel: Für ein Volumen von 75 x 50 x 60 cm (= 225 Liter) werden 225 x 0,68 Watt = 153 Watt und somit eine 150-Watt-HQI-Lampe eingesetzt. Bei der Blaubeleuchtung sind das dann 225 x 0,32 Watt = 72 Watt und somit drei T5-Blauröhren mit jeweils 24 Watt (= 72 Watt).
Für die von mir vorgeschlagenen Standardmaße bieten sich die in Tabelle 1 aufgeführten Beleuchtungskombinationen an.

2.4.2 Plakative Farben

Zur Optimierung der plakativen Farben ist zu sagen, dass die Pigmente zwischen 500 und 600 nm absorbieren, daher erfolgt die Induktion der Synthese nach Anregung mit diesen Wellenlängen. Hierzu eignen sich Leuchtmittel mit ausgeglichenen Spektren und entsprechend sehr guter Farbwiedergabe, z. B. Vollspektrumröhren (ausgeglichenes Spektrum) und HQI-Daylight-Brenner (hoher Anteil an Strahlung zwischen 500 und 600 nm). Die Kombination mit Blauröhren ist hier wichtig. Die für die plakativen Farben verantwortlichen nicht fluoreszierenden Pocilloporine haben wahrscheinlich eine Schutzfunktion unter

Die Förderung der Fluoreszenzfarben ist in der Regel unabhängig von der Strahlungsintensität. Eine blau orientierte Beleuchtung hilft, diese Farben zu erzeugen.
Foto: R. Boger

Tabelle 1– Optimierung der Fluoreszenzfarben *(HQI-Brenner mit 14.000 Kelvin)

L x B x H / in cm	HQI 150 Watt*	HQI 250 Watt*	HQI 400 Watt*	T5 Blau	ausschl. T5-Beleuchtung T5 Weiß (>/= 14000 K + [Blau]	ausschließlich LED-Beleuchtung 3 Watt auf 75 cm²
75 x 50 x 60	1	-	-	3 x 24 Watt	6 x 24 W [2 x 24 W]	50 x 3 Watt
105 x 60 x 60	2	-	-	3 x 39 Watt	6 x 39 W [2 x 39 W]	84 x 3 Watt
135 x 60 x 60	3 oder	2	-	3 x 54 Watt	6 x 54 W [2 x 54 W]	108 x 3 Watt
165 x 70 x 60	-	3 oder	2	3 x 80 Watt	6 x 80 W [2 x 80 W]	154 x 3 Watt
					Brenndauer 6 Lampen à 12 Std. 2 Lampen à 5 Std.	

Die Erzeugung von Plakatfarben ist abhängig von der Strahlungsintensität.

Watt = 306 Watt und somit zwei 150-Watt-HQI-Lampen eingesetzt. **Achtung!** Bei dieser hohen Beleuchtungsstärke muss die ausreichende Versorgung der Korallen mit gelösten organischen Stoffen und Spurenelementen gewährleistet sein. Sind diese wichtigen Wasserinhaltsstoffe nur unzureichend vorhanden, werden die Korallen schnell ausbleichen und Gewebeschäden davontragen. Diese Art der Farbinduzierung verlangt vom Aquarianer ein höchstes Maß an Kenntnis und Verständnis über die gepflegten Korallen und sollte nicht von Einsteigern favorisiert werden.

Es ist in diesem Zusammenhang zu betonen, dass dies die langjährigen Erfahrungen des Autors sind. Die Angaben sollen als Richtlinien verstanden werden. Mit den genannten Wattzahlen pro Liter (diese Angaben werden von vielen Autoren als zu theoretisch abgelehnt) wurden die gewünschten Ergebnisse immer erreicht.

Übrigens ist die Farbtemperatur eines Leuchtmittels alles andere als ein guter Parameter, um die Qualität zu beurteilen. Daher sollte den Kelvinangaben in Zukunft weniger Relevanz zugeschrieben werden. Die Qualität eines Leuchtmittels hängt (abgesehen von der Farbstabilität und dem Preis-Leistungs-Verhältnis) von der spektralen Zusammensetzung ab, nicht von der Farbtemperatur. Es darf also nicht behauptet werden, dass bezüglich der Farbigkeit von Korallen ein Brenner mit Farbtemperatur „x" besser ist als ein Brenner mit Farbtemperatur „y".

Starklichtbedingungen. In diesem Fall sind leistungsstarke Leuchtmittel mit guten Reflektoren sinnvoll.

Dass diese Art der Farboptimierung leistungsaufwendiger und kostenintensiver ist, dürfte einleuchten. Wenn z. B. für ein Volumen von 75 x 50 x 60 cm (= 225 Liter) zur Optimierung der Fluoreszenzfarben eine Beleuchtung mit 150 Watt HQI und 3 x 24 Watt Blau (T5) ausreichen, so wird für die Optimierung der Plakatfarben schon eine 300 Watt starke HQI-Beleuchtung mit Daylight-Brenner benötigt. Die Anzahl der Blaulampen kann hier erfahrungsgemäß beibehalten werden.

Ein Beispiel: Für ein Volumen von 75 x 50 x 60 cm (= 225 Liter) werden 225 x 1,36

Tabelle 2 – Optimierung der Plakatfarben (HQI-Brenner 6.500 Kelvin Daylight)   (*T5-Röhren = OSRAM T5 FQ ...W/865 HO High Output Lumilux Daylight G5)

L x B x H / in cm	HQI 150 Watt		HQI 250 Watt		HQI 400 Watt	T5 Blau	ausschl. T5-Beleuchtung T5-Daylight* + [Blau]	ausschließlich LED-Beleuchtung 3 Watt auf 46 cm²
75 x 50 x 60	2	oder	1		-	3 x 24 Watt	7 x 24 W [3 x 24 W]	81 x 3 Watt
105 x 60 x 60	-		2	oder	1	3 x 39 Watt	7 x 39 W [3 x 39 W]	137 x 3 Watt
135 x 60 x 60	-		-		2	3 x 54 Watt	7 x 54 W [3 x 54 W]	176 x 3 Watt
165 x 70 x 60	-		-		3	3 x 80 Watt	7 x 80 W [3 x 80 W]	251 x 3 Watt
							Brenndauer 10 Lampen à 12 Std.	

2.5   Die Lichtsteuerung

Wenn in der Natur im Jahresdurchschnitt die Sonne in den tropischen Bereichen um 6 Uhr morgens aufgeht und nach 12 Stunden um 18 Uhr wieder untergeht, ist es notwendig, auch unser Aquarium für diese Zeit zu beleuchten. Eine längere Beleuchtung ist auf Dauer schädlich. Wenn wir einige Erfahrungen gesammelt haben, können wir sogar das Starklicht auf 8 bis 10 Stunden begrenzen. Dies ist begründet in der Erfahrung, dass das Leben im Riff aufgrund des Lichteinfallwinkels von 15 bis 25 % erst eineinhalb Stunden nach Sonnenaufgang beginnt und ca. 2 Stunden vor Sonnenuntergang die Sonneneinstrahlung die Tiere nicht mehr in der nötigen Stärke erreicht. Eine Aufteilung der Beleuchtungszeit, wie manchmal in der Süßwasseraquaristik empfohlen, kann den Biorhythmus des Meerwasseraquariums empfindlich stören und darf nicht vorgenommen werden. Besser ist es, wenn erst nachmittags mit der Beleuchtung begonnen wird, damit man nach Feierabend noch etwas vom Aquarium hat.

2.6   Was ist noch zu beachten?

Die Entfernung der HQI-Leuchten zur Wasseroberfläche sollte mindestens 30 cm betragen. Es handelt sich meist um Brenner und Reflektoren mit einem engen Abstrahlwinkel und einem hohen Temperatureintrag ins Wasser. Die Brenner sollten alle mit dem notwendigen Schutzglas betrieben werden, sonst können sie Augenschäden hervorrufen oder, wenn ein Fisch die Oberfläche durchbricht und den Brenner mit Wasser bespritzt, sogar platzen.

Die Leuchtstoffröhren müssen relativ nahe über der Wasseroberfläche angebracht sein (max. 20 cm), damit sie ihre volle Wirkung entfalten können. Das Heranbringen der Leuchtmittel an die Wasseroberfläche birgt Gefahren in sich: Salz kriecht an den Lampen entlang und verursacht Korrosionsschäden und ggf. sogar Kriechströme, die letztlich sehr gefährlich werden können. Daher müssen die Lampen von Zeit zu Zeit mit destilliertem Wasser (oder Osmosewasser, das ebenfalls keine Kalkrückstände hinterlässt) vom Salz befreit werden.

Bunte Steinkorallenaquarien liegen im Trend. Zweifellos ist es eine hohe Kunst, die Korallen langfristig farbig zu halten. Viel Erfahrung, Fleiß und Ausdauer sind dazu erforderlich. Foto: A. Girz

3   Heizung und Kühlung

Unser Meerwasseraquarium mit Wirbellosen und Fischen aus tropischen Gebieten benötigt eine konstante Temperatur von 24 bis 26 °C. Die Einhaltung dieser Temperatur mit einer Heizung bereitet normalerweise keine Schwierigkeiten. Allerdings haben z. B. Glasheizstäbe drei Nachteile:

• das Glas kann springen
• viele sind nicht geerdet und
• die Plastikkappen werden undicht.

Wer mit einem 220-Volt-Stabheizer arbeiten möchte, wählt am besten einen, dessen Schutzkappe aus dem Wasser herausragt. Dieser Heizer sollte alle zwei Jahre ausgetauscht werden, denn das Salzwasser setzt ihm stark zu. Weiterhin ist es von Vorteil, einen Heizer zu verwenden, für den im Zubehörprogramm ein Schutzkorb angeboten wird. Der Stabheizer wird in einer gesonderten Kammer installiert, in die die Tiere nicht eindringen können. Von Vorteil ist es, den Stabheizer mit einem sensiblen Elektronikregler zu verbinden. Dieser sorgt dafür, dass eine gleichbleibende Temperatur sichergestellt ist. Befindet sich der Heizer in einer Kammer, in der der Wasserstand sinken kann, muss diese Kammer mit einem Wasserniveauregler abgesichert werden. Dadurch wird eine Beschädigung des Heizers durch fallenden Wasserstand verhindert. Wesentlich eleganter und sicherer ist es, wenn in die Filterkammer eine Niedervoltheizung verlegt wird. Der hierbei wirksam werdende Strom hat eine Stärke von 20 bis 30 Volt (je nach Typ). Auch hier muss die Kammer gegen ein Trockenfallen gesichert werden.

Sobald die Wassertemperatur über 28 °C steigt, muss das Meerwasseraquarium gekühlt werden. Hohe Temperaturen bedeuten Sauerstoffschwund. Dieser kann verheerende Auswirkungen auf die Bewohner haben. Relevant wird die Kühlung in unseren Breitengraden fast nur im Hochsommer, aber auch im Sommer in einer nicht optimal isolierten Dachwohnung. Die ele-

Kühlgerät mit Filtereinheit. Im Sommer ist es ideal.

 ganteste Lösung ist ein Kühlaggregat. Für viel Geld ist es im gut sortierten Fachhandel erhältlich. Nachteilig bei solchen Geräten ist manchmal die Lautstärke. Es bietet sich an, so ein Gerät aus dem Wohnbereich zu verbannen. Keinesfalls darf es im gleichen Raum wie das Aquarium stehen (z. B. in einem Nebenraum, in dem die ganze Technik einschließlich der Lampen etc. installiert ist). Dort zieht es immer wieder die stark aufgeheizte Luft der HQI-Lampen und die Abwärme weiterer technischer Geräte an und kann so nicht optimal arbeiten. Gute Dienste leistet auch ein parallel zur Wasseroberfläche angebrachter Ventilator. Bei Dauerbetrieb in der heißen Jahreszeit

Ein stabiler Regelheizer mit Schutzkorb stellt die ideale Lösung dar, wenn er im Aquarium direkt installiert werden muss. Der Visi-Therm® von Aquarium Systems ist bruchsicher. Zusätzlich ist ein Schutzkorb erhältlich.

kann er ein Becken von 600 Liter durch die Verdunstungskälte mühelos um 3 bis 5 Grad herunterkühlen. Besonders wenn er über Nacht läuft, arbeitet er sehr effektiv. Morgens ist dann das Becken meist wieder in einem Bereich von 24 bis 26 °C. Hierbei ist zu beachten, dass in dieser Zeit das Aquarium wesentlich mehr Verdunstungswasser benötigt als im normalen Betrieb ohne Ventilator. Der Salzgehalt muss mit einem Dichtemesser (Aräometer) regelmäßig überprüft werden. Eine weitere Lösung ist die Anschaffung eines Raumkühlgeräts (Air-Condition). Mit ihm kann der Raum einschließlich des Aquariums gekühlt werden. Eine Wohltat für Mensch und Tier.

3.1 Deckscheiben

Deckscheiben kommen für unser Meerwasseraquarium nur in Frage, wenn Tiere gepflegt werden sollen, die gerne „ausbüchsen". Hierzu zählen z. B. Muränen, einige Krabben und generell alle Tintenfische. Alle anderen benötigen keine Abdeckscheiben. Es kann allerdings von Vorteil sein, Deckscheiben anfertigen zu lassen, die während des Urlaubs eingesetzt werden. Falls das Aquarium mit einem Niveauregler und einer automatischen Nachfüllanlage sowie externem Wasserreservoir ausgerüstet ist, kann in diesem Fall die Verdunstung stark herabgesetzt werden. Während der Abwesenheit wird dann nur wenig Verdunstungswasser benötigt.

Achtung! Wird das Verdunstungswasser über eine Dosierpumpe **ohne** Pegeldifferenzschalter zugegeben, muss die Nachfüllmenge für diese Zeit **neu** errechnet und eingestellt werden, sonst läuft das Becken irgendwann über. Dies zu erwähnen ist wichtig und wird oft vergessen!

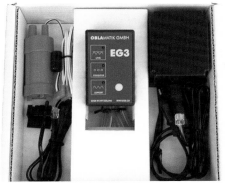

Wird eine Dosierpumpe ohne Pegeldifferenzschalter verwendet, muss beim Einsatz von Deckscheiben der neue Wasserverbrauch berechnet werden, sonst kann das Aquarium ggf. überlaufen!

Bei Verwendung von Systemen, die den Wasserstand im Aquarium automatisch messen und berücksichtigen (Pegeldifferenzautomatik), muss beim Einsatz von Deckscheiben der neue Wasserverbrauch nicht neu berechnet werden. Die Automatik passt sich der neuen Situation an. Oben: TUNZE-Osmolator. Unten: EG-3 mit Wasserstandsfühler.

4 Die Dekoration

Eigentlich sind nur wenige Gesteinsarten für unser Meerwasseraquarium relevant, einmal das tote Riffgestein, das Tuffgestein, dann das sogenannte Jugoslawische Lochgestein und das Lebendgestein. Auch künstlich hergestellte Riffkeramik wird häufig verwendet.

Tuffgestein ist wesentlich leichter als totes Riffgestein. Es hat aber den Nachteil, dass es nach einer gewissen (allerdings sehr langen) Zeit zerbröselt. Neben der Leichtigkeit bietet es zusätzlich den Vorteil, sich mit Säge und Handbohrer bearbeiten zu lassen. Die Tiere nehmen das Gestein gut an und in den porösen Schichten siedeln wesentlich mehr Bakterien als in dem relativ glatten und nur wenig strukturierten Lochgestein. Die Optik aller Gesteinsarten ist Geschmacksache. Alle passen zum Lebendgestein und eignen sich für das Meerwasserbecken. Die gesamte Grunddekoration wird auf eine Plexiglasplatte gesetzt. So wird die Bodenscheibe vor Bruch geschützt. Alle im Baumarkt erhältlichen Plexiglasplatten ab 3 mm Stärke eignen sich für den Betrieb in einem Meerwasseraquarium.

Zuerst wird die Dekoration mit dem „Trockengestein" aufgebaut. Man darf zu Beginn nicht zuviel von diesem Gestein in das Becken einbringen, denn es kommen noch lebende Steine und auch der eine oder andere Stein mit den Korallen in das Aquarium. Am besten wird zuerst das Lebendgestein (nach der auf Seite 20 angegebenen Mengenformel) gekauft und anschließend in einem gut mit Strömung versehenen und gereiftem Meerwasser gefüllten Fass aufbewahrt. Anhand dieser Menge kann dann besser abgeschätzt werden, wie viel „Trockengestein" noch benötigt wird.

Schon beim Aufbau der Dekoration können in einem Meerwasseraquarium fol-

Die Silikonverklebung besonders am Rand der Platte ist erforderlich, damit diese nicht von Korallensand unterwandert wird.

genschwere Fehler gemacht werden. In den ersten ein bis zwei Jahren fallen diese Fehler nicht ins Gewicht. In dieser Zeit ist das Aquarienmilieu noch recht jung und es gibt wenig stark verschmutzte Stellen. Im Lauf der Jahre sammelt sich aber an für uns unzugänglichen Stellen Schmutz. Dieser vergammelt, wenn er nicht entfernt werden kann. Die Grunddekoration sollte daher immer in Blöcken angelegt werden. Kein Block darf mit dem anderen fest verbunden sein. Dann lässt sich, falls notwendig, jeder Block unabhängig aus dem Becken nehmen. Es könnte ja sein, dass es später einmal umgestaltet werden soll. Dann können alte Blöcke herausgenommen und durch neue ersetzt werden. Die Höhe der Blöcke sollte so bemessen sein, dass sie noch lebende Steine aufnehmen können und trotzdem viel Raum zwischen Substrat und Wasseroberfläche bleibt. Auch dürfen sie, direkt

Die Plexiglasplatte wird so auf den Aquarienboden geklebt, dass sie nicht von Steinchen unterwandert wird.

Die Steine lassen sich mit einer Trennscheibe (Flex) gut zurechtsägen.

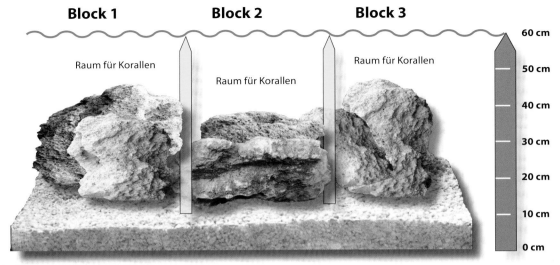

Block 1 **Block 2** **Block 3**

Raum für Korallen

Raum für Korallen

Raum für Korallen

60 cm
50 cm
40 cm
30 cm
20 cm
10 cm
0 cm

Grafik 20

unter den HQI-Strahlern, nicht zu weit an die Wasseroberfläche heranreichen. Die Tiere würden in diesem Bereich zu stark bestrahlt und könnten verbrennen. Weiterhin muss darauf geachtet werden, dass die gesamte Dekoration rundherum ca. 12 cm von allen Seitenscheiben entfernt ist. So kommen wir mit einer Mulmglocke noch gut in den Zwischenraum und können die hinteren Zonen vom Schmutz befreien.

Diese Prozedur wird alle 2 bis 3 Jahre notwendig, denn es ist zu bedenken, dass ein Riffaquarium gut und gerne ein Projekt von 10 bis 15 Jahren ist. Wenn erst einmal die Korallen gewachsen sind und sich eine kleine Riffformation gebildet hat, werden Sie es nur ungern ausräumen!

Für die niederen Tiere gestalten wir eine Sonnenlichtzone, eine Mittellichtzone und in bescheidenem Umfang eine Dämmerlichtzone (z. B. für Röhrenwürmer, Schwämme etc.). Ebenso gilt es zu beachten, dass später auch Fische gepflegt werden, die sich nicht immer sehen und auch einmal Ruhe voreinander haben möchten. Hierzu gehören speziell Doktor-, aber auch einige Kaiserfische.

Die Einrichtung wird in zwei oder drei Blöcken aufgebaut. Zwischen Dekoration und Wasseroberfläche muss noch genügend Platz für die Korallen bleiben.

Die lebenden Steine (rot) werden zwischen und auf die Trocken-Dekoration gelegt, damit sie gut vom Wasser umströmt werden. Den Abschluss zum Licht hin müssen immer lebende Steine bilden, denn dann gibt es weniger Probleme mit Algen, weil die schon vorhandenen Biofilme eine Algenbesiedlung erschweren.

● = Höhlen

Grafik 21

Rufen wir uns das auf Seite 21 Besprochene noch einmal kurz in Erinnerung: In der Lichtzone sollte der lebende Stein immer als Dekorationsabschluss auf einem toten Stein positioniert werden.
Der lebende Stein veralgt in der Einfahrphase längst nicht so extrem wie der tote Stein (rechts).

Gerade Doktorfische sind Dauerschwimmer. Die Tiere sollten in möglichst großen und langen Aquarien schwimmen, in denen der Riffaufbau aus Riffpfeilern, Vorsprüngen und Höhlen besteht.

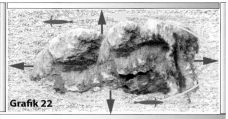

Grafik 22

Bei dieser Anordnung können die Fische leicht um die Dekoration herumschwimmen und es entstehen keine strömungsarmen Zonen.

4.1 Die Vorbereitung des Trockengesteins

Auch wenn es am Anfang eine beschwerliche Arbeit ist und etwas Geduld verlangt, sollte das Trockengestein sehr gut gereinigt werden. Mit einem Gartenschlauch (oder mit der Dusche und einem scharf eingestellten Strahl) wird es unter hohem Druck abgespritzt. Anschließend werden die Steine in einen Behälter gegeben, in dem zuvor 1 kg Ätznatron (Apotheke, Drogerie) auf 100 Liter Wasser aufgelöst wurde. In dieser Lauge bleiben die Steine ca. 1 Woche lang.

Danach werden sie eine weitere Woche in klarem Leitungswasser, das während dieser Zeit dreimal gewechselt werden sollte, gewässert, damit die Lauge gründlich ausgewaschen wird.
Anschließend können die Steine in das Becken eingebracht werden. Dort werden sie, wie vorher aufgeführt, in Blöcken miteinander verbunden. Am besten ist es, sie zu vermörteln (zu diesem Zweck müssen die Steine nicht unbedingt trocken sein).

Selbst mehrfach gereinigtes Deko-Gestein erzeugt nach der Behandlung mit Lauge (Ätznatron) immer noch eine sehr beachtliche Dreckbrühe.

Hierzu benötigt man 1 Teil **Portlandzement** (keinen anderen!) und 3 Teile reinen Quarzsand. Mit dieser Mischung, die gut angerührt werden muss, werden die Steine zusammengefügt.

Allerdings ist zu beachten, dass Portlandzement nicht gleich Portlandzement ist! Es gibt ca. 20 verschiedene Arten. Lediglich 11 davon sind für den Einsatz in Meerwasser und wiederum nur wenige davon für den Einsatz im Meerwasseraquarium geeignet!

Generell kann man sagen, dass der normale Portlandzement CEM I, der Portlandhüttenzement EN 197-1, CEM II/B-S 32,5 R chromatarm, der Portlandflugaschezement CEM II/A-W, CEM II/B-W, alle Sorten von Portlandschieferzement und Portlandkalksteinzement CEM II/A-LL, CEM II/B-LL sowie Hochofenzement CEM III für den Einsatz im Meerwasseraquarium geeignet sind.

Von einem fachkundigen Aquarianer wurde mir die Verwendung des Portlandkalksteinzements CEM II / B-LL 22,5 bzw. 32,5 empfohlen. Hierbei ist es egal, ob nach der Nummernbezeichnung der Buchstabe R, N oder L steht (siehe rundes Bild/Kreis mit Pfeil)!

Vier Tage lang müssen die Klebestellen zweimal pro Tag mit einem Pflanzensprüher besprüht und feucht gehalten werden, damit der Zement nicht zu schnell aushärtet und reißt. Dann lassen wir das Ganze zwei Wochen trocknen.

Nach dieser Trockenzeit wird das Aquarium komplett mit Leitungswasser befüllt. Nun geben Sie so viel Salzsäure (die 30 % technische Qualität aus dem Baumarkt reicht aus) hinzu, bis das Wasser einen pH-Wert um 5 bis 6 erreicht. Dieser Wert wird über zwei Wochen stabil gehalten (sobald er steigt, wieder etwas Salzsäure hinzugeben). Danach lassen Sie das Wasser ab und spülen noch einmal mit frischem

Vermörtelter Dekorationsstein

Leitungswasser nach. Jetzt ist unser Trockengestein samt Verklebung einsatzbereit. Aus dem Quarzsand wurde bei dieser Methode so viel Silikat herausgelöst, dass später beim Einfahren eine sich bildende Kieselsäure keine Probleme mehr bereitet.

Portlandzement ist nicht gleich Portlandzement. Nur die Wahl eines geeigneten Gebindes bewahrt uns vor größeren Problemen. Die Gebindebezeichnungen findet man auf den Säcken.

Mit den aufgeführten Maßnahmen haben Sie auf Anhieb, günstige Ausgangsbedingungen für das Einfahren des Aquariums geschaffen. Kieselalgen sind, wenn überhaupt, nur wenige Tage vorhanden.

Stufenweise werden die Steine vermörtelt.

Die fertige Dekoration wird nun noch einmal mit Salzsäure versetztem Süßwasser gewässert.

Einrichtungsvorschlag: stufenförmig nach einer Seite ansteigend.

Rechts: diverses Gesteinsmaterial.

Kalktuff

Travertin

Lochgestein

Grafik 23

Info — warum die ganze Mühe?

Die unter Kap. 4.1 beschriebene Prozedur hat den Sinn, dass an den Steinen haftende organische Materialien, sogut es geht, ausgelaugt und ausgewaschen werden. Bedenken Sie, dass dieses Gestein immer irgendwo zwischengelagert wird, meist im Freien. Dort ist es jeder Witterung ausgesetzt. Wenn es direkt aus dem Meer kommt, sind viele Organismen in den Ritzen und Spalten eingeschlossen und vertrocknet. Unter Wasser würden sie faulen. Wenn die Steine beim Händler im Freien auf dem Boden liegen, krabbeln Landinsekten, Schnecken etc. in die Höhlen und Ritzen. Auch sie verenden unter Wasser und können es gleich zu Beginn verderben. Last but not least werden durch Winde, Regen etc. Samen und auch Algensporen an die Steine herangetragen. Speziell die Algen könnten sich im Aquarium vorschnell etablieren.

5 Das perfekte Wasser

Nachdem wir nun die „Hardware" des geplanten Meerwasseraquariums besprochen haben, wenden wir uns dem größeren Gebiet der „Software" zu. Hier gilt es, bereits zu Anfang einige Fehler zu vermeiden, die meist von Einsteigern, die kaum mit der Materie vertraut sind, entweder aus Unkenntnis oder wegen falscher Beratung, gemacht werden. Zudem hört der Einsteiger oft auf Aussagen wie „das brauchen Sie nicht unbedingt zu wissen" oder „es wird alles nicht so heiß gegessen wie gekocht".

Es ist vielleicht bequem, sich auf solche Versprechen einzulassen, allerdings muss jedem Meerwasseraquarianer klar sein, dass er über ein solides Grundwissen der nachfolgenden Themenbereiche verfügen sollte, denn sonst ist eine dauerhafte artgerechte Pflege mariner Lebewesen nicht möglich. Ich versuche die Themen leicht verständlich wiederzugeben, aber ein gewisses Grundverständnis müssen Sie sich als ernsthafter Meerwasseraquarianer zusätzlich aneignen. Haben Sie hierzu keine oder nur wenig Lust, so empfehle ich Ihnen, auf ein Hobby auszuweichen, bei dem Sie nicht mit lebenden Tieren zu tun haben. <u>Seien Sie sich bitte im Klaren, dass alle im Aquarium gepflegten Lebewesen auf Gedeih und Verderb Ihnen, dem Pfleger, ausgeliefert sind!</u>

5.1 Die Aufbereitung des Leitungswassers

In unserem Fall wird für die Aufbereitung des Meerwassers generell das Leitungswasser als Ausgangsbasis verwendet. Sonderfälle wie z. B. Regenwasser als Rohwasser werden in diesem Buch nicht behandelt. Dieses Leitungswasser kann in manchen Gebieten völlig ausreichend für eine optimale Meerwasseraquaristik sein. Wenn es nur wenig Nitrat (bis 5 mg/l), kein messba-

res Phosphat, kein Kupfer und keine messbare Kieselsäure enthält, ist es für unser Vorhaben geeignet. Die meisten Pestizide oder andere Schadstoffe können mit einer guten Aktivkohle aus dem Wasser entfernt werden. Ich kenne einige Meerwasseraquarianer, die so erfolgreich Meerwasseraquaristik betreiben. Im Zweifelsfall können Sie bezüglich der Pestizide beim Wasserwerk eine Analyse anfordern.

Wenn Sie in einer Gegend wohnen, in der das Wasser über keine gute Qualität verfügt und wenn Sie generell den Angaben des Wasserwerkes misstrauen, dann muss das Leitungswasser vor seiner Verwendung als Meerwasser aufbereitet werden.

5.1.1 Die Umkehrosmose

Keine Angst, ich beschreibe nicht die komplette Technik einer Umkehrosmoseanlage und wie sie es schafft, unser Wasser von unerwünschten Stoffen zu befreien bzw. wie die Membran funktioniert und so weiter.

Diese Osmoseanlage reicht für den Einsteiger aus. Sie besteht aus einem Vorfilter und der Membrane. Bekommt das Leitungswasser manchmal eine Stoßchlorung, sollte noch ein Aktivkohlefilter vorgeschaltet sein.

Lassen Sie mich nur kurz anmerken, dass die Umkehrosmose ein natürliches und umweltfreundliches Verfahren ist, bei dem die gelösten Salze und Schadstoffe auf rein physikalischem Wege sicher aus dem Wasser entfernt werden.

Bei der von Hobbyaquarianern üblicherweise verwendeten Umkehrosmose wird das Wasser der Hausversorgung (Wasserdruck 2 bis ca. 6 bar) gegen eine semipermeable (halbdurchlässige) Membrane gepresst. Bei diesem Vorgang kann nur das Wasser durch die Membrane diffundieren.

Verunreinigungen, wie z. B. Chlor, Nitrat, Härtebildner und Bakterien. Der größte Teil der im Leitungswasser gelösten Substanzen durchdringt die Membrane nicht. Das Rückhaltevermögen sollte den in **Tabelle 3** aufgeführten Angaben entsprechen.

Tabelle 3: Rückhaltevermögen einer guten Umkehrosmose

Aluminium	97-98%	Cyanide	90-95%	Selen	94-96%
Arsen	94-96%	Eisen	97-98%	Silber	95-97%
Ammonium	85-95%	Fluoride	93-95%	Silicate	84-86%
Barium	96-98%	Kalium	94-97%	Strontium	98-99%
Bromide	93-96%	Kupfer	97-98%	Sulfate	97-98%
Blei	96-98%	Magnesium	95-98%	Sulfite	96-98%
Bicarbonate	90-95%	Mangan	97-98%	Thiosulfate	97-98%
Cadmium	95-98%	Natrium	94-98%	Zink	97-99%
Calcium	95-98%	Nickel	97-99%		
Chloride	90-95%	Nitrate	92-97%	Pestizide, Herbizide	85-99%
Chrom	96-98%	Phosphate	98-99%	Härtebildner	95-98%
Chromate	90-97%	Quecksilber	95-97%	Bakterien mehr als	99%

Die Menge des gewonnenen Reinstwassers (Permeat) steigt mit der Erhöhung des Drucks und der Temperatur. Die Restwassermenge (Konzentrat) ist umso höher, je niedriger Druck und Temperatur sind. Das Mengenverhältnis Permeat zu Konzent-

Tabelle 4: Abhängigkeiten von Temperatur und Druck

* Permeatmenge in Litern pro 24 Stunden				
bei einem Druck von	3 bar	4 bar	5 bar	6 bar
Temperatur von 10 ° C	67 l	92 l	103 l	111 l
Temperatur von 15 ° C	82 l	**112 l**	124 l	135 l
Temperatur von 20 ° C	91 l	120 l	135 l	145 l
Temperatur von 25 ° C	98 l	130 l	143 l	155 l

* Mengenverhältnis Permeat zu Konzentrat:				
bei einem Druck von	3 bar	4 bar	5 bar	6 bar
Temperatur von 10 ° C	1 zu 6,40	1 zu 4,92	1 zu 4,30	1 zu 3,94
Temperatur von 15 ° C	1 zu 4,41	**1 zu 3,70**	1 zu 3,06	1 zu 3,02
Temperatur von 20 ° C	1 zu 4,31	1 zu 3,47	1 zu 3,00	1 zu 2,94
Temperatur von 25 ° C	1 zu 4,24	1 zu 3,44	1 zu 2,94	1 zu 2,88

Die zurückgehaltenen gelösten Substanzen werden zusammen mit dem Restwasser (Konzentrat) abgeleitet. Das so gewonnene Wasser ist Reinstwasser (Permeat) und bis auf geringe Spuren frei von schädlichen

rat ist somit bei höherem Druck und höherer Temperatur sehr viel günstiger (max. 40 °C, 6 bar). Anhand von **Tabelle 4** kann man erkennen, wie abhängig diese Faktoren voneinander sind.

Die Membrane (im Bild gelb) ist das empfindlichste Teil der Osmoseanlage.

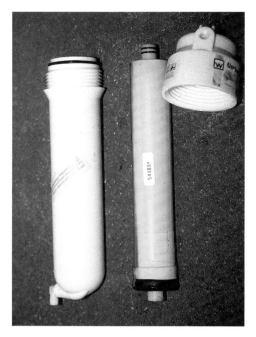

Das Verhältnis von gewonnenem Reinst- zu Restwasser sollte ca. 1 zu 4 bis 5 bei Geräten ohne zusätzliche Druckpumpe betragen. Der relativ hohe Anteil an Restwasser ist bei diesem Prinzip notwendig, denn das Konzentrat sorgt für den Abtransport der entfernten Stoffe und reinigt gleichzeitig die Membrane. Diese Membrane ist auch die Schwachstelle der ganzen Anlage.

Um eine Membranzerstörung selbst bei extremen Chlorkonzentrationen (wie z. B. bei den sporadischen Stoßchlorungen vieler Wasserwerke) zu vermeiden, ist es gut, wenn das Gerät mit einem vorgeschalteten Kohlefilter ausgestattet ist.

Weiterhin sollte die Anlage auch einen vorgeschalteten Feinfilter beinhalten, der den Rost oder andere Verunreinigungen in der Leitung zuverlässig abfängt. Auch muss sie über eine Rückspüleinrichtung verfügen. Diese kann, bei regelmäßiger Anwendung, die Lebensdauer der Membran um Jahre verlängern. Sollte die Hauswasserleitung den vorgeschriebenen Betriebsdruck nicht erfüllen, muss die Anlage mit einer Druckpumpe, die auch häufig als „Booster-Pumpe" bezeichnet wird, ausgestattet werden.

Sie sorgt für den optimalen Betriebsdruck: in diesem Fall 6 bar.

5.1.2 Kieselsäure

Trotz der ganzen Euphorie finden sich, auch bei diesen Wasseraufbereitungsanlagen, gute und weniger gute Anlagen im Handel. Die weniger guten Anlagen lassen eine nicht unerhebliche Menge Kieselsäure durch ihre Membrane passieren.

Die Kieselsäure, die in unserem Leitungswasser teilweise in sehr hohen Mengen vorliegt, ist in vielen Fällen der unbekannte Dritte, der viele Meerwassereinsteiger (und Profis) in Schwierigkeiten bringt.

Neben in das Aquarium eingebrachten kieselsäurehaltigen Dekorationsmaterialien ist die durch die Osmoseanlage „geschlüpfte" Kieselsäure der Hauptverursacher diverser Dinoflagellaten- und Kieselalgenplagen. Bei einem massiven Befall können die Korallen, und hier besonders die Steinkorallen, starke Schädigungen davontragen. Sobald Sie merken, dass etwas nicht stimmen könnte, sollten Sie sich im Fachhandel einen Kieselsäuretest (SiO_2-Test) besorgen und das Reinstwasser checken. Weist es Spuren von Kieselsäure auf, muss diese zusätzlich entfernt werden.

Einige Hersteller bieten im Zubehörprogramm nachzuschaltende Kieselsäurefilter an. Hierbei handelt es sich meist um Mischbett-Ionenaustauscher, die nur eine für Kieselsäure geringe Rückhaltekapazität haben. In der meeresaquaristischen Praxis sind sie unrentabel.

Viel sinnvoller ist die Anschaffung eines Zweisäulen-Kationen- und Anionenaustauschers. Hierbei müssen Sie sich für einen stark sauren Kationenaustauscher und für einen <u>stark basischen</u> (und nicht für einen schwach basischen) Anionenaustauscher entscheiden. Nur der <u>stark basische</u> Anionenaustauscher entfernt die Kieselsäure zuverlässig. Dieser Anionenaustauscher wird mit Natronlauge regeneriert.

Bedenken Sie bitte, dass durch das Vorschalten einer Osmoseanlage die Regeneration der Austauscher bezüglich der Härte zwar nur in langen Zeitintervallen vorzunehmen ist, dass aber die Kieselsäure schon wesentlich früher wieder durch das System schlüpfen kann. Es ist deshalb sinnvoll, schon nach relativ kurzer Zeit das ablaufende Wasser zu überprüfen. Mit dieser Zweisäulenanordnung lässt sich die Kieselsäure zuverlässig entfernen. Falls die gesamte Einheit nur in größeren Zeitabständen (alle 1,5 Monate) benutzt wird, benötigt die Osmoseanlage eine gewisse Vorlaufzeit, während der das ablaufende Wasser nicht aufgefangen wird. Dies hat den Zweck, dass angesiedelte Keime in den Austauschern fortgeschwemmt werden. Erst wenn der Inhalt der Austauschersäulen zweimal komplett abgelaufen ist, können Sie das Wasser auffangen.

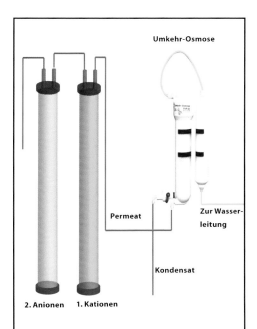

2. Anionen   1. Kationen

Nachdem das Wasser die Osmoseanlage durchlaufen hat, wird es zuerst durch den Kationenaustauscher und dann durch den Anionenaustauscher geschickt.

Grafik 24

Info – Leitwert und Kieselsäure

Es sei noch einmal darauf hingewiesen, dass diese im Leitungswasser als Ortho-Kieselsäure vorliegende Substanz nicht mit einer Leitwertüberprüfung entlarvt werden kann. Diese Kieselsäure ist eine schwach dissozierende Säure, d. h., sie liegt nur zu einem geringen Teil als leitfähige Ionen vor und wird deshalb nicht in ausreichendem Maß messtechnisch erfasst.

5.2 Vom Leitungswasser zum Meerwasser

5.2.1 Das Salz

Das heutige Meersalz ist eine Mischung verschiedener Salze, von denen einige (ca. 20 %) hygroskopisch sind. Nach Auflösung der Salze erhalten Sie innerhalb kurzer Zeit eine gute Meerwassermischung und können davon ausgehen, dass bereits nach nur einer Woche z. B. Fische in dieses Wasser eingesetzt werden können ohne dass sie Schaden erleiden (in der Praxis sollten Sie allerdings länger warten, bis das Salzwasser auch biologisch eingefahren ist). Ein wichtiges Kriterium für ein gutes Markensalz

Eine Großpackung Meersalz sollte wiederverschließbar sein.
Foto: A. Luty

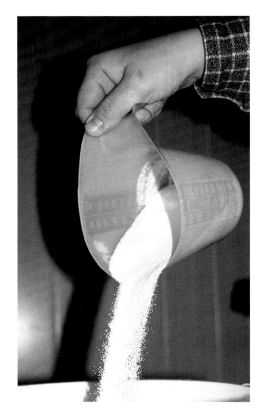

Das Salz wird zuerst korrekt abgewogen. Als Richtwert dienen 35 Gramm Salz pro 1 Liter Wasser. Dann wird es in das vorbereitete Wasser geschüttet. Foto: A. Luty

kann die Verpackung sein. Großpackungen müssen sich wieder gut verschließen lassen, da nicht immer die gesamte Salzcharge beim Wasserwechsel verbraucht wird. Hygroskopisch heißt, dass das Salz, wenn es zu lange an der Luft ist, Wasser aufnimmt, seine Körnigkeit verliert, klumpt oder sich sogar verflüssigt. Hierbei kommt es zu unerwünschten Nebenreaktionen wie ein Ausfällen einzelner Komponenten. Besonders in feuchten Aquarienräumen sollten Sie vorsichtig sein. Eimerverpackungen mit Verschlussdeckel sind hier günstig.

Es ist kaufmännisch gesehen nur logisch, dass die Hersteller genaue Rezepte für ihre Mischungen aus Nachahmungsgründen nicht veröffentlichen. Angaben über die obligatorischen 70 Spurenelemente stehen allerdings auf fast allen Salzverpackungen wie z. B. bei Tropic Marin® und Reef Crystals®.

5.2.2 Das Auflösen des Salzes

Geben Sie immer zuerst das Wasser und dann das Salz in den Eimer, nie umgekehrt.

Das Verhalten beim Auflösen des Meersalzes gibt uns erste Anhaltspunkte für die Salzqualität. Wichtig hierbei ist, dass man das Salz zur vorgeschriebenen Menge Wasser gibt und nicht umgekehrt. Versucht man das Salz durch Wasserzugabe zu lösen, hat man am Anfang sehr hohe Salzkonzentrationen und manchmal Hitzeentwicklungen, die das Ausfällen so wichtiger Elemente wie Calcium bewirken können. Leichte Erwärmung und ein gewisser Gasaustritt sind normal, da verschiedene chemische und physikalische Reaktionen ablaufen. Je langsamer Sie das Salz zugeben, umso seltener treten diese Erscheinungen auf.

Als bedenklich schätze ich die Verwendung von übertriebenen Mengen an Vitaminen ein, die sich durch ein starkes Schäumen des frischen Salzwassers bemerkbar machen. Meist schäumt der Abschäumer in diesen Fällen nach der Zugabe des neuen Wassers besonders stark. Eine Schädigung empfindlicher Tiere ist dadurch möglich. Solche Salze sind nach guter Durchlüftung über Aktivkohle zu filtern. Eine leichte Trübung sowie Salzreste am Behälterboden sollten nach einer 6-stündigen starken Durchlüftung verschwunden sein. Bei den bisher von mir verwendeten Salzen wie Tropic Marin® und Reef Crystals® wurden nur selten Rückstände am Boden gefunden. Das Wasser war relativ schnell klar.

5.2.3 Verunreinigungen und Rückstände

Die meisten mit Calcium angereicherten Meersalze hinterlassen nach dem Auflösen Rückstände in Form eines reinweißen Bodensatzes im Lösungsbehälter. Dieser Bodensatz sollte nicht zu grß sein, da Sie als Verbraucher entweder diese Überdosierung der Calciumanteile mitbezahlen und nicht nutzen können oder beim Auflösen einen Fehler machen und zu viele Calciumsubstanzen ausfallen (**Tipp:** Dies lässt sich durch die Zugabe von kohlesäurehaltigem Mineralwasser vermeiden).

Bedenklich sind Schmutzanteile im Bodensatz, wie sie bei einigen Salzprodukten Anfang der 90er Jahre noch regelmäßig auftraten. Diese Verunreinigungen sind bei einer Filterung über helles Filterpapier

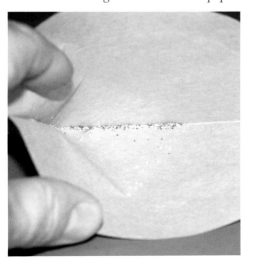

gut zu erkennen. Auch daher plädiere ich dringend dafür, das Salz beim erstmaligen Befüllen eines Meerwasseraquariums nicht im Aquarium selbst aufzulösen, sondern in einem separaten Behälter, der ein auf mindestens Raumtemperatur aufgeheiztes Wasser enthalten sollte. Dort können sich die immer auftretenden Ausfällungen erst einmal an den Behälterwänden und am Behälterboden ablagern. Im Aquarium müssten sie mühsam mit einem Scheibenreiniger von den Scheiben entfernt werden.

5.2.4 pH-Wert bei frisch angesetztem Meerwasser

Die Aggressivität von frischem Meerwasser wird unter anderem durch den pH-Wert bestimmt, da Werte über 8,8 bereits schädigend für viele Meerestiere sind.

pH 8,35 — Natürliches Meerwasser

pH 8,2-8,5 — Normalbereich
Für Meerestiere normaler pH-Wertbereich

pH 8,6-8,7 — Überhöhter pH-Wert
Empfindliche Fische wie Doktorfische, Feenbarsche oder Falterfische bekommen evtl. Pünktchen

pH 8,8-9,0 — Kritischer pH-Wert
Gefährlich für den kompletten Aquarienbestand. Niedere Tiere ziehen sich ein, Scheibenanemonen zeigen lange, schleimartige Fäden, Röhrenwürmer verlassen die Röhre

Grafik 25

Salze mit einem direkt nach dem Auflösen niedrigen pH-Wert haben den Vorteil, dass sie relativ schnell und in großen Mengen eingesetzt werden können. Salze mit einem hohen pH-Wert haben dagegen den Vorteil, dass die bei einem Wasserwechsel (der in der Regel mit dem Absaugen von Mulm verbunden ist) freigesetzten Säuren zügig neutralisiert werden.

Viele Rückstände im Salz lassen eine minderwertige Qualität vermuten.

Tabelle 5: pH-Werte einiger Seesalze (25 °C) direkt beim Ansatz

Salzmarke	pH-Wert	kH (Karbonathärte)
Reef Crystals®	8,62	6,5
sera®	9,64	7,5
Tropic Marin®	8,57	8,5

Der regelmäßige Wasserwechsel ist ein Gebot der Vernunft. Am besten wird er wöchentlich oder 14-tägig durchgeführt.

Jedoch kann nicht generell gesagt werden, dass ein Salz mit niedrigerem pH-Wert besser ist als eines mit höherem Wert. Für uns Meerwasseraquarianer ist wichtig, das Spektrum der Möglichkeiten zu erkennen und zu lernen, wann und wie das entsprechende Salz eingesetzt werden muss.

Entsprechend dem pH-Wert (Sie müssen ihn für Ihr Salz selbst bestimmen) des frisch angesetzten Meersalzes ist es ggf. günstig, es vor dem Einsatz durch Belüftung reifen zu lassen. Das gilt besonders, wenn große Wasserwechsel (ca. 20 bis 50 % des Gesamtvolumens) durchgeführt werden müssen. Dabei verändert sich der pH-Wert. Während die meisten Salze mit erhöhten Anfangs-pH-Werten bei Belüftung einen Wert zwischen 8,2 und 8,4 erreichen, sank dieser Wert in meinen Versuchen bei einem Salz auf pH 7,8 bis 8,0. Aquarianer, die ohnehin

So sieht das mit dem Schlauch abgezogene Schmutzwasser aus. Mulm, Futter- und Kotreste werden aus dem Aquarium entfernt.

Probleme mit einem niedrigen pH-Wert haben, sollten deshalb den Wasserwechsel bei solch einer Salzmarke nicht unbedingt morgens, wenn er am niedrigsten ist, durchführen. Die Salze mit einem höheren pH-Wert sind in diesem Fall besser geeignet.

Immer problematisch kann der plötzliche Wechsel auf ein neues Meersalz sein, da sich die Wasserchemie dadurch abrupt ändert. Dies kann relativ schnell negative Konsequenzen nach sich ziehen.

5.2.5 Der Wasserwechsel

Ich empfehle jedem Meerwasseraquarianer einen mindestens 20 %igen monatlichen Wasserwechsel. Ich selbst führe bei meinen Aquarien sogar einen wöchentlichen Wasserwechsel von 10 % durch.

Auch hier kann es Ihnen leicht passieren, dass Sie auf Riffaquarianer treffen, die wesentlich weniger oder überhaupt keinen Wasserwechsel machen und bei denen das System trotzdem funktioniert. Diese Ausnahmen gibt es. Sie sind aber

nicht zu erklären und nicht reproduzierbar. In früheren Zeiten wurde ein im Verhältnis sehr geringer Wasserwechsel (5 bis 10 % im Monat) empfohlen, zum Teil auch, da damals die Salze nicht die Qualität heutiger Produkte hatten. Ebenso war das Salz im Vergleich zu heute teurer. So entstanden, aus verständlichen Gründen, diese Empfehlungen.

Nun propagieren einige Autoren immer noch einen zu geringen oder überhaupt keinen Wasserwechsel und begründen dies damit, dass sie weder Nitrat noch Phosphat in ihrem Aquarienwasser nachweisen können. Sie glauben, das Wasser im Becken wäre qualitativ besser als jenes, das aus der Leitung kommt. Aber das ist ein Trugschluss. Das Wasser im Aquarium wird erfahrungsgemäß durch allerlei „Zusatzmittel" wie Spurenelemente, Calcium- und Magnesiumprodukte, Aminosäuren etc. wie auch durch das tägliche Füttern mit unerwünschten Stoffen „angereichert". In welchem Maß dadurch entstehende hohe Konzentrationen von Nährstoffen oder auch gewisse Ionen-Verschiebungen von unseren Tieren toleriert werden, entzieht sich noch größtenteils unserer Kenntnis. Wird das Wasser nie gewechselt, reichern sie sich immer mehr an und verschieben langfristig das Ionen- und das ausgeglichene Nährstoff-Verhältnis des Aquarienwassers. Nach einer gewissen Zeit (auch erst nach einigen Monaten oder Jahren) können sich daraus unangenehme Begleitumstände wie rote Schmieralgen, Lochfraß bei den Fischen, Knochenerweichungen, Häutungsschwierigkeiten bei Garnelen usw. entwickeln.

Der regelmäßige Wasserwechsel gleicht diese Kumulation negativer Faktoren immer wieder aus und sorgt beim Aquarienwasser für möglichst geordnete Verhältnisse. Nur mit diesem Wasserwechsel kann ein Meerwasserbecken über viele Jahre wirklich gesund erhalten werden.

Schmieralgen (oben) und Lochfraß bei Fischen (unten siehe Pfeil) können Auswirkungen von zu wenig Wasserwechsel sein.

Foto: A. Luty

5.2.5.1 Calcium, Magnesium und Spurenelemente

Obwohl beim regelmäßigen Wasserwechsel Calcium, Magnesium, Strontium, Jod und diverse Spurenelemente dem Aquarienwasser zugeführt werden, ist es dennoch notwendig, zwischen den Wasserwechselintervallen diese Elemente noch einmal gesondert zuzugeben.

Calcium wird entweder als käufliches Produkt (z. B. Biocalcium der Fa. Tropic Marin®), als Calciumchlorid, durch den Kalkreaktor (siehe Kap. 5.3.4) oder durch eine sog. Kalkwasserlösung (siehe Kap. 5.3.5) dem Wasser beigefügt.

Magnesium, das sehr wichtig für die Kalkalgen ist, wird ebenfalls mit einem käuflichen Produkt nachdosiert. Hier sollte ein dauerhafter Wert von ca. 1350 mg/l gehalten werden.

Strontium und Jod – das in großen Mengen für die Beckenbewohner giftig ist – werden ebenfalls in kleinsten Mengen verabreicht. Hier ist gut beraten, wer sich genau an die Dosiervorschläge des Herstellers hält. Bei den übrigen Spurenelementen wie Barium, Cobalt, Fluor, Bor, Chrom, Zink, Eisen usw., die im Handel ebenfalls als Kombinationslösungen angeboten werden, muss man sich im Klaren sein, dass ein Zuviel dieser Lösungen sofort eine Algenplage provozieren kann. Die Praxis hat gezeigt, dass bei diesen Lösungen nur die Hälfte der auf der Umpackung angegebenen Dosierempfehlung verwendet werden sollte. Diese Menge reicht zusammen mit dem empfohlenen Wasserwechsel auf jeden Fall aus, das Aquarium in einem gesunden Zustand zu halten und nicht zu „überdüngen".

Bild 1: Calcium, Magnesium und alle sonst noch benötigten Spurenelemente bekommen Sie gebrauchsfertig im Fachhandel.
Bild 2: Die Calcium- und Magnesiumwerte des Wassers sollten mit geeigneten Tests regelmäßig überprüft werden.

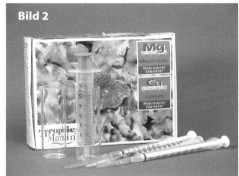

Das Milieu des Aquariums lässt sich durch eine ausgewogene Kombination von Wasserwechsel und maßvoller Spurenelementezugabe langfristig gut stabilisieren. Gesunde Bewohner sind der Lohn der Mühe.

5.3 Die Chemie im Aquarium

Im Folgenden möchte ich nun die wichtigsten chemischen Parameter behandeln, mit denen wir tagtäglich im Aquarium konfrontiert werden. Die zuvor besprochenen Veränderungen werden meist außerhalb des Aquariums vorgenommen. Wir können sie, ohne große Rücksicht auf die Lebewesen im Becken, schnell beeinflussen.

Die nachfolgend beschriebenen Parameter können sich jedoch mitunter ohne unser rechtzeitiges Erkennen im Aquarium massiv verändern. Diese Veränderung geht in der Regel langsam, über einen längeren Zeitraum, vonstatten. Den Tieren sehen Sie eventuell nichts an, da sie sich langsam an den Zustand gewöhnen konnten, aber das gesamte System befindet sich bereits auf Talfahrt. Aus diesem Grund sollten alle Maßnahmen, die zur Veränderung eines der nun folgenden Parameter führen, nur sehr langsam erfolgen.

5.3.1 Welche Menge Salz ist notwendig?

Diese Frage wird in der Korallenriffaquaristik mitunter heftig diskutiert. Deshalb schauen wir uns zuerst einmal die folgende Tabelle an:

Tabelle 6: Salinität verschiedener Ozeane (in g/Liter nach Millero Chemical Oceanography)		
Atlantik	36 - 37	
Indischer Ozean	34 - 36	
Pazifik	34 - 35	
Rotes Meer		41
Mittelmeer		39

Die Salinität kann in der Meerwasseraquaristik (obwohl wissenschaftlich nicht ganz korrekt) mit dem Salzgehalt gleich-

Der Dichtemesser (Aräometer) muss auf 25 °C geeicht sein. Modelle mit einer großen Anzeigeskala sind zwar teuer, aber wesentlich genauer abzulesen.

gesetzt werden. Während der Salzgehalt die Einheit Gramm pro Liter hat, wird die Salinität entweder ohne Einheit oder in Promille angegeben (eine Salinität von 35 ist entweder eine Salinität von 35 Promille oder ein Salzgehalt von 35 g/Liter). Bei gleichem Umgebungsdruck (Atmosphäre) ergibt sich z. B. bei 25 °C aus einer Dichte von 1,0234 ein Leitwert von 53,0 und eine Salinität von 35,8 Gramm pro Liter.

Diesen Wert stellen wir für das tropische Korallenriffaquarium ein. Wir geben zuerst 35 Gramm Salz pro Liter Wasser zu. Nun ergibt dies nicht gleich den korrekten Wert, denn die einzelnen Salzchargen sind sehr unterschiedlich. Wenn wir das Wasser auf 25 °C erwärmt haben, geben wir noch einmal schrittweise so viel Salz zu, bis der Leitwert 53,0 erreicht ist oder das Aräometer eine Dichte zwischen 1,023 und 1,024 anzeigt. Diese Toleranz wird von jedem Tier akzeptiert.

Gerade hinsichtlich der Korallen werden erfahrungsgemäß diese Werte besser vertragen als z. B. eine Dichte von genau

1,022 (wie es manchmal empfohlen wird). Kann dieser Wert dauerhaft exakt eingehalten werden, ist er problemlos. Aber in der Praxis gelingt die exakte Einhaltung dieses Wertes nur recht selten. Sinkt die Dichte unter einen Wert von 1,022, wird das von vielen Korallen (*Pocillopora*-Arten) nur schlecht vertragen.

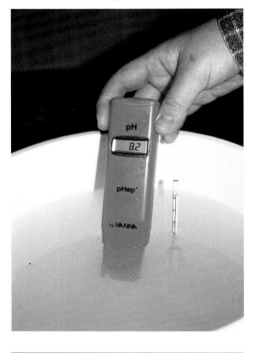

Ein elektronisches pH-Messgerät ist langfristig kostengünstiger als viele Tropftests. Allerdings sollte es sich kalibrieren lassen. Es gibt Billiggeräte, bei denen das nicht möglich ist (es fehlt die sogenannte Zweipunktkalibrierung). Von diesen sollten Sie Abstand nehmen. Foto: A. Luty

---

Info – Achtung bei T5-Beleuchtung

Beachten Sie bitte, dass bei Einhandmessgeräten, bei denen die Anzeige und die Elektrode nicht getrennt sind, unter einer T5-Leuchte Fehlmessungen entstehen. Falls Sie solch ein Gerät verwenden, müssen Sie immer einen Becher voll Meerwasser entnehmen und diesen mit einem Abstand von einem Meter von der T5-Leuchte entfernt messen. Nur dann erhalten Sie korrekte Werte.

5.3.2 Der pH-Wert

Kommen wir nun auf den pH-Wert zu sprechen. Der pH (vom lateinischen pondus hydrogenii) ist ein Maß der sauren oder basischen Reaktion einer wässrigen Lösung. Er gibt an, wie viele positiv geladene Wasserstoff- bzw. Hydronium-Ionen in einem Liter wässriger Lösung vorhanden sind.

Da es sich um einen Zehnerlogarithmus handelt, sind bei einem Schritt von einer pH-Einheit (z. B. 8 zu 9) nach oben oder unten jeweils zehnmal weniger oder mehr Hydronium-Ionen vorhanden. Dieser pH-Wert reicht von pH 0 (= sauer) bis maximal pH 14 (= stark basisch). Der neutrale Punkt liegt bei 7,0.

Der pH-Wert ist für uns Meerwasseraquarianer ein wichtiger Indikator, ob mit dem System noch alles in Ordnung ist. Gemessen wird dieser Wert entweder mit im Handel erhältlichen Tropftests oder mit elektronischen Messgeräten. Für die Meeresaquaristik empfehlen sich elektronische Messgeräte, denn sie sind auf die Zeit gesehen rentabler.

Der pH-Wert liegt im natürlichen Meerwasser bei 8,2 bis 8,4. Wir sollten daher bemüht sein, auch in unserem Aquarium den Wert auf diesem Niveau zu halten.

Langjährige Erfahrungen haben gezeigt, dass Werte zwischen 7,8 und 8,5 von allen Tieren toleriert werden. Dies soll heißen, dass Sie als Aquarianer auf keinen Fall überzogen reagieren sollten, falls sich einmal ein Wert innerhalb dieser Begrenzung messen lässt.

Der pH-Wert im Aquarium wird von vielen Faktoren beeinflusst:

- Pufferkapazität (vertreten durch die KH)
- Säuren aller Art
- Kohlendioxid

Je niedriger unsere Pufferkapazität ist (z. B. eine KH unter 5), umso eher ist es möglich, dass der pH-Wert stark absinkt. Je mehr

Algen (auch die symbiotischen Algen der Korallen) Kohlendioxid verbrauchen, umso höher steigt der pH-Wert. Jüngere Aquarien haben zu Beginn einen etwas niedrigeren pH-Wert, der sich dann in der mittleren Lebensphase des Beckens stabilisiert und bei älteren Aquarien wieder allmählich abfällt. Die pH-Wert-Stabilität wird maßgeblich durch die Karbonathärte garantiert, der wir uns zuerst zuwenden wollen.

5.3.3   Die Karbonathärte (KH)

Bei der Karbonathärte finden wir im natürlichen Meerwasser einen Wert von 6,4 °dKH. Dieser sollte nicht unterschritten, aber auch nicht zu sehr überschritten werden. In der Literatur werden meist Werte zwischen 7 und 11 °dKH, in neuester Zeit aber eine Obergrenze von 8 °dKH empfohlen. Erwähnenswert ist die auf den

Mittel, die die Alkalinität erhöhen, beeinflussen gleichzeitig die Karbonathärte.
Bei der Dosierung sollte man sich unbedingt an die Gebrauchsanweisung halten.

Info – was eigentlich genau ist die Karbonathärte?

In der Aquaristik wird der Begriff Karbonathärte meist anstatt des chemischen Begriffs „Alkalinität" verwendet. Alkalinität ist das, was mit unseren Tests als „Karbonathärte" tatsächlich gemessen wird.

Die Karbonate machen (hauptsächlich in Form von HCO_3^-) zwar den größten Teil der Alkalinität im Meerwasser aus, aber es kommen noch u. a. $B(OH)_4^-$ und OH^--Ionen dazu. Die Alkalinitätsbildner HCO_3^- und OH^- zeigen aber bedeutende Unterschiede: Während sich bei der Zugabe von HCO_3^- der pH-Wert kaum ändert, steigt er bei der Zugabe von OH^- stark an. Das liegt daran, dass HCO_3^- Teil eines Puffersystems ist, OH^- jedoch nicht. Die Pufferkapazität (damit der pH-Wert nicht absinkt) ist für uns eigentlich das Wichtigste. Daraus erklärt sich die Begriffsverwirrung. Was wir messen, ist Alkalinität, und was wir haben wollen, ist Pufferkapazität in Form von (Hydrogen-)Carbonat.

---

ersten Blick paradox erscheinende Tatsache, dass eine höhere Karbonathärte die Löslichkeit von Calcium verringert.

Sobald der pH-Wert in unserem Aquarium anfängt zu sinken, müssen wir gleichzeitig eine KH-Kontrolle vornehmen. Es ist möglich, dass wir nun einen Wert zwischen 4 und 5 KH messen. Sollte dies der Fall sein, müssen wir die KH erhöhen, damit sie den pH-Wert wieder in ausreichendem Maß abpuffern kann.

Dies geschieht am einfachsten durch die Zugabe eines im Fachhandel erhältlichen, KH erhöhenden Mittels in Pulver- oder Tablettenform.

Gleichzeitig müssen wir die Ursache für den KH-Schwund finden. Dabei ist es einmal möglich, dass zu viele Säuren im Becken vorhanden sind. Entweder wurde der Bodengrund schon längere Zeit nicht mehr gereinigt und der in ihm vergammelnde Dreck bildet zu hohe Säurekonzentrationen, oder aber es werden zu viele Fische gepflegt, die ihrerseits zu viele Stoffwech-

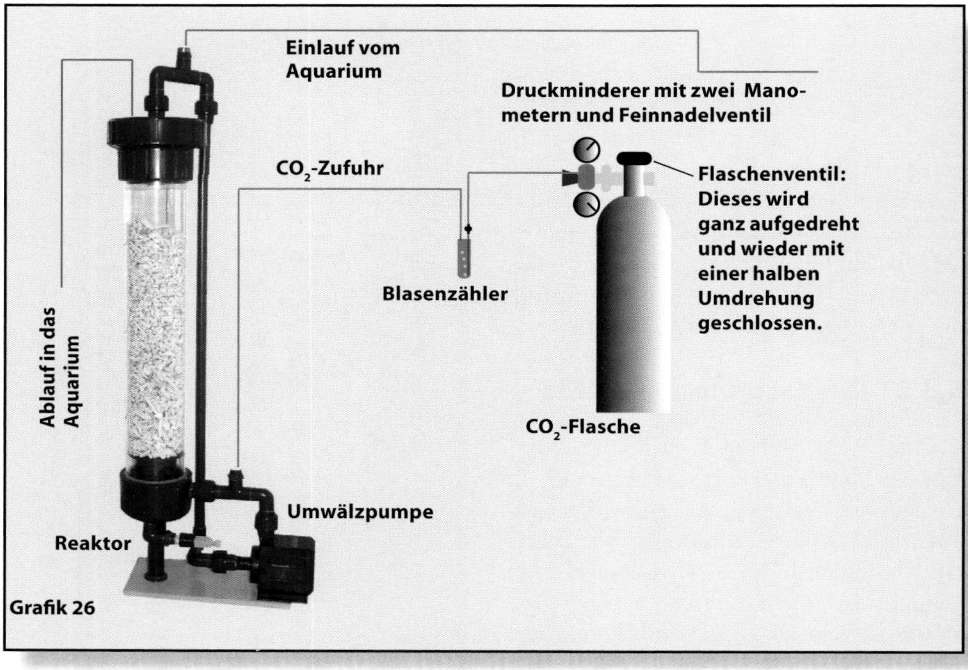

Schema einer kompletten Kalkreaktoranlage mit zugehöriger CO₂-Einheit.

Einlauf vom Aquarium

Druckminderer mit zwei Manometern und Feinnadelventil

CO₂-Zufuhr

Flaschenventil: Dieses wird ganz aufgedreht und wieder mit einer halben Umdrehung geschlossen.

Blasenzähler

Ablauf in das Aquarium

CO₂-Flasche

Umwälzpumpe

Reaktor

Grafik 26

selprodukte an das Becken abgeben und so eine übermäßig starke Bakterienbildung mit einhergehender Säureproduktion hervorrufen. In diesen Fällen ist regulierend einzugreifen.

Eine sehr effektive Möglichkeit, säurebildende Substanzen im Aquarium zu neutralisieren, ermöglicht die Verwendung von Kalkwasser (Calciumhydroxid $Ca(OH)_2$).

5.3.4 Der Kalkreaktor

Der beste Weg bei dauerhaft sinkender Karbonathärte ist der Einsatz eines Kalkreaktors. Mit ihm kann sie auf ein bestimmtes Level eingestellt werden.

Bei einem Kalkreaktor handelt es sich um ein „teiloffenes" System. Er besteht aus folgenden Bauteilen:

- PVC-Säule
  (mit Kalkgranulat gefüllt)
- Zuführung von Aquarienwasser
  (in Luftschlauchdicke)
- Abführung von aufgehärtetem Wasser

(meist in Luftschlauchdicke)
- Umwälzpumpe
- CO_2-Zulauf
- CO_2-Flasche (mindestens 2 kg)
- Druckminderer und Feinnadelventil
- Blasenzähler

„Teiloffen" bedeutet, dass eine Umwälzpumpe innerhalb der PVC-Säule das Wasser mit hoher Geschwindigkeit durch das Kalksubstrat drückt, der Ein- und Auslauf vom und in das Aquarium aber nur sehr langsam erfolgt. Dadurch, dass CO_2-gesättigtes Wasser unter hohem Druck am Kalksubstrat vorbeigeführt wird, wird dieses durch die entstehende Kohlensäure angelöst und es entstehen – vereinfacht gesagt – Hydrogen-Karbonat (KH) und freies Calcium. Je niedriger der pH-Wert innerhalb des Kalkreaktors ist, umso mehr Kalk kann gelöst werden. Es sollte immer ein Wert unter pH 6,5 angestrebt werden, da er die beste Löslichkeit garantiert.

5.3.5 Calcium und das Kalkwasser

Das Calcium ist ein weiteres Hauptelement, das für viele Meerestiere sehr wichtig ist. Es ist eine der Ausgangsverbindungen für den Skelettaufbau zahlreicher Wirbellose wie Steinkorallen, Weichkorallen oder

Muscheln. Auch die Kalkalgen im Becken benötigen es in ausreichendem Maße. Neben dem Hydrogenkarbonat ist es die zweitwichtigste Ausgangsverbindung.

In ca. 5 Liter Kalkwasser lösen Sie 4 gehäufte Esslöffel Calciumhydroxid. Nach dem Einfüllen wird kräftig geschüttelt und luftdicht verschlossen.

Die bis heute gebräuchlichste Methode der Calciumionendosierung ist das Kalkwasser. Es ist nichts anderes als eine gesättigte wässrige Lösung aus Calciumhydroxid $Ca(OH)_2$. Ein Vorteil dieser Methode ist, dass sie nur die gewünschten Ca^{2+}-Ionen zur Verfügung stellt. Weitere zusätzlich störende Ionen gelangen erst gar nicht mit in das Aquarium.

Mit diesem Kalkwasser erhöhen wir zwar nicht die KH, aber es neutralisiert Säuren (z. B. Kohlensäure) im Becken, die durch den biologischen Abbau im Aquarium entstehen, und es wirkt einer übermäßigen Phosphatbildung entgegen. Allerdings erhöht eine frische Calciumhydroxidlösung sehr rasch den pH-Wert, sodass wir bei der Zugabe, solange wir noch keine Erfahrung haben, immer sehr vorsichtig zu Werke gehen und zwischendurch immer wieder den pH-Wert messen müssen. Es sei aber gleich vorweg gesagt, dass durch die alleinige Zugabe des Kalkwassers eine sinkender pH-Wert nur kurzzeitig effektiv aufgehalten werden kann. Zusätzlich zum Kalkwasser müssen auch noch die bei der Karbonathärte (S. 71) beschriebenen Maß-

Info – wenn Sie es genau wissen wollen

Bei Calcium wird üblicherweise der natürliche Ca-Gehalt im Meerwasser als Grundlage genommen. Dieser liegt bei 412 mg/l, bezogen auf eine Salinität von 34,5 g/l. Dieser Wert sollte um nicht mehr als 50 mg/l über- oder unterschritten werden.

Ein Überschreiten dieses Bereichs kann zur Ausfällung von Kalk im Becken führen, denn Meerwasser ist stark mit Calcium übersättigt.

Ein deutliches Unterschreiten dieses Bereichs kann die Kalkbildung und damit das Wachstum der Korallen hemmen, wobei die Grenze, ab der es zur Reduzierung der Calcifikation kommt, bei ca. 360 mg/l liegt.

nahmen getätigt werden. Erst die Zugabe von Kalkwasser und die Zugabe von KH erhöhenden Mitteln (z. B. Natriumhydrogenkarbonat) sowie die genannten Pflegemaßnahmen stabilisieren den pH-Wert dauerhaft.

5.3.6 Phosphat

Da sich wirbellose Tiere und Korallenfische nur in sehr reinem Meerwasser optimal entwickeln können, ist es unerlässlich, diesen Stoff zu kontrollieren, der Indikator für eine hohe Belastung des Systems ist. Die Phosphatkonzentration erreicht im Meer eine maximale Höchstgrenze von 0,01 mg/l. Phosphat fördert ab etwa einer Konzentration von 0,5 mg/l das Algenwachstum im Aquarium. Eine Konzentration von 1 mg/l wird sehr problematisch, da es unter anderem ganz erheblich den unkontrollierten Wuchs roter Schmieralgen fördern kann.

Auf der anderen Seite nehmen besonders die Steinkorallen eine hohe Phosphatkonzentration sehr übel, da sie durch dieses Stoffwechselprodukt stark am Wachstum gehindert werden. Wir sollten uns an einem Wert von unter 0,1 mg/l orientieren.

Phosphate sind chemische Verbindungen, in denen ein Phosphoratom (P) enthalten ist. Für den aquaristischen Gebrauch lassen sich diese Verbindungen in organische und anorganische Phosphate einteilen.

In oberflächennahem Wasser der Korallenriffe finden sich organische Phosphate. Diese stammen hauptsächlich aus dem Abbau von Planktonorganismen und Algen. Sie sind zwar variabel, aber immer vorhanden. Ihre Umsetzung und ihr Recycling sind bisher (2004) nur wenig verstanden.

Das anorganische Phosphat besteht ausschließlich aus den verschiedenen Formen der Phosphorsäure (H_3PO_4).

Bei einem pH-Wert von 8,0 bis 8,5 liegt die Phosphorsäure in dissoziierter Form als HPO_4^{2-} und PO_4^{3-} vor, wobei die erstere überwiegt (MILLERO 1996). Bei niedrigeren pH-Werten verschiebt sich das Verhältnis in Richtung PO_4^{3-}. Die Summe der Konzentration der beiden Substanzen bestimmt primär den Phosphatgehalt des Wassers eines Meerwasseraquariums.

Neben diesen gelösten Phosphat-Verbindungen existiert im Meerwasser noch das sogenannte „an Partikel gebundene organische Phosphat (POP)". Hierbei handelt es sich um organische Phosphate, die an Schwebeteilchen angelagert sind.

In der Meerwasseraquaristik spielt außerdem das ausgefällte Phosphat eine nicht unbedeutende Rolle, denn es wird durch aquaristische Tests nicht erfasst.

Die Grafik zeigt, wie sich im Laufe der Zeit unter den Dekorationssteinen, im Bodengrund, aber auch auf den Steinen selbst sogenannte Phosphat-Pools bilden. Die Bildung lässt sich nur hinauszögern, aber nie ganz unterbinden. Durch eine niedrige Phosphatkonzentration im Becken, wird die Bildung der Pools lange wirksam unterbunden.

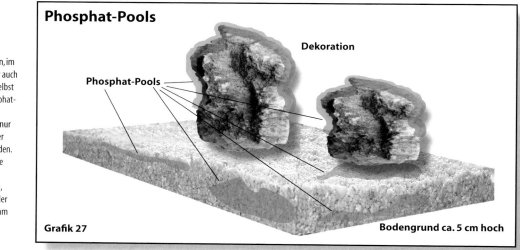

Phosphat-Pools

Dekoration

Phosphat-Pools

Grafik 27

Bodengrund ca. 5 cm hoch

Obwohl es nicht nachweisbar ist, können sich im Aquarium dennoch beträchtliche Phosphat-Pools befinden. Diese Pools können von Algen als Nährstoffdepot genutzt werden und es ist durchaus möglich, dass trotz bester gemessener Wasserwerte Algenplagen bestehen.

5.3.6.1 Wann richtet das Phosphat Schaden an?

Diese Frage ist nicht leicht zu beantworten. Es herrscht in Fachkreisen zwar Einigkeit darüber, dass hohe Werte für Wirbellose schädlich sind, aber die Definition einer exakten Grenze, ab der Phosphat Schwierigkeiten bereiten kann, ist nicht möglich. Für diesen Fall gibt eine Studie von Koop et al. (2001) wenigstens ansatzweise Auskunft: Im Großen Barriereriff untersuchten die Autoren die Auswirkungen des Anstiegs der Phosphatkonzentration auf Steinkorallen.

In einem ersten Experiment erhöhten sie über den Zeitraum eines Jahres die Ausgangsphosphat-Konzentration von 0,047

mg/l auf 0,22 mg/l. Obwohl dies keine starke Veränderung des Korallenwachstums hervorrief oder gar Sterblichkeit zur Folge hatte, war andererseits die Korallenvermehrung deutlich betroffen. Bestimmte *Acropora*-Arten produzierten weniger Nachkommen. Weiterhin registrierten die Forscher bei einer Art eine Abnahme der Fruchtbarkeit und des Lipid-Levels.

Danach wurde für ein weiteres Jahr die Phosphatkonzentration auf 0,48 mg/l erhöht. Diese Erhöhung zeigte signifikante Auswirkungen: Die Korallensterblichkeit, die bei 0,22 mg/l noch nicht beobachtet wurde, war höher. Davon war besonders *Pocillopora damicornis* betroffen.

Empfehlenswert ist ein Phosphat-Test der Firma Merck : der „Aquaquant® 1.14445".

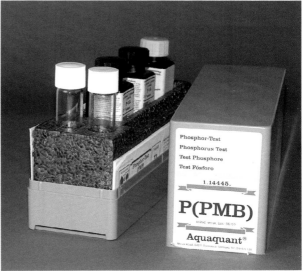

Auch wurden die übrigen Korallen durch den daraus resultierenden Aufbau einer geringeren Skelettdichte sehr anfällig gegen mechanische Schäden (brüchiges Skelett). Dies wiederum bestätigt die bereits 1964 von Simkiss erstellten Hypothese, in der Phosphat als Calcifizierungsgift bezeichnet wird.

Brockmann (2003) berichtet von Phosphatschäden in seinem Aquarium, die durch einen sprunghaften Anstieg auf einen Wert von 1,9 mg/l hervorgerufen wurden. Dies

Ganz besonders die Steinkoralle *Pocillopora damicornis* leidet enorm unter erhöhten Phosphatwerten.

Das Spülen des Frostfutters mittels Leitungswasser ist die beste und effektivste Methode, Phosphat vom Aquarium fernzuhalten.
Durch den Frostprozess platzen viele Zellen in den Futtertieren und geben das in ihnen gespeicherte Phosphat frei. Es liegt in großen Mengen im gefrosteten Produkt vor.

geschah aufgrund einer Neubefüllung des Kalkreaktors mit frischem Korallenbruch, der mit einer größeren Menge Phosphat belastet war. Hier war bedeutend, dass einzelne Korallen (vornehmlich wieder *Acropora*-Arten) sehr heftig reagierten, während andere diese kurzfristige Veränderung relativ gut wegsteckten. Dazu gehörten *Tubinaria spp.*, *Mycedium sp.*, *Favia spp.* und *Pocillopora damicornis*. Daran ist deutlich zu erkennen, dass erhöhte Phosphatkonzentrationen mit einem Wert von über 0,09 mg/l unbedingt vermieden werden müssen.

5.3.6.2 Die Phosphatmessung

Wenn der Kalkreaktor mit natürlichem Korallensand befüllt wird, kann auch dieser – je nach Herkunft – große Mengen Phosphat an das Wasser abgeben.

In der Vergangenheit haben sich zwei Phosphat-Tests in der Praxis bewährt: Hierbei handelt es sich zum einen um den Niederbereich-Phosphat-Test der Firma Merck mit der Artikelnummer 14445. Korrekt heißt der Test „Merck Aquaquant® Phosphor Test (PMB) 14445" (Anzeige 0,046 bis 0,43 mg/l PO_4^{3-}) und zum anderen um den „ROWA High Sensitivity Phosphate Test®" der sogar noch geringere Phosphatwerte anzeigt (0,024 bis 0,43 mg/l PO_4^{3-}). Alle anderen im Aquaristikfachhandel angebotenen Phosphat-Tests sind für unser Vorhaben zu grob unterteilt und scheiden daher von vornherein aus.

5.3.6.3 Wirkungsvolle Reduktion von Phosphat

Die beste Methode, Phosphat zu reduzieren, ist, es erst gar nicht ins Becken einzubringen. Unter praktischen Gesichtspunkten ist dies allerdings nicht möglich, denn irgendetwas müssen wir den Mitbewohnern, wie Fischen und Krebsen, zu fressen geben. Phosphate werden hauptsächlich auf folgenden Wegen in das Aquarium eingebracht:

Grafik 28: Wird der Auslauf des Kalkreaktors in eine nachgeschaltete Röhre geleitet, die zum Teil mit grobem Korallensand und mit locker eingefülltem Phosphatadsorber befüllt ist, kann man zum einen den CO_2-Eintrag ins Aquarium minimieren und das aus den Steinen gelöste Phosphat reduzieren.

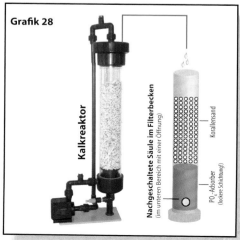

Grafik 28

Kalkreaktor

Nachgeschaltete Säule im Filterbecken
(im unteren Bereich mit einer Öffnung)

Korallensand

PO_4-Adsorber
(lockere Schichtung!)

1. durch das Futter
2. durch phosphathaltiges Leitungswasser
3. durch mit Phosphat belastete Aktivkohle
4. durch den Kalkreaktor
5. durch Phosphatdepots

Die Punkte 1 bis 3 sind schnell behoben, wenn etwa Frostfutter vor dem Verfüttern unter fließendem Leitungswasser abgespült wird oder anstatt des mit Phosphat belasteten Leitungswassers nur Umkehrosmosewasser benutzt wird und die Aktivkohle mittels Phosphattest v o r ihrem Einsatz, notfalls nach mehrmaligem Durchspülen, auf Tauglichkeit überprüft wird. Durch diese Maßnahmen kann Phosphat schon zu einem guten Teil vermieden werden.

Je nach Qualität des Korallenbruchs – der im Kalkreaktor hin und wieder erneuert werden muss – kann man sich einen relativ starken Phosphatlieferanten ins Haus holen. Es wird deshalb empfohlen, den Korallenbruch zuerst einem Test zu unterziehen.

Man gibt eine Handvoll des Materials in 1 Liter Osmosewasser und lässt dies 24 bis 48 Stunden stehen. Danach wird eine Messung gemacht. Dann gibt man in diese Anordnung ca. 100 ml einer 3 %igen Schwefelsäurelösung. Das Ganze lassen Sie wieder ca. 24 Stunden lang stehen. Dann wird nochmals gemessen. Ergibt sich auch hier kein nennenswerter Phosphatgehalt, kann das Material unbehandelt verwendet werden. Wird PO_4^{3-} gemessen, sollte probiert werden, das Material mit in diesem Falle 3 %iger Salzsäure zu waschen. Oft hat es sich gezeigt, dass der größte Teil der Phosphatbelastung verschwunden war, sobald die äußerste Schicht der einzelnen Kalksteinchen abgelöst wurde.

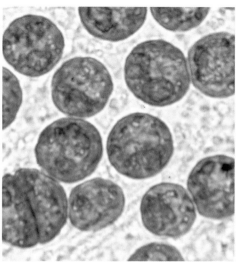

Höhere PO_4-Werte beeinflussen die Zooxanthellendichte in der Koralle. Die Farbe der Koralle wird dann ins Bräunliche verschoben.

Eine weitere Möglichkeit besteht darin, den Kalkreaktor nicht mit Korallenbruch, sondern mit phosphatfreiem Calcit/Dolomit zu fahren. Es ist zwar schwerer löslich, wäscht aber kein Phosphat ins Becken ein. Durch den Einsatz von Kalkwasser und phosphatbindenden Eisenlösungen bilden sich im Lauf der Zeit Phosphatdepots (Phosphatpools). In beiden Fällen verbleibt nach Zugabe in das Aquarium ein nicht unerheblicher Anteil des gefällten Calciumphosphats im Becken. Dort lagert es sich im Bodengrund oder aber auch auf den Dekorationssteinen an.

Eine gute Alternative zum natürlichen Korallensand stellt für Kalkreaktoren das reine Calciumkarbonat dar. Es wird von verschiedenen Firmen angeboten.

Aufgefallen ist mir dies, als zu Versuchszwecken einem Aquarium, das einen kontinuierlichen PO_4-Wert von 3 mg/l aufwies, ein faustgroßer Dekorationsstein

Phosphatadsorber auf Eisenhydroxidbasis sind sehr gut für die Meeresaquaristik geeignet.

Eisen, das bekannterweise als Pflanzennährstoff vorzügliche Dienste leistet, das Auftreten von unerwünschten Grünalgen wahrscheinlich. Auch die Zooxanthellendichte im Korallengewebe wird erhöht. Dadurch verliert die Koralle an Farbe.

5.3.6.3.1 Adsorber auf Eisenhydroxidbasis

Diese Adsorber sind schon längere Zeit auf dem Markt und haben sich bei sachgemäßer Anwendung als sehr wirkungsvoll erwiesen. Das Eisenhydroxid ist in der Lage, Phosphat-Ionen fest an sich zu binden.

Das Granulat ist porös und kann eine große Menge PO_4 binden. Dieses wird dann, zusammen mit dem Granulat, aus dem Becken entsorgt. Wichtig ist hier, dass es eine Depotbildung und eine erneute Freisetzung von PO_4 nicht mehr gibt. Weiterhin werden durch das Eisenhydroxid auch Silikate gebunden. Diese Adsorber binden z. B. fünf- bis zehnmal mehr Phosphat als Adsorber auf Aluminiumoxidbasis! Weiterhin werden, neben den Phosphaten, auch noch Spurenelemente, toxische Schwermetalle sowie organische Verbindungen dem Wasser entzogen. Dies kann, bei dauerhaft extensivem Einsatz, zu Problemen führen, wenn nur wenig Wasser gewechselt wird.

In der Praxis wird ein solches Granulat über einen Bypass gefahren, sodass dem Kreislauf zwar kontinuierlich, aber relativ sanft

entnommen und in 10 Liter phosphatfreies Wasser gegeben wurde. Binnen 24 Stunden wies auch dieses Wasser einen PO_4-Wert von 3 mg/l auf. Erst durch im Verhältnis sehr häufigen Wasserwechsel konnte dieser Wert nennenswert gesenkt werden. Es empfiehlt sich, zur Vermeidung dieser Pools die Kalkwasserlösung in einer separaten Kammer dem Becken zuzugeben. Da sich dann dort die Fällungsprodukte sammeln, können diese gut abgesaugt werden. Parallel ist eine gute Bodenpflege (regelmäßige Reinigung mit einer Mulmglocke) durchzuführen. Dies hat umso mehr Erfolg, wenn Sie es von Anfang an betreiben und so die Denitrifikation nicht in den Bodengrund verlagert, sondern in den lebenden Steinen belassen wird. Besonders bei den flüssigen phosphatreduzierenden Eisenlösungen stellen sich weitere Probleme ein. Zum einen wird das Phosphat durch die Fällungsreaktion zu schnell reduziert. Veränderungen sollten aber in einem ökologischen System immer nur langsam vorgenommen werden. Auf der anderen Seite wird durch die unkontrollierte Zugabe von

Obwohl es bei Phosphatadsorbern auf Aluminiumoxidbasis einige Bedenken gab, haben sich diese bis heute unter normalen Bedingungen als unbegründet herausgestellt.

> **Info**
>
> Entscheiden Sie sich für flüssige Bakterienkulturen. Achten Sie darauf, dass die Bakterien auch halophil (= salztolerant) sind. Es muss auf der Umverpackung stehen, dass sie für Meerwasser geeignet sind.

Phosphat entzogen wird. Sollten sich nach dem Einsatz des Granulats Mangelerscheinungen an den Korallen zeigen, muss die Menge der zugegebenen Spurenelemente erhöht bzw. angepasst werden.

5.3.6.3.2 Adsorber auf Aluminiumoxidbasis

Ähnlich wie die Eisenhydroxidadsorber arbeiten auch die Adsorbermaterialien auf Aluminiumoxidbasis. Hierbei handelt es sich um Granulate, die mit sogenanntem „aktivem Aluminiumoxid" ($AlO(OH)$) behandelt wurden. Als Träger können

Zeolithe, aber auch andere mineralische Komponenten verwendet werden. Sie besitzen ungefähr die gleichen Vorteile wie die Eisenhydroxidadsorber, nur dass sie nicht ganz so ergiebig sind.

Ein weiteres Problem beim Einsatz dieser Adsorber kann die Freisetzung von Aluminiumionen sein. Bei pH-Werten von > 8 stellt dies kein Problem dar, aber diese Ionen können sich im Becken niederlassen und ggf. in schlecht gepflegten Bodenbereichen bei niederen pH-Werten oder auch im Kalkreaktor, der ja kontinuierlich mit einem niederen pH-Wert gefahren wird, einen negativen Einfluss auf die Beckenbewohner ausüben.

In eigenen Experimenten an älteren Becken, die nur mit Fischen, Stachelhäutern und zu Testzwecken mit Glasrosen besetzt

waren, ergaben sich keine Probleme – auch nach Monaten nicht. Bei Kalkreaktorbecken liest man öfter über gestresste Korallen nach der Anwendung. Hier fehlen leider noch aussagefähige Langzeitversuche.

5.3.7 Das Nitrat

Unserem Meerwasseraquarium wird laufend organische Substanz in Form von abgestorbenen Algenteilen, tierischen Organismen wie Futter etc. und Ausscheidungsprodukten zugeführt. Diese Tatsa-

Bild links: Das mit Gelbstoffen belastete Wasser ist im rechten Eimer gut zu erkennen.

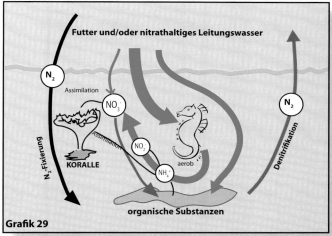

Grafik 29

chen sind zwar allgemein bekannt, aber die eigentlichen Zusammenhänge zwischen der Zuführung der organischen Substanz und den dadurch ausgelösten Reaktionen sind trotz der Bedeutung für das Gesamt-

Grafik 29 zeigt die Wege des Stickstoffs im Meerwasseraquarium.

> **Info**
>
> Solange wir uns noch nicht in eine bestimmte Richtung wie extrem bunte Steinkorallen, Steinkorallenzucht etc. spezialisieren, sondern nur ein gesundes, mit wenigen Stein- und vielen Weichkorallen besetztes Korallenbecken einrichten möchten (das uns auch einige Fehler nicht sofort mit dem Absterben des kompletten Bestands quittiert), befinden wir uns mit einem Wert um 10 mg/l NO_3 auf der sicheren Seite.

milieu meist relativ unberücksichtigt geblieben. Die im Aquarium vorhandene und kontinuierlich nachgelieferte organische Substanz wird durch die Lebenstätigkeit von Mikroorganismen (Biofilmen) unter Sauerstoffverbrauch durch vielfältige Reaktionen oxidiert. Dieser Vorgang wird als Abbau bezeichnet.

Im Idealfall werden die Stoffwechselprodukte stabilisiert (= Umwandlung in nicht mehr abbaubare Verbindungen) oder zu den entsprechenden anorganischen Komponenten wie CO_2, H_2O, NH_4^+, PO_4^{3-}, SiO_2 mineralisiert. Der stabilisierte, nicht mehr abbaubare Anteil besteht aus gelb bis bräunlich gefärbten Verbindungen, den sogenannten Gelbstoffen. Dieser Abbau lässt sich durch das folgende stark vereinfachte Schema darstellen:

Eiweiß – Aminosäuren – Amine – Ammonium – Nitrit – Nitrat.

Unter geeigneten Bedingungen verläuft dieser Abbau im Aquarium bis zum Nitrat. Sollte nach einiger Zeit (4 bis 6 Monate nach der Ersteinrichtung) kein Nitrat nachweisbar sein, so ist es möglich, dass die Nitratstufe nicht erreicht wird und der Gehalt an Ammonium oder Nitrit ansteigt. Das ist ein Alarmsignal. Durch die Zugabe käuflicher Bakterienkulturen (Starterbakterien), die dem Meerwasseraquarium nach Vorschrift zugesetzt werden, lässt sich diese Situation entschärfen.

Die mineralisierten Produkte bilden Ausgangsstoffe für eine erneute Biomasseproduktion; sie stellen die entscheidenden und häufig bedrohlich hohen Algennährstoffe dar. Dies hat in der Vergangenheit häufig zu dem irrigen Schluss geführt, im Aquarium würde ein „biologisches Gleichgewicht" herrschen. Damit sollte ausgedrückt werden, dass dieses Verhältnis im ewigen Kreislauf ein mehr oder weniger stabiles Gleichgewicht erhält. Das ist zwar in natürlichen, unbeeinflussten Ökosystemen der Fall, im Aquarium jedoch unmöglich, da allein nur durch die Fütterung ein ständiger Eingriff von außen in dieses Gleichgewicht erfolgt. Dem Aquarium wird durch den Pfleger laufend Biomasse zugeführt, sodass der Gehalt an organischer Substanz trotz einer gewissen Mineralisation (Abbau) laufend steigt. Wir können das über die Nitratmessung verfolgen und müssen demgegenüber die Beckenhygiene entsprechend gestalten, um den Anstieg des Nitrats in unverträgliche Höhen zu beseitigen.

Hierbei möchte ich einen immer wieder aufgeführten Irrtum gleich von vornherein behandeln: Korallen und auch die wenigen im Meerwasseraquarium gepflegten höheren Algen benötigen einen gewissen Anteil an Ammonium oder Nitrat. Dieser Anteil kann im „Kunstbiotop" Aquarium erfahrungsgemäß höher sein als im natürlichen Biotop. Es hat sich gezeigt, dass ein reines Steinkorallenaquarium mit vornehmlich bunten Steinkorallen mit Nitratwerten bis 2 mg/l NO_3 sicher betrieben werden kann. Bei noch niedrigeren Werten kann es vorkommen, dass einzelne Korallen an Nährstoffmangel leiden, ausbleichen und eingehen.

Eine zu große Fischgesellschaft ist die häufigste Ursache für Nitratprobleme im Aquarium.

Für weniger bunt gefärbte kleinpolypige Steinkorallen und die meisten großpolypigen Steinkorallen sowie die häufigsten Weichkorallen ist ein Nitratwert bis max. 20 mg/l NO_3 unschädlich, wenn kein übermäßiges Algenwachstum stattfindet. Reine Weich- und Lederkorallenbecken können selbst Werte bis 40 mg/l schadlos überstehen.

5.3.7.1 Maßnahmen zur Beseitigung von Nitrat

In der Reihenfolge ihrer leichten Anwendbarkeit möchte ich nun die gebräuchlichsten Methoden zur Verringerung eines übermäßig hohen Nitratgehalts vorstellen.

5.3.7.1.1 Wasserwechsel mit nitratfreiem Wasser

Hierzu rufe man sich noch einmal das zum Thema Umkehrosmose und Wasserwechsel Gesagte in Erinnerung. Beide Methoden reduzieren ohne großes Risiko einen hohen Nitratgehalt sehr effektiv.

5.3.7.1.2 Auf das System angepasster Fischbestand

Wenn wir trotz starker Abschäumung und artgerechter Fütterung zu keinem befriedigenden Ergebnis kommen, müssen wir uns Gedanken darüber machen, ob nicht zu viele oder zu große Fische gepflegt werden. Hier hilft nur die Reduzierung des Fischbestands auf ein verträgliches Maß.

5.3.7.1.3 Die Zugabe von Wodka direkt in das System

Dies ist eine interessante Alternative, Nitrat aus Meerwasseraquarien zu eliminieren. Mit Hilfe von Ethanol (hierbei handelt es sich um Wodka, der im Lebensmittelhandel erhältlich ist).

Bei der Wodka-Methode ist das genaue Einhalten der Zugabemenge sehr wichtig. Hierzu bietet sich eine Pipette oder Insulinspritze mit Millilitereinteilung an.

Tabelle 7: Die Erhöhung von Ethanol in Tabellenform (nach Mrutzek & Kokott)

Zeitraum in Tagen	Wodkadosis	Bei einem 500-Liter-Aquarium
1-3	0,1 ml/100l	0,1 ml x 5 = insges. max. 0,5 ml
4-6	0,2 ml/100l	0,2 ml x 5 = insges. max. 1,0 ml
7-10	siehe rechts	bisherige Dosis von 1,0 ml um 0,5 ml erhöhen = insges. max. 1,5 ml
11-14	dto.	bisherige Dosis von 1,5 ml um 0,5 ml erhöhen = insges. max. 2,0 ml
15-21	dto.	bisherige Dosis von 2,0 ml um 0,5 ml erhöhen = insges. max. 2,5 ml

Bei der Zugabe von Ethanol (Wodka) direkt in das Aquarium möchte ich einen Absatz gleich voranstellen. Halten Sie sich peinlichst genau an die im Nachfolgenden beschriebenen Schritte.

Sollte sich nach genauer Einhaltung der Nitratwert im Aquarium wider Erwarten nicht verändern oder kurzzeitig verringern und dann wieder ansteigen, dann hilft Ihnen diese Methode aus vielerlei Gründen in Ihrem Aquariensystem nicht weiter. Brechen Sie den Versuch ab und erzwingen Sie nichts. Senken Sie den Nitratwert dann mit den zuvor beschriebenen Methoden.

Bei der hier beschriebenen Ethanoldosierung mittels Wodka werden sowohl Nitrat als auch Phosphat abgebaut. Der Vorteil ist, dass bei dieser gleichzeitigen Reduzierung beider Nährstoffe keine Nährstofflimitierung erfolgt, die zum Beispiel auftreten kann, wenn entweder nur Phosphat mit Adsorbermaterialien oder flüssigen Phosphatbindern oder nur Nitrat mit einem der herkömmlichen Nitratfilter eliminiert wird. Es ist empfehlenswert, täglich geringe Mengen Wodka direkt in das Aquarium zu dosieren. Wie das funktioniert, wird nun beschrieben:

Anfangen sollten Sie mit einer Dosierung von täglich 0,1 ml Wodka pro 100 l Aquarienwasser (Nettovolumen) für die ersten drei Tage, dann 0,2 ml/100 l für den vierten bis sechsten Tag.

Vom 7. bis zum 10. Tag sollte die bisherige Dosis um 0,5 ml erhöht werden. Nun muss mit der regelmäßigen Messung des Nitrat- und Phosphatgehalts begonnen werden. Gerade bei sehr kleinen Becken mit 100 bis 200 l Nettovolumen kann hier bereits die Obergrenze erreicht sein.

Vom 11. bis 14. Tag wird die Dosis nochmals um 0,5 ml erhöht und vom 15 bis 21 Tag noch einmal um 0,5 ml.

Hierbei dient die Absenkung des Nitrat- und des Phosphatgehalts als Indikator dafür, dass die Bakterienpopulationen wachsen. Vor allem spiegelt der Phosphatgehalt das Wachstum aller heterotrophen Bakterien wider, während der Nitratabbau letztlich nur eine Aussage über die Leistung der Denitrifizierer treffen kann. Ein guter Phosphattest sollte bei der Anwendung dieser Methode auf keinen Fall fehlen. Sobald an den Scheiben und der Dekoration Bakterienbeläge sichtbar werden (man erkennt dies an hellen, schleimigen

Durch eine Überdosierung mit Wodka kann es im Aquarium zu einer Bakterientrübung kommen. Dann sollte sofort die Zugabemenge reduziert werden.

Fäden und Belägen), sollte die Dosierung verringert werden, und zwar um etwa ein Drittel der bisherigen Menge. Um einen möglichen Zusammenbruch der verschiedenen Bakterienpopulationen zu verhindern, ist es empfehlenswert, die Dosierung nicht vollständig einzustellen, sondern mit geringeren Mengen täglich weiterzuarbeiten. Die regelmäßige Kontrolle der Wasserparameter, insbesondere des Nitrat- und Phosphatgehalts, ist dabei wichtig. Sobald kein Nitrat mehr nachweisbar ist, muss die Dosierung um ein Drittel oder gar um die Hälfte verringert werden, denn für die Denitrifizierer wird nun Nitrat zum limitierenden Faktor und das Bakterienwachstum verlangsamt sich, weshalb auch die Kohlenstoffdosierung verringert werden muss. Zu viel Kohlenstoff fördert dann möglicherweise das Wachstum anderer unerwünschter heterotropher Bakterien, die ebenfalls als schleimige Beläge sichtbar werden. Eine Konkurrenz zwischen Denitrifikanten und anderen heterotrophen Bakterien ist dann nicht auszuschließen.

Besondere Aufmerksamkeit muss alteingefahrenen Becken gelten, in denen über Jahre hinweg erhöhte Nährstoffgehalte messbar waren, denn sowohl Korallen als auch Algen und Bakterien sind an diesen Milieuzustand akklimatisiert.

Mit der Dosierung von Wodka wird massiv in das Aquariensystem eingegriffen, und unabhängig davon, ob diese Maßnahme positiv oder negativ zu bewerten ist, müssen sich die Organismen daran anpassen. In solchen Aquarien sollte die Steigerung der Wodkadosierung sehr langsam und mit langen Intervallen zwischen den Erhöhungen erfolgen, damit keine Verluste entstehen. Auch hier ist die Kontrolle der Nährstoffgehalte sehr wichtig.

Es darf nicht vergessen werden, dass diese Wodka-Methode nicht nur Nitrat und Phosphat aus dem System entfernt, sondern sich auch positiv auf die Ernährung und damit auf das Wachstum von Korallen auswirkt. Es ist also nicht nur eine Me-

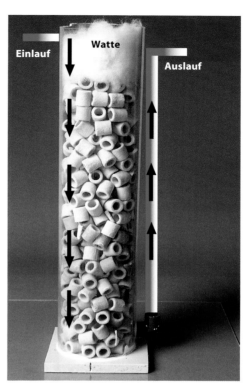

Denitrifikationssäule einfachster Bauart. Das Wasser wird vom Aquarium tropfenweise in die Säule geleitet. In der unteren Zone findet ein Nitratabbau statt.

thode für Problemaquarien, sondern kann durchaus auch in nicht belasteten Aquarien angewendet werden, allerdings nur in geringeren Dosierungen. In diesem Fall muss der Aquarianer, ausgehend von der vorgeschlagenen Ausgangsdosierung, selbst ein für sein Becken ideales Maß ermitteln.

5.3.7.1.4 Externe Nitratfilter

5.3.7.1.4.1 Die offene Säule mit geringem Durchfluss

Sehr oft wird unter Aquarianern vieles nicht eingesetzt, was zu einfach erscheint. In den späten 80er und frühen 90er Jahren wurden viele Korallenriffaquarien mit einer Säule bestückt, in die eine engporige Substanz wie Aktivkohle oder auch Siporax eingebracht wurde und die mit einem Wasserstrom von 2 Litern/h durchflossen wurde. Die Säule sollte wenigstens 90 mm im

Durchmesser haben und 50 cm hoch sein. In den tieferen Zonen der Säule bilden sich im Lauf der Zeit sauerstoffarme Zonen, in denen ebenfalls Bakterien siedeln. Um zu überleben, benötigen diese Bakterien aber ebenfalls Sauerstoff (O_2). Da er in diesen Zonen nicht vorkommt, müssen sie ihn sich irgendwo besorgen. Willkommen ist hier das Nitrat (NO_3), das Sauerstoff beinhaltet. Dort wird nun der Sauerstoff herausgebrochen und das Nitrat in Stickstoff umgewandelt. Das Nitrat entweicht somit als Stickstoff (N) über die Oberfläche des Aquariums. Diese Filter waren immerhin so effektiv, dass sie ein gut gepflegtes Aquarium auf einem akzeptablen Nitratlevel hielten. Für eine schnelle Nitratreduzierung sind sie nicht geeignet.

5.3.7.1.4.2 Kurzzeitfilter

Lassen Sie mich hierzu eine Vorbemerkung machen. Die beiden nachfolgend beschriebenen Filter sind in ihrer Wirkung manchmal unberechenbar. Sie eignen sich nur für Aquarianer, die schon längere Erfahrung

mit ihrem System haben. Diese Filter sollten immer nur so lange benutzt werden, bis sich das Problem gelöst hat (deshalb Kurzzeitfilter). Danach sollten sie vom Aquariensystem getrennt werden und erst wieder eingesetzt werden, wenn es notwendig ist. Ich behandle sie deshalb, weil ich glaube, dass Sie mit diesen Filtern früher oder später konfrontiert werden. Sei es, dass Sie im Internet darüber lesen oder, dass diese von einem Fachhändler in den höchsten Tönen gelobt und empfohlen werden. Meiner Meinung nach ist es besser, Sie sind dann darüber informiert. Als Neueinsteiger würde ich aber die Finger davon lassen, denn eine kleine Unachtsamkeit kann Sie den Bestand an Korallen und Fischen kosten.

5.3.7.1.4.2.1 Der Wodkafilter

Da eine Zugabe von zusätzlichen Kohlenhydraten (Zucker, Essig, Ethanol) alle Biofilme füttern kann, kann der Nitratabbau auch in separate Systeme mit Fütterung von außen verlagert werden.

Beim Wodkafilter handelt es sich im Prinzip um die gleiche Bauweise wie beim weiter oben beschriebenen Kalkreaktor. In einem „teiloffenen" Kreislauf und mit einer hohen internen Strömungsgeschwindigkeit wird das zu behandelnde Wasser an einem Substrat (vornehmlich Sinterglasröhrchen, da diese sehr porös sind) vorbeigeführt. Die auf dem Substrat siedelnden Bakterien werden von außen, über eine Art Schleuse, mit Wodka gefüttert. Dadurch setzt eine Massenvermehrung der Bakterien im Wodkafilter ein. Da in diesem „teiloffenen" System der Sauerstoffgehalt gering gehalten werden muss, weichen die Bakterien, die zum Leben weiterhin Sauerstoff O_2 benötigen, auf den im Nitrat (NO_3) anteilig enthaltenen Sauerstoff aus. Dadurch wird das Nitrat in Stickstoff umgewandelt und entweicht als Gas aus dem Aquarium. Gefüttert wird – wie gesagt – mit Alkohol (Wodka). Die entstehenden Biofilme (Bakterien) auf dem Substrat werden ständig durch die hohe

Ein Wodka-Filter kann auch aus einem Topffilter hergestellt werden. Wichtig an dem Gerät ist ein zusätzliches T-Stück mit Rückschlagventil und Absperrhahn. Mit dieser Vorrichtung wird der Alkohol dem Filter zugeführt.

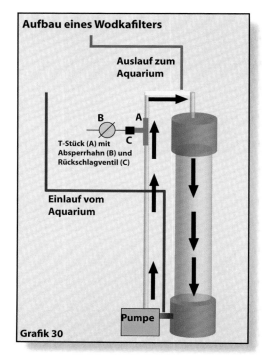

Aufbau eines Wodkafilters

Auslauf zum Aquarium

B   A

C

T-Stück (A) mit Absperrhahn (B) und Rückschlagventil (C)

Einlauf vom Aquarium

Pumpe

Grafik 30

5.3.7.1.4.2.2 Der Schwefelfilter

Dieser Reaktor wird nicht als „teiloffenes" System betrieben, sondern er funktioniert als „offenes" System. Das Wasser kommt langsam in den Filter, durchfließt zuerst das Schwefelsubstrat und danach das Kalksubstrat, um dann wieder direkt in das Aquarium zu laufen.

Auch der Nitratabbau mit Hilfe von elementarem Schwefel basiert auf der Aktivität von Biofilmen. Aktiver Teil dieses Filtersystems sind, je nach Besiedlung, selbst versorgende (autotrophe) Schwefel-Bakterien: *Thiobacillus denitrificans, Thiomicrospira denitrificans* und *Thiospera pantotropha*.

Werden diese Bakterien direkt auf Schwefelkugeln kultiviert, so bilden sie Biofilme und verwandeln den elementaren Schwefel in Schwefelsäure.

Schwefelfilter für ein 3000-Liter-Aquarium.

Fließgeschwindigkeit zurechtgeschliffen. Die Aktivität des Filters wird einerseits über die Nährstoffzufuhr (Wodkamenge) gesteuert und andererseits über den internen Sauerstoffgehalt, der durch das Öffnen oder Schließen der Ein- und Ausgänge des Filters geregelt werden kann (Grad der Kreislauföffnung).

Da sich in einem Meerwasseraquarium in den sauerstofffreien (anaeroben) Zonen häufig Bakterienarten bilden, die zu den sogenannten Sulfatreduzierern gehören, darf der Wodkafilter nur sauerstoffarm und nicht sauerstofffrei betrieben werden. Hier liegt die große Gefahr dieses Filters.

Passiert es einmal, dass der Filter sauerstofffrei gefahren wird, die Bakterien weiterhin gefüttert werden, das Nitrat im Becken aber nicht mehr nachzuweisen ist, dann können diese Sulfatreduzierer H_2S (Schwefelwasserstoff) als Stoffwechselprodukt bilden. Dieses nach faulen Eiern riechende H_2S ist extrem giftig und kann mit einem Schlag alles Leben im Becken vernichten.

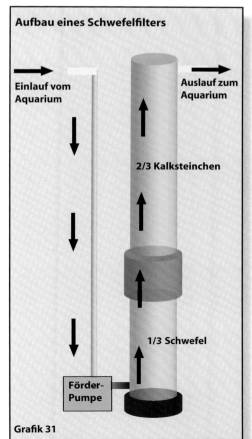

Aufbau eines Schwefelfilters

Einlauf vom Aquarium

Auslauf zum Aquarium

2/3 Kalksteinchen

1/3 Schwefel

Förder-Pumpe

Grafik 31

Die Grafik zeigt den korrekten Aufbau einer Schwefelfilteranlage. Das eingehende Wasser muss zuerst den Schwefel passieren und dann über ein Kalksubstrat zurück in das Becken fließen. Dies hat den Zweck, dass der Kalk das stark saure Wasser neutralisiert.

Man gibt wenig Aktivkohle in einen Testzylinder und fügt Osmosewasser hinzu. Das Ganze bleibt 24 Stunden stehen. Nach dieser Zeit wird mit dem Phosphat-Test das Wasser gemessen. Bei Phosphatgehalten über 1 mg/l ist die Kohle zu verwerfen.

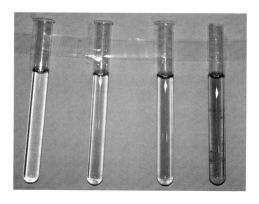

Als Puffer für die entstehende Schwefelsäure kann der Reaktor zu zwei Dritteln mit Kalkgranulat versetzt werden. In sauerstofffreien Systemen ist eine direkte Schwefeloxidation nicht möglich, aber beim Vorliegen von Nitrat (NO_3^-), Nitrit (NO_2^-) oder Lachgas (N_2O) wird der Sauerstoff „herausgebrochen" und verwendet. Obwohl die Reaktion nachweislich durch NaCl-Ionen gestört bzw. gehemmt wird, werden auch im Salzwasser brauchbare Denitrifikationsraten erzielt. Bei völligem Sauerstoffmangel besteht allerdings auch hier die Gefahr, dass Sulfatreduzierer die Oberhand gewinnen und giftigen Schwefelwasserstoff (H_2S) produzieren. Dies kann passieren, sobald kein nennenswertes Nitrit oder Nitrat mehr im Wasser ist. Hier ist es besser, den Filter dann abzuschalten und erst wieder in das System zu integrieren, wenn NO_3 nachgewiesen wird.

Mit den beschriebenen effektiven Methoden zur Nitratreduzierung dürfte es, bei Beachtung aller Vorsichtsmaßnahmen, nicht zu einem übermäßigen Ansteigen des Nitrat-Werts kommen. Stellen Sie jedoch fest, dass sich die Werte nicht senken, muss das nicht an der Funktionalität der Methode liegen, sondern es könnte auch der verwendete Nitrattest fehlerhaft sein. Hier empfehle ich – vor einer überzogenen Reaktion – Vergleichsmessungen mit neuen Testlösungen.

5.3.8 Aktivkohle

Wie weiter oben erörtert, besteht der stabilisierte, d. h. nicht mehr abbaubare Anteil aus gelb bis bräunlich gefärbten Verbindungen, den Gelbstoffen. Hierbei handelt es sich um kaum mehr abbaubare Farbstoffe, die mit der Zeit das Spektrum der von uns eingesetzten Lichtquellen negativ verändern. Die sicherste und auch einfachste Möglichkeit, diese Stoffe aus dem Wasser herauszufiltern, ist der Einsatz von Aktivkohle. Der Leistungskatalog heutiger moderner Kohlen geht über die Eliminierung von Gelbstoffen, Geruchsstoffen, Pestiziden, Herbiziden, Phenolen und ggf. eingesetzten Medikamenten hinaus. Erfahrungsgemäß wird bei der Kohlefilterung aber auch eine Menge erwünschter Stoffe aus dem Aquarium herausgezogen. Man erkennt dies daran, dass nach einer intensiven Kohlereinigung des Wassers viele Weichkorallen und auch einige großpolypige Steinkorallen lange Zeit ihre Polypen nicht mehr zeigen. Aus diesem Grund ist man dazu übergegangen, die Kohle nur noch von Zeit zu Zeit einzusetzen. Hierzu werden einmal im Monat nicht mehr als 10 bis 20 Gramm pro 100 Liter einer guten Aktivkohle eingesetzt und am besten mittels einem eigens dafür angefertigten Filter für 15 bis 24 Stunden im Aquarienkreislauf belassen. Nach dieser Zeit wird die Kohle wieder entfernt und verworfen. Wichtig ist, dass Sie eine Aktivkohle eines Herstellers Ihres Vertrauens benutzen. Sehr gute Erfolge werden mit den Kohlepellets der Firmen GroTech oder Aquarientechnik Preis erreicht. Hier können Sie sicher sein, dass diese Kohlen, wie bei unbekannten Herstellern schon häufig vorgekommen, keine Phosphatverbindungen an das Aquarienwasser abgeben. Sollte man nach dem Einsatz einer unbekannten Kohle eine Zunahme des Algenwachstums bemerken, muss diese auf Phosphat überprüft werden (siehe Seite 86).

5.3.9 Der Sauerstoff

Im Meerwasseraquarium ist der Sauerstoff außerordentlich wichtig. Im natürlichen Meerwasser, besonders an Korallenriffen, ist eine Sauerstoffsättigung von 100 bis 110 % als normal zu bezeichnen. Sie ist abhängig von der Temperatur und dem Salzgehalt. Starke Abschäumer bringen eine Sauerstoffsättigung von bis über 100 % in das Aquarium.

Eine Sauerstoffsättigung unter 80 % ist für Meerwassertiere nicht geeignet. Als bester Indikator für eine angenäherte Sauerstoffsättigung gilt das sogenannte „Ausgasen" der Strömungspumpen. Kleine Luftblasen schießen aus den Ausströmöffnungen der Pumpen. Dieses Phänomen kann man beobachten, wenn das Hauptlicht schon ungefähr 5 Stunden gebrannt hat und auch die Mikroalgen im Aquarium kleine Assimilationsbläschen an das Wasser abgeben.

Tabelle 8: Übersicht zur Sauerstoffsättigung des Meerwassers

Temperatur in Grad Celsius	Sauerstoff in ccm/l bei einem Salzgehalt von		
	32,5 Promille	34,3 Promille	36,1 Promille
22	5,26	5,20	5,13
23	5,17	5,11	5,04
24	5,09	5,03	4,95
25	5,00	4,95	4,86
26	4,92	4,86	4,78
27	4,83	4,78	4,70
28	4,75	4,69	4,62
29	4,66	4,60	4,54
30	4,58	4,52	4,46

Nachdem wir uns nun mit der komplizierten Materie „Wasserchemie" beschäftigt und das notwendige Rüstzeug an Wissen erworben haben, kommen wir nun zur Praxis.

6 Das Einrichten des Riffaquariums

6.1 Benötigte Anfangskomponenten

Wer das Glück hat, den Unterschrank des Aquariums im Wohnungsrohbau erstellen zu können, für den bieten sich Ytong-Steine geradezu an. Sie sind leicht und haben eine enorme Tragkraft.

• **Aquarium**
• **Untergestell**
• **Weiche Unterlage**
• **Plexiglasplatte (L x B der Aquarienbodenscheibe)**
• **2/3 Totgestein**
• **1/3 Lebendgestein**
• **Heizer**
• **Strömungspumpe**
• **Abschäumer**
• **Großes Aräometer** (auf 25 °C geeicht)
• **Meersalz**
• **Beleuchtung**
• **Korallengrus als Bodengrundmaterial**
  (Menge im Voraus berechnen: Bodenscheibe des Aquariums L x B x H in cm des Bodengrundes = Liter Korallengrus)
• **Scheibenreiniger**

Für eine bereits eingerichtete Wohnung bieten sich Eisen- oder Aluminiumgestelle an. Allerdings sollten aus Stabilitätsgründen steckbare Alu-Gestelle noch zusätzlich mit der Wand verschraubt werden.

6.2 Das Aquarium aufstellen

Zunächst wird das Aquarium an einer dunklen Stelle im Zimmer aufgestellt. Der Boden muss tragfähig sein. Ein 400-Liter-Aquarium wiegt mit Wasser, Steinen, Bodengrund und Untergestell gut und gerne 10 bis 12 Zentner. Das Untergestell muss mit seiner gesamten Länge auf dem Boden

aufliegen. Untergestelle mit Füßen scheiden aus, da hier der Druck nur auf den wenigen Quadratzentimetern der Fußauflage lastet. Liegt das Gestell komplett auf dem Boden auf, verteilt sich der Druck auf die gesamte Fläche. Als Untergestell eignet sich am besten ein gemauerter Unterschrank aus Yton-Steinen oder ein geschweißter Stahlrahmen. Holz wirkt als sehr starker Resonanzkörper.

Die Pfeile zeigen die Wandverschraubung.

Plane Auflage

Unter das Aquarium wird eine stabile Holzplatte (Küchenarbeitsplatte) gelegt und darauf kommt die weiche Unterlage aus Spezialschaumstoff (Fachhandel) oder Styropor, auf die das Aquarium gestellt wird.

6.3 Die trockene Dekoration einsetzen

Die Einrichtung beginnt mit dem Erstellen eines künstlichen Riffs.
Zuerst wird die Plexiglasplatte auf die Bodenscheibe gelegt, damit der Druck der Steine nicht direkt auf die Bodenscheibe des Aquariums wirkt. Beim Aufbau achten Sie bitte auf Spalten, Höhlen, Riffpfeiler und viele Sichtbarrieren für die Fische. Zwischen der höchsten Riffstelle und der Wasseroberfläche sollten immer noch ca. 25 cm Platz bleiben, damit man dort auch

Korallen (die häufig zusätzlich auf einem eigenen Stein sitzen) ansiedeln kann. Zu schnell ist sonst der gesamte Platz verbaut. Die Dekorationssteine werden vermauert.

6.4 Technische Geräte einbauen

Wenn wir aus ästhetischen Gründen eine separate Technikkammer verwenden, werden dort Heizer und Abschäumer untergebracht. Falls es möglich ist (z. B. Kammer im Aquarium), können in dieser Kammer zusätzlich die Strömungspumpen (Auslauf ins Aquarium) installiert werden. Sie können allerdings auch direkt im Becken eingesetzt werden, aber das sollte so geschehen, dass sie ihren Zweck erfüllen und dennoch nicht zu sehen sind. Eine Aufgabe, die vom größten Teil der Aquarianer leider nicht beherrscht wird.

Zehn Schritte zur Einrichtung

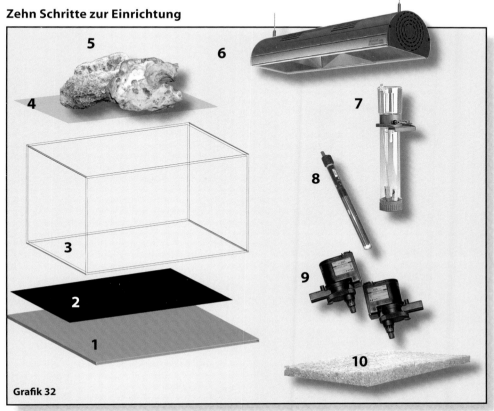

Das Untergestell steht bereits. Danach folgen:

1. Holzplatte
2. Weiche Unterlage
3. Aquarium
4. Plexiglasplatte (als Schutz für die Bodenscheibe)
5. Dekoration
6. Beleuchtung
7. Abschäumer
8. Heizung
9. Pumpen
10. Bodengrund

Grafik 32

Weiterhin müssen wir versuchen, diejenigen Geräte, die durch Vibrationen besonders störende Brummgeräusche erzeugen, so zu befestigen, dass sie uns später nicht auf die Nerven gehen. Dazu gehören alle Strömungspumpen ohne Schlauchleitungen, die Förderpumpe, die in einem Glasbehälter liegt, und der motorbetriebene Abschäumer.

Zu Beginn (bei vollem Tatendrang) ist man oft geneigt, aus Bequemlichkeit oder Ungeduld diesen Ratschlag nicht zu beherzigen. Bedenken Sie jedoch, dass wir in der Meerwasseraquaristik mit sehr starken Pumpen arbeiten müssen, damit die geforderten Strömungsgeschwindigkeiten erfüllt werden. Wenn diese Pumpen direkt mit dem Glas des Aquariums in Berührung kommen, entstehen zwangsläufig Niederfrequenz-Brummgeräusche, die sich durch den Unterschrank (bei Holz um ein Vielfaches!), über die aus Holz gebaute Oberumrandung oder einen aufgesetzten Lichtkasten verstärken und sich als so störend erweisen können, dass mancher Aquarianer

nur deshalb sein Hobby wieder aufgegeben hat. Oftmals kann es helfen, die Pumpen direkt an der Stein- oder Betonwand zu befestigen. An Rigips-Wänden versagt aber diese Methode generell. Dort bleibt nur die Möglichkeit, mit Schlauchleitungen zu arbeiten und die Pumpen unter dem Aquarium auf Schaumstoffplatten zu stellen.

Den motorbetriebenen Abschäumer stellen wir auf eine 2 bis 3 cm dicke Platte aus blauem Filterschaumstoff. Er sollte das Aquarienglas ebenfalls nicht berühren. Fast geräuschlos sind Abschäumer mit Lindenholzausströmern, wenn die Luftpumpe in einem separaten Raum steht. Allerdings entsteht dann, ebenfalls im Aquarium (und erst recht unter einem

Bild rechts: So könnte ein Schalldämpfer für luftbetriebene Abschäumer aussehen.

Förder- bzw. Strömungspumpen mit Schlauchleitungen haben zwar einen geringen Leistungsverlust, bieten aber eine optimale Laufruhe, wenn sie noch zusätzlich auf Betonsteine aufgeschraubt (Vibration) und auf Schaumstoff gesetzt werden.

Reine Strömungspumpen sollten mit Silikonpuffern (Zubehörteil siehe Pfeile) ausgerüstet sein. Vibrationen sind so kaum mehr auszumachen.

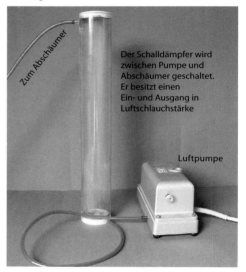

Der Schalldämpfer wird zwischen Pumpe und Abschäumer geschaltet. Er besitzt einen Ein- und Ausgang in Luftschlauchstärke

Zum Abschäumer

Luftpumpe

Lichtkasten aus Holz oder Kunststoff), ein störendes Brummgeräusch, selbst wenn die Pumpe 20 Meter entfernt in einer Kammer untergebracht ist. Dieses Geräusch stammt von der Luftmembran der Pumpe. Es überträgt sich über die Schlauchleitung bis ins Aquarienzimmer und verschwindet sofort, wenn ein 30 cm langes 32er-PVC-Rohr oben und unten mit einer Abschlusskappe verschlossen wird und zwei Luftschlauchstutzen mit eingeklebt werden. Das Ganze wird ca. 20 cm hinter die Luftpumpe in die Schlauchleitung integriert.

Mit ein wenig Planung und Vorarbeit kann ein Meerwasseraquarium fast geräuschlos betrieben werden. Nehmen Sie sich hierzu ein wenig Zeit. Ihre Frau, und in manchen Fällen auch Ihr Nachbar, werden es Ihnen danken. Ein Meerwasseraquarium soll einen Raum durch Optik und nicht durch Akustik beherrschen.

6.5   Die Beleuchtung

Nachdem das Aquarium soweit vorbereitet wurde, wird die Beleuchtung installiert. Falls es sich um einen Lichtkasten handelt, montieren wir ihn jetzt.

Handelt es sich um eine Leuchte, die an der Decke verankert werden muss, dann müssen wir das Aquarium vor der Montage mit einem großen Tuch (z. B. Bettlaken) abdecken. Dies deshalb, weil während der Montage Metallteile, Bohrdreck oder (falls Sie an den Kabeln herumbasteln mussten) Kupferdrähtchen unbemerkt in das Aquarium fallen könnten. Solche Materialien sind im laufenden Betrieb große Störfaktoren.

6.6   Salzwasser einfüllen

Es bewährt sich nicht, ein Meerwasserbecken zu Beginn mit Süßwasser aufzufüllen und dann das Salz zuzugeben. Es entstehen beim Einrühren des Salzes viele chemische Reaktionen (Fällungen), die sich auf dem Boden und an den Scheiben des Aquariums niederschlagen können.

Meist sind alle Aquarienscheiben nach 24 Stunden mit einer weißen, sehr fest haftenden Kalkschicht überzogen. Diese löst sich nicht wieder auf und muss mit einem Klingenreiniger von den Scheiben entfernt werden. Lästig und unnötig!

Besser ist es, das Süßwasser in einem ausreichend großen Behälter mit dem Salz zu versetzen und nach dem gründlichen Vermischen alles erst einmal 24 Stunden stehen zu lassen. Dann misst man die Raumtemperatur und bringt das Salzwasser mit einem Heizer auf die gleiche Temperatur. Nun wird es in das Aquarium eingefüllt. Bei großen Becken verfährt man dementsprechend oft.

6.7   Bodengrund reinigen und einbringen

Der kalkhaltige Bodengrund muss gründlich gewaschen werden. Zigarettenkippen, Holz und hin und wieder Plastikteile sind nur einige Beispiele dafür, was darin manchmal zu finden ist. Nach mehrmaligem Spülen sollte der Bodengrund das Wasser nicht mehr trüben. Dann ist er einsatzbereit und wird in einer 3 bis 5 cm hohen Schicht in das Aquarium gegeben.

Nun kann es losgehen: die Technik ist installiert und das Wasser wurde eingefüllt.

6.8 Die Technik in Betrieb nehmen

Nachdem sich nun die wichtigsten Komponenten im Aquarium befinden, werden die Strömungspumpen, der Abschäumer und der Heizer in Betrieb genommen. Die Beleuchtung wird bereits von der ersten Stunde an eingeschaltet. Algensporen, die unter anderem auch mit dem Bodengrund und dem Salz in das Becken kommen, entwickeln sich sowieso im Aquarium. Es spielt hierbei keine Rolle, ob das Licht erst eine oder zwei Wochen nach dem Befüllen eingeschaltet wird – sie kommen ja doch. Allerdings wird allzu oft übersehen, dass auch die niederen Algen das Wasser aufbereiten. Zumindest in der Anfangsphase, in der es sich bei dem frisch angesetzten Salzwasser um eine lebensfeindliche Lösung handelt, hat es sich bewährt, die Algen diesen „Aufbereitungsjob" erledigen zu lassen.

Vor der endgültigen Inbetriebnahme sollten alle technischen Komponenten noch einmal getestet werden.

6.9 Das Einfahren

Je besser wir unser Aquarium einfahren, umso erfolgreicher wird es auch in Zukunft sein. Wir müssen in dieser Anfangsphase Geduld aufbringen und Verständnis für die sich nun entwickelnden biologischen Abläufe haben.

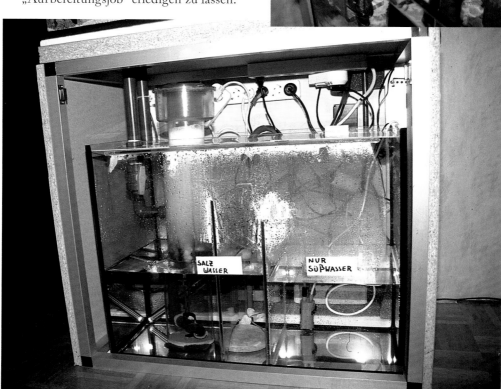

In dieses Unterschrankaquarium wurde gleichzeitig die Verdunstungswasserzufuhr integriert.

6.9.1 Erste und zweite Woche

Bei einer täglich achtstündigen Beleuchtungsphase ist nach ca. zwei Wochen der größte Teil der Schmier- und Kieselalgenentwicklung abgeschlossen. Nun wird die Dekoration mit einer starken Strömungspumpe vom abgestorbenen Algenfilm befreit. Die im Becken umhertreibenden Algenfetzen werden mit einer Filterpumpe und mit einem engmaschigen Fangnetz abgefangen und aus dem Aquarium befördert. Auch der Bodengrund wird etwas aufgerührt und die dadurch auftreibenden Algenfetzen entfernt.

Am Ende der zweiten Woche muss die KH gemessen werden. Liegt sie wesentlich (1 bis 2 °dKH) unter dem Anfangswert, müssen wir sie beobachten, häufig messen und gegebenenfalls mit einem die KH erhöhenden Mittel nachdosieren.

6.9.2 Dritte Woche

Nun geben wir die geplante Menge an lebenden Steinen hinzu. Wir müssen dafür sorgen, dass die mechanischen Schnellfilter, die wir in dieser Phase zusätzlich mit einsetzen sollten, sehr effektiv arbeiten. Die Filterpatronen sind jeden Tag zu reinigen. Es vollzieht sich eine gewaltige Umformung innerhalb und außerhalb der lebenden Steine. Gerade in dieser Phase entwickeln sie eine kräftige Sedimentation. Diese Sedimente müssen von uns jeden dritten Tag mit einer starken Pumpe von der Oberfläche der Steine geblasen werden, damit die feinen Kapillaren in den Steinen nicht verstopfen, sich keine Algenbeläge über die Steine legen und alles Leben darunter ersticken.

Drei unterschiedliche Entwicklungsstufen: Die zu Beginn kahle Dekoration entwickelt nach Zugabe der lebenden Steine einen ersten Bewuchs.

6.9.3 Vierte Woche

In der vierten Woche wird es langsam spannend. Sie können nun schon recht deutlich sehen, wie das Leben in den Steinen erwacht. Kleine Röhrenwürmer haben sich hier und da entfaltet. Algen wachsen in verschiedenen Formen. Der pH-Wert verläuft nun in einer relativ konstanten Linie und wird immer stabiler. Die Scheiben müssen inzwischen öfter gereinigt werden. Das ist aber auch ein Zeichen dafür, dass die eigentliche Stabilisierung des Aquariums noch nicht ganz abgeschlossen ist. Das Licht können wir nun so einteilen, dass der HQI-Strahler 8 Stunden und das Blaulicht bereits 12 Stunden lang brennt. Es kann nun zu periodisch starken Trübungen kommen. Diese entstehen durch die in den Steinen lebenden Tiere, die Sedimente herausbefördern. Die Trübung wird ebenfalls von unseren Schnellfiltern abgefangen. Wieder kontrollieren wir die KH. Hat sie sich gegenüber dem Ausgangswert nach unten entwickelt, müssen wir den KH-Erhöher zugeben.

Meist kann man in dieser Woche schon eine Zunahme der Gelbstoffe feststellen. Viel organisches Material wird in dieser Zeit freigesetzt, das den Gelbstich und einen etwas niedrigeren pH-Wert verursacht. Nun können wir einen unserer Schnellfilter mit Aktivkohle bestücken und 24 Stunden lang laufen lassen. Nach dieser Zeit ist das

Die ersten relativ unempfindlichen Organismen (hier: Röhrenkorallen, die mit Lebendgestein eingeschleppt wurden) setzen sich durch.

Von den ersten höheren Algen werden einige ausdauern und andere absterben.

Wasser wieder kristallklar. Während der gesamten Zeit dosieren wir weder Calcium noch irgendwelche anderen hier nicht empfohlenen Stoffe dem Aquarium zu.

6.9.4 Zweiter Monat

Der zweite Monat wird ohne große Aufregung verlaufen. Wir können sehr schön beobachten, wie mehr und mehr höhere Algen im Aquarium wachsen. Manche werden sich weiterentwickeln, andere nach kurzer Zeit wieder absterben, weil ihnen die Bedingungen im Becken nicht zusagen. In dieser Zeit lassen wir alle höheren Algen hemmungslos wachsen. Sie sind nun die besten Wasseraufbereiter.

In der zweiten Hälfte des Monats kaufen wir einen Ammonium/Ammoniak-Test, einen Nitrit-Test und einen Nitrat-Test. Ebenso schätzen wir grob die Oberfläche unserer Dekoration. Wir teilen dabei gedanklich die gesamte Oberfläche in 15 x 15 cm große Quadrate. Das ist ungefähr die Fläche, die eine große algenfressende Gehäuseschnecke algenfrei halten kann. Dann erwerben wir die benötigte Menge an Schnecken (Gattung *Tectus* oder *Nerita*). Auf Seeigel sollten wir noch verzichten, denn sie fressen in erster Linie die für uns wichtigen Kalkalgen.

Bereits ein bis zwei Wochen später können wir beobachten, wie unsere Schnecken das

ihnen angedachte Gebiet algenfrei halten. Nun messen wir zuerst den Ammonium/Ammoniak-Gehalt. Er sollte kaum nachweisbar sein (ab einem Wert von ca. 1,8 mg/l NH_3 sterben die meisten Fische). Dann messen wir den Nitrit-Gehalt. Er kann durchaus etwas höher liegen, da die Umwandlung zum Nitrat zu diesem Zeitpunkt noch nicht reibungslos klappt. Selbst wenn er in einem auf der Testpackung aufgeführten kritischen Bereich liegt, brauchen Sie sich keine Sorgen zu machen. Im Meerwasser gelten diese „Bedenklichkeitswerte" nicht uneingeschränkt. Der Grund ist, dass bei Salzwasserfischen Chlorid-Ionen mit Nitrit-Ionen an den Kiemen aufeinander treffen, sich gegenseitig stark beeinflussen und die Giftigkeit des Nitrits herabsetzen.

Wir überprüfen, ob schon etwas Nitrat vorliegt. Falls nicht, müssen wir uns zu dieser Zeit noch keine Sorgen machen. Die Messungen werden nun ein- bis zweimal pro Woche durchgeführt. In dieser Zeit sollten Sie ein Journal führen, in das die ermittelten Werte eingetragen werden. Wichtig ist, dass der Ammonium/Ammoniak-Wert laufend sinkt (!) und auch der Nitrit-Wert sinken sollte. Ist dies der Fall, ist alles in Ordnung, auch wenn wir noch kein Nitrat messen. Dieses wird dann ggf. schneller von den Algen verbraucht, als es durch die im Becken anwesenden Tiere erzeugt wird. Sinkt der Nitrit-Wert nicht, sondern nimmt immer mehr zu, kaufen wir die im Fachhandel angebotenen meerwassertauglichen Starterbakterien und geben sie gemäß Beipackzettel zu. Nun wird der Nitrit-Gehalt abnehmen. Die mit Schaumstoff oder Watte bepackten Schnellfilter laufen immer noch mit. Wir reinigen sie jeden zweiten Tag und behalten dieses Intervall bis zum Ende des zweiten Monats bei.

Große Gehäuseschnecken (hier: die Gattung *Tectus*) helfen bei der Reduzierung der Algen.

6.9.5   Dritter Monat

Der dritte Monat stabilisiert die biologischen Funktionen im Aquarium. Das Becken ist nun wahrscheinlich von einer

Die Entwicklung kleiner Röhrenwurmkolonien und großer *Caulerpa*-felder zeigt, dass sich das Aquarium auf dem richtigen Weg befindet.

Foto: J. Großkopf

siedlerkrebse in der Menge, wie wir Schnecken pflegen.

Die Doktorfische werden mit den höheren Algen und den Fadenalgen ziemlich schnell kurzen Prozess machen.

Dies bleibt bis zum Ende des dritten Monats der ganze Tierbestand. Sobald die Algen vertilgt sind, füttern wir die Bewohner mit Frostfutter. Auf jeden Fall aber nur soviel, wie sie auf einmal bewältigen können. Mehrmals am Tag kleine Portionen sind besser als einmal zu viel.

Der Gelbe Seebader (*Zebrasoma flavescens*) und kleine Einsiedlerkrebse halten die Algen unter Kontrolle.

Vielzahl höherer Algen zugewuchert. Es ist möglich, dass auch einige Fadenalgen darunter sind. Der pH-Wert und die Karbonathärte, aber auch die Ammonium/Ammoniak- und Nitrit-Werte haben sich langsam auf ein normales Maß eingependelt. Mittlerweile sind Sie ein Messspezialist und wissen, worauf es ankommt.

Jetzt ist es Zeit, dass wir uns mit einem anderen Thema beschäftigen: Die höheren Algen und die Fadenalgen wollen wir in unserem zukünftigen Korallenriffbecken nicht oder nur in ganz geringer Menge pflegen, denn sie stellen eine erhebliche Konkurrenz zu den symbiotischen Algen (Zooxanthellen) unserer Korallen dar. Hat man sich nicht speziell der marinen Botanik verschrieben, können nach der 10. Woche die zusätzlich installierten Schnellfilter aus dem Becken herausgenommen werden. Zwei sehr kleine algenfressende Fische können nun eingesetzt werden. Für Becken ab 250 Liter Inhalt empfehle ich zwei kleine, aber dennoch unterschiedlich große Gelbe Seebader (*Zebrasoma flavescens*). Danach erwerben wir kleine tropische Ein-

Info – nur die kleinen Einsiedler helfen

Nur die kleinen Einsiedlerkrebse fressen ausschließlich Fadenalgen. Die größeren Einsiedler – besonders auch die aus dem Mittelmeer – fressen bevorzugt fleischliche Kost.

Große Einsiedlerkrebse wie z. B. *Dardanus*-Arten sind generell für das Korallenriffbecken ungeeignet. Sie fressen kleinere Einsiedler, Schnecken und kleine Fische. Weiterhin werfen sie Dekorationsstücke um und belästigen dauerhaft die Korallen.

6.9.5.1 Erste Vernichtung von Plagegeistern

Sobald unsere Fische die Dekoration algenfrei gefressen haben, wird die Sicht auf die Steine wieder frei. Jetzt ist der Zeitpunkt gekommen, die Dekoration nach potenziellen Plagegeistern abzusuchen.

Sie sollten nun alle sichtbaren Feueranemonen *Anemonia cf. manjano* und Glasrosen *Aiptasia sp.* abtöten. Beide können uns das Leben sehr schwer machen, wenn sie nicht von Anfang an ausgerottet werden. Beide Anemonen vernichten bei einer explosionsartigen Ausbreitung den gesamten späteren Korallenbestand.

Da unser Becken in der Einlaufphase generell mit einem Zuviel an Säuren zu kämpfen hat, benutzen wir zur Eliminierung dieser Schädlinge nicht die häufig zitierte Salzsäurespritzung, sondern wir bekämpfen sie mit Natronlauge. Diese Lauge bildet keine Säuren, zerstört aber erfahrungsgemäß die Anemonen sehr effektiv.

Wir geben einen gestrichenen Teelöffel Natronlaugepulver (meist kleine Kügelchen) auf 50 ml Süßwasser. Die Lösung wird gründlich verrührt. Mit einer 5-ml-Spritze und einer dünnen Injektionsnadel wird diese Lösung direkt in die Anemonen gespritzt (siehe Grafik 33 Seite 98).

Pro Tag werden maximal 6 Anemonen vernichtet. Pro Anemone verwenden wir ca. 2 ml Lösung. Jeden Tag überprüfen wir, ob die Injektionen erfolgreich waren. Dies geschieht so lange, bis alle Anemonen verschwunden sind. Sollte ein Stein darunter sein, der besonders stark mit Anemonen bevölkert ist, dann nehmen wir ihn aus dem Aquarium heraus und ersetzen ihn durch einen einwandfreien Stein gleicher Größe.

Als wirksame Glasrosen-Prophylaxe lässt sich, nachdem wir alle Aiptasien vernichtet zu haben, auch die Garnele *Lysmata wurdemanni* einsetzen.

Diese Garnele hilft gegen Glasrosen, nicht aber gegen Feueranemonen! Erfahrungsgemäß frisst sie meist nur kleine Anemonen,

Feueranemonen im Aquarium.
Foto: H. Kirchhauser

Die Garnele *Lysmata wurdemanni* vernichtet zuverlässig die Glasrosen im Aquarium, wenn sie in dieser Zeit nicht gefüttert wird.
Foto: H. Kirchhauser

Glasrose im Aquarium. Foto: H. Kirchhauser

Die Glasrosen werden entweder am Fuß (A) oder direkt durch den Mund (B = in der Mitte des Tentakelkranzes) gespritzt.

Oftmals ziehen sie sich nach Berührung in die Dekoration zurück: Dann sticht man vorsichtig direkt in das Rückzugsloch (C).

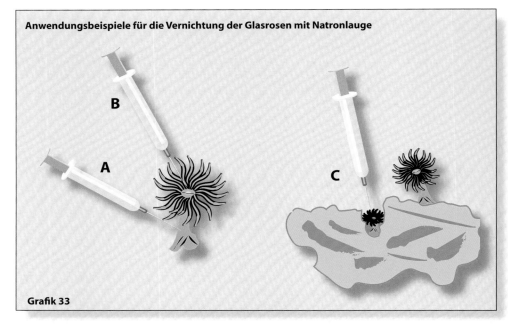

Anwendungsbeispiele für die Vernichtung der Glasrosen mit Natronlauge

Grafik 33

die großen Exemplare nur, wenn sie wirklich stark ausgehungert ist.

Neben dieser tierischen Grundausrüstung, die fast jedes Korallenriffbecken benötigt, können wir ab jetzt den zukünftigen Besatz planen. Es ist in dieser Phase von entscheidendem Vorteil, sich mit gestandenen Meerwasseraquarianern kurzzuschließen, die ein gutes Referenzbecken vorweisen können. Mit ihnen sollten Sie dann den geplanten Bestand hinsichtlich Verträglichkeit und Pflegeschwierigkeitsgrad besprechen.

Viele Meerwasseraquarianer, und besonders die Neueinsteiger, die sich nur auf eine einzelne Meinung verlassen haben, wurden in diesem Punkt schon sehr enttäuscht. Schwarze Schafe, die lediglich auf „Teufel komm raus" verkaufen wollen, gibt es immer und überall. In der Meerwasserszene sind diese aber meist bekannt.

Meine Empfehlung für solche Fälle lautet deshalb: Bitte wenden Sie sich an einen Meerwasserverein in Ihrer Nähe oder halten Sie sich zu Beginn strikt an die Angaben dieses Buches. Lassen Sie sich von niemandem, dessen Aquarium Sie nicht gesehen haben, aus dem Konzept bringen.

Das Aquarium zum Ende des dritten Monats nach dem Neubeginn.

Tipp

Bereits von Anfang an sollten Sie Plagegeister vermeiden. Sehr ausführlich behandle ich dieses Thema in meinem Buch „Plagegeister im Riffaquarium".

PLAGEGEISTER IM RIFFAQUARIUM
Schädlingsabwehr in der Praxis
Ein Arbeitsbuch von Rüdiger Latka

Einfahrplan in Kurzform

Zu Beginn

- Alle technischen Geräte besorgen

- Das Aquarium an einem nicht übermäßig hellen, tragfähigen Platz aufstellen

- Trockene Dekoration aufbauen

- Technische Geräte installieren

- Für Geräuschdämmung bei den Geräten sorgen

- Beleuchtung installieren

- Extern aufbereitetes Salzwasser einfüllen

- Bodengrund reinigen und einbringen

- Technik in Betrieb nehmen

Erste und zweite Woche

- Bei einer 8-Stunden-Beleuchtung die Schmieralgenphase abwarten

- Algenfetzen immer mal wieder aus dem Becken holen

- Hin und wieder Bodengrund aufrühren

Dritte Woche

- Geplante Menge lebender Steine hinzugeben

- Öfter die Sedimente von den Steinen abblasen

Vierte Woche

- Höhere Algen wachsen lassen

- Scheiben reinigen

- Endgültige Lichtregelung einstellen

- Karbonathärte kontrollieren, ggf. erhöhen

- Etwas Aktivkohle gegen die Gelbstoffe zugeben

Zweiter Monat

- Alles ruhen lassen. Keine Aktivitäten

- Hin und wieder Steine abblasen, Scheiben putzen und die höheren Algen wuchern lassen

Zweite Hälfte zweiter Monat

- Ammonium/Ammoniak sowie Nitrit messen

- Falls Werte bedenklich, Bakterienkultur zufügen

- Falls Werte unbedenklich, algenfressende Schnecken nach Empfehlung einsetzen

- Schnellfilter immer wieder reinigen

- Regelmäßig pH-Wert, Ammonium/Ammoniak und Nitrit messen

Dritter Monat

- Alles sollte sich stabilisiert haben

- Sämtliche (bis auf einen) zusätzlich installierten Schnellfilter aus dem System nehmen

- Algenfressende Fische und kleine Einsiedlerkrebse einsetzen

- Sobald keine Algen mehr vorhanden sind, werden die Tiere vorsichtig gefüttert

- Alle Parasiten wie Glasrosen (Aiptasien) und Feueranemonen (*A. cf. manjano*) aufspüren und vernichten

- Nach der Vernichtungsaktion ein oder zwei Garnelen (*Lysmata wurdemani*) in das Becken setzen. Diese möglichst am Anfang nicht füttern

- Nach und nach kräftig mit Korallen besetzen und sehr langsam (über Monate) den Fischbestand erhöhen

Unser Beispielaquarium, dessen Werdegang wir von Anfang an miterleben konnten, ist auf dem besten Weg, ein gesundes Aquarium zu werden.
Die Korallen wachsen ausgezeichnet und alle Bewohner sind gesund und munter.

7 Der Besatz

Bevor wir mit dem eigentlichen Besatz beginnen, möchte ich noch auf einige grundsätzliche Dinge hinweisen. Beim Besatz zeigt sich der Meister in der Beschränkung. So ist es enorm wichtig, bei der Planung zu berücksichtigen, dass die einzelnen Tiergruppen gut zusammenpassen.

Nicht alle Tiere können wahllos miteinander vergesellschaftet werden. Es gibt „sonnenhungrige" Wirbellose, die gar nicht genug Licht bekommen können, aber auch solche, die zwar Licht benötigen, aber in der Mittellichtzone am besten gedeihen. Letztendlich sind auch Tiere für uns von Wert, die kein direktes Licht mögen. Sie können wir vorzüglich an den Randbereichen des Aquariums, die erfahrungsgemäß mit weniger Licht bestrahlt werden, ansiedeln. Weiterhin gibt es verschiedene Wirbellose, die ziemlich stark nesseln. Gerade

unter den Anemonen haben viele Arten eine besonders ausgeprägte Nesselkraft. Hinzu kommt, dass fast alle Anemonen wandern, d. h. sie verlassen ihren angestammten Platz und siedeln sich an Stellen im Aquarium an, die ggf. schon von anderen Korallen eingenommen wurden. Die Anemonen gewinnen in aller Regel den Kampf um den Siedlungsplatz. Die ursprünglich angesiedelten Korallen werden so stark vernesselt, dass sie eingehen. So schön Anemonen auch sind, sie sind für unser Korallenriffbecken nicht geeignet. Wer tatsächlich Anemonen mit den dazugehörigen Partnerfischen pflegen möchte, sollte sich für ein spezielles Anemonenbecken entscheiden. Erbfeinde wie z. B. besonders räuberische Seesterne und Muscheln können ebenfalls nicht zusammen gepflegt werden. Auch Harlekingarnelen und Seesterne sind nicht kombinierbar. Problemtiere unter den Fischen sind zu

vermeiden. Unter Problemtieren verstehe ich nicht nur diejenigen Fische, die Nahrungsspezialisten sind (Anemonen- und Muschelfresser, Polypenfresser, reine Fischfresser, die unserem Bestand gefährlich werden könnten etc.), sondern auch jene, die sehr langsam fressen. Seepferdchen, Seenadeln, Schnepfenmesserfische, aber auch Räuber, wie z. B. der Schaukelfisch, und auch die meisten Leierfische können futtertechnisch kaum zusammen mit Fischen wie Riffbarschen, Grundeln, Pfeilgrundeln, Zwergkaiserfischen oder Doktorfischen gepflegt werden. Sie kommen aufgrund deren Schnelligkeit einfach nicht rechtzeitig an das gebotene Futter. Das Aquarium selbst kann sie – obwohl in der Literatur häufig so dargestellt – auf Dauer nicht ernähren. Entweder wir müssen uns besondere Futterstrategien überlegen (was ist im Urlaub?) oder wir lassen es ganz bleiben.

Ich stehe nach wie vor zu meiner Meinung, den Fischbesatz stark zu beschränken. Diese Beschränkung mache ich aber nicht an einer gewissen vorgeschriebenen Anzahl Fische pro Liter Netto-Aquarieninhalt fest, sondern ich gehe einen Weg, der mir verlässlichere Auskünfte gibt.

Der Fischbestand sollte so gewählt werden, dass der Nitratgehalt – unter Berücksichtigung der regelmäßigen Wasserwechsel – dauerhaft nicht über 10 mg/l ansteigt. Beobachtungen in der Praxis haben gezeigt, dass Rifffische sich in einer größeren Gesellschaft wesentlich wohler fühlen, als wenn sie nur mit wenigen Beifischen gepflegt werden. Wir können zwar die Vielfalt des Korallenriffs simulieren, aber nur unter der Prämisse „Wassergüte".

Bei der Besetzung mit lichtabhängigen (zooxanthellaten) Wirbellosen wie Weichkorallen, Lederkorallen, groß- und kleinpolypigen Steinkorallen, Mördermuscheln,

Natürlich wird es noch einige Zeit dauern, bis sich unser Aquarium zu einem Schmuckstück wie das oben abgebildete entwickelt, aber mit Interesse und etwas Fleiß gelingt auch dies.

Viele Fische bedeuten mehr Schutz und Sicherheit für den Einzelnen.

Diese *Caulerpa*-Algen ersetzen in der Anfangszeit die noch fehlenden Korallen, da sie ebenfalls sehr effektiv zur Reinigung des Wassers beitragen.

7.1 Zooxanthellen

Wir kommen nun zu den Algen, die mit bloßem Auge zwar nicht zu sehen sind, die aber in unserem Meerwasseraquarium die wichtigste Funktion für Tier und Wasser übernehmen: die Zooxanthellen.

Korallen ernähren sich auf vielfältige Weise. Sie fangen Plankton, nehmen gelöste organische Stoffe auf, betreiben eine Art Bakterienfarming oder sie ernähren sich über ihre symbiotischen Algen. Diese Algen (Zooxanthellen) leben in einer unvorstellbar großen Anzahl in der Koralle. Sie leben mit der Koralle in einer sogenannten Endosymbiose (die am weitesten entwickelte Symbiose).

Angetrieben von der Lichtenergie der Sonne, gemästet mit dem CO_2 aus dem Stoffwechsel des Korallenpolypen, versorgen diese Algen ihren Vermieter und Beschützer mit Zucker, Aminosäuren und anderen wichtigen Assimilationsprodukten.

Die Zooxanthellen siedeln normalerweise im Gewebe der Korallen. Diese Dauer-

Hornkorallen, Krustenanemonen etc. sollte hingegen sehr verschwenderisch umgegangen werden. Ein dichter Besatz mit diesen Wirbellosen entspricht ungefähr der Strategie einer dichten Bepflanzung im Süßwasserbecken. Die Korallen übernehmen den Part der Pflanzen. Ihre Hauptaufgabe ist es, das Wasser mithilfe ihrer symbiotischen Algen – der Zooxanthellen – zu reinigen und das Milieu zu stabilisieren. Mit einer großen Zahl von Wirbellosen vermeiden wir von Anfang an ein übermäßiges Wachstum niederer Algen.

Allerdings kostet solch ein Besatz viel Geld. Nicht jeder Aquarianer wird aus dem Stand heraus gleich mehrere hundert Euro für einen dichten Neubesatz investieren können. Hier bietet sich die Mitgliedschaft in einem Meerwasserverein an. Die meisten Vereinsmitglieder haben Korallenableger zum Weitergeben, die wunderbar mit gekauften Korallenstöcken kombiniert werden können. Sollte im Aquarium in der ersten Zeit allerdings noch viel freie Fläche übrig sein, so kann diese mit *Caulerpa*-Algen besiedelt werden. Achten Sie nur darauf, dass die Algen in dem für sie vorgesehenen Bereich bleiben und nicht die Korallen belästigen oder gar überwuchern.

Die Zooxanthellen sind für die lichtabhängigen Korallenarten überlebenswichtig.

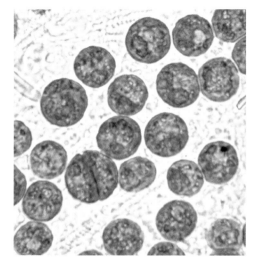

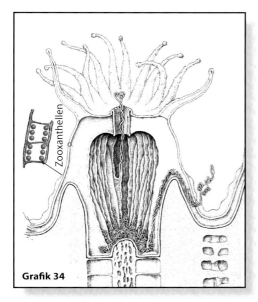

Grafik 34

nur verschwindend wenig Plankton enthält, überleben, weiter wachsen und sich sogar vermehren.

Fünf Forderungen müssen zur Erhaltung der Zooxanthellen gegeben sein:

- Viel bis sehr viel Licht
- Kräftige Wasserbewegung
- Ein unbedingtes <u>Minimum</u> der benötigten Stickstoffe wie Ammonium/Ammoniak, Nitrat und Phosphat
- Ein ausgewogenes Kalk-Kohlensäure-Gleichgewicht
- Eine Temperatur zwischen 22 und maximal 28 °C

Die Zooxanthellen leben im Gewebe der Korallen.

Zooxanthellen vertragen keine länger anhaltende Temperatur ab ca. 30 °C (Ausbleichgefahr der Koralle) sowie eine längere Dunkelperiode und ein völliges Fehlen der oben aufgeführten Stoffwechselprodukte Ammonium/Nitrat/Phosphat. Dann sterben sie schnell ab. Dies zeigt sich am Verblassen der Koralle. Gerade beim Kauf neuer Korallen sollte darauf geachtet werden, dass diese, aber auch die Mördermuscheln (die diese Algen ebenfalls beinhalten) eine gute Färbung aufweisen.

infektion ist für die Koralle lebenswichtig und ausschlaggebend für die Gesunderhaltung und den Fortbestand.

Eine weitere, auch für die Meeresaquaristik wichtige Erkenntnis der Korallenforschung der vergangenen 10 bis 20 Jahre ist die Tatsache, dass diese Zooxanthellen auch im freien Wasser angetroffen werden können. Je nach Situation können die ansonsten geißellosen Algen Geißeln zum Antrieb ausbilden und sich so im Wasser fortbewegen. Im Aquarium etablieren sich bestimmte, bestens an die Umgebungsbedingungen angepasste Zooxanthellenstämme. Kommt nun eine Koralle neu hinzu, die ggf. ungeeignete Zooxanthellen beherbergt, so ist es möglich, dass sie die etablierten Algen bevorzugt und die ursprünglichen Algen abstößt. Allerdings sind nicht <u>alle</u> Korallen für <u>alle</u> Algen aufnahmebereit. Es kann also immer noch vorkommen, dass eine Koralle für das Aquarium ungeeignete Algen besitzt und nicht fähig ist, die etablierten Algen aufzunehmen. Sie wird zuerst verkümmern und später eingehen. Durch das System dieser Algen kann die Koralle zum großen Teil ohne aktive partikuläre Nahrungsaufnahme von außen leben. Aus diesem Grund ist es möglich, dass die Korallen in unserem Aquarium, das kein oder

Schädliche Faktoren für Zooxanthellen

Temperaturen ab 30 °C über längere Zeit (ab 3 Tagen)

Lange Dunkelheit (ab 3 Tagen)

Zooxanthelle

Das <u>völlige</u> Fehlen von Ammonium/Nitrat/Phosphat im Aquarienwasser

Grafik 35

8 Der erste Besatz

Es ist nicht im Sinne dieses Buches, auf alle für die Meeresaquaristik geeigneten Tiere einzugehen. Hierzu gibt es hervorragende Spezialliteratur, die ich im Anhang aufführe. Vielmehr habe ich mich, nach Rücksprache mit einer Reihe befreundeter und erfahrener Riffaquarianer und letztendlich auch basierend auf meinen eigenen Erfahrungen, dazu entschlossen, hier nur Tiere zu behandeln, die für den Einsteiger in die Meeresaquaristik relativ unkompliziert in der Pflege sind, aber dennoch optisch höchsten Ansprüchen genügen. Wichtig ist für mich, dass Sie langfristig Freude an diesem Hobby haben. Eine falsche Auswahl von z. B. sehr pflegeintensiven oder überaus empfindlichen Tieren kann einem erfahrungsgemäß schnell die Laune vermiesen.

An den Erstbesatz werden folgende Anforderungen gestellt:

Bei Wirbellosen

- Sie müssen sich untereinander vertragen,
- sie sind gegen Parameterschwankungen relativ unempfindlich (in gewissen Grenzen natürlich),
- sie ernähren sich hauptsächlich über das Licht (bei Korallen),
- die beweglichen Wirbellosen beeinträchtigen auf Dauer keine Korallen.

Bei Fischen

- Sie kommen gut miteinander aus,
- sie sind keine aggressiven Störenfriede,
- keine ausgesprochenen Nahrungsspezialisten,
- keine Korallen- oder Polypenfresser.

8.1 Lichtzonen im Aquarium

In einigen Büchern zur Meeresaquaristik werden die natürlichen Standorte der Tiere und die damit einhergehende natürliche Bestrahlungsstärke angeführt. Das klingt im ersten Moment interessant. Auf den zweiten Blick ist diese Angabe für uns Aquarianer aber nutzlos.

Was nützt die Standortangabe eines Tieres, wenn dieses zwischenzeitlich lange Zeit in diversen Hälterungsstationen oder im Handel verbracht und ggf. seinen ursprünglichen Zooxanthellenstamm komplett gewechselt hat? Richtig, sie nützt nichts!

Deshalb verzichte ich hier auf solche Angaben und Grafiken. Wir richten uns nach der aquaristischen Praxis und nehmen als Beispiel ein 60 cm hohes Aquarium. Hierbei

Die Grafiken 36 bis 39 zeigen die unterschiedlichen Lichtzonen unter Verwendung verschiedener Leuchtmittel.

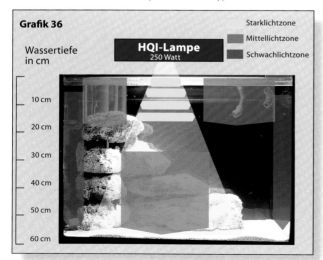

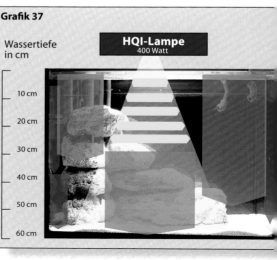

handelt es sich um das gängige Höhenmaß bei Einsteigern. Die nächste Voraussetzung ist, dass die 250- bis 400-Watt-HQI-Lampe ca. 30 cm über der Wasseroberfläche angebracht wurde. Dieses Aquarium teile ich in drei Zonen auf:

8.1.1 Die Starklichtzone

Die Starklichtzone beginnt bei diesem Aquarium 5 cm unter der Wasseroberfläche. Wird es mit einer 250-Watt-HQI-Lampe beleuchtet, reicht sie in eine Tiefe bis ca. 15 cm (Grafik 36). Wird es mit einer 400-Watt-HQI-Lampe bestrahlt, reicht sie bis ca. 25 cm unter die Wasseroberfläche (Grafik 37). In dieser Zone werden nur Korallen angesiedelt, die extrem viel Licht benötigen!

8.1.2 Die Mittellichtzone

Sie beginnt ca. 20 cm unterhalb der Wasseroberfläche, bei 400-Watt-HQI-Licht sogar erst bei 30 cm Wassertiefe. Dies bedeutet, dass alles ab dieser Tiefe bis kurz über den Bodengrund der Mittellichtzone zugeordnet werden kann. An den Rändern des Strahlungskegels und an den von der Lampe nicht mehr erfassten Seitenberei-

chen des Aquariums kann die Mittellichtzone bereits kurz unter der Wasseroberfläche liegen. Dort kann ab 10 cm Wassertiefe bereits die Schwachlichtzone beginnen.

Wir können davon ausgehen, dass die meisten Weichkorallen, die uns in der ersten Zeit aktiv helfen, das System in die richtige Richtung zu bringen, sich in der Mittellichtzone wohl fühlen und sehr gut gedeihen. Manche von ihnen wachsen auch über diese Zone hinaus in die Starklichtzone. Hierbei können sie sich aber, und das ist entscheidend, langsam dem starken Licht anpassen, sodass sie keine Schäden davontragen.

8.1.3 Die Schwachlichtzone

Diese Zone taucht in unserem Beispiel direkt im Strahlungskegel der HQI-Lampe nicht auf. Sie ist nur relevant, wenn man den Strahlungskegel verlässt und an die Seitenbereiche des Aquariums schaut. Dort beginnt sie unterhalb einer Wassertiefe von ca. 30 cm. Sie ist nur für Korallen geeignet, die keine hohen Ansprüche an die Beleuchtungsstärke haben. Hier ist die Auswahl für uns sehr bescheiden. Bei einer LED-Beleuchtung (Grafik 39) nach den in Kap. 2.2.7 (Seite 47) aufgestellten Regeln entfällt diese Zone fast komplett.

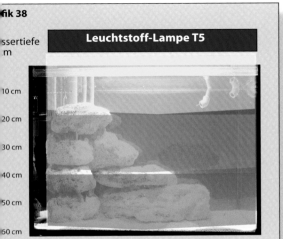

Grafik 38

Wassertiefe in cm

Leuchtstoff-Lampe T5

10 cm
20 cm
30 cm
40 cm
50 cm
60 cm

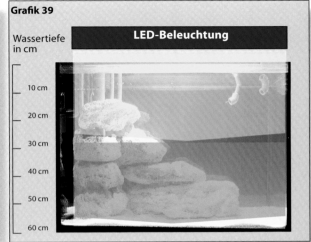

Grafik 39

Wassertiefe in cm

LED-Beleuchtung

10 cm
20 cm
30 cm
40 cm
50 cm
60 cm

Weichkorallen-Aquarien können sehr schön gestaltet werden. Sie sind etwas pflegeleichter als Aquarien mit Steinkorallen.
Foto: M. Gruber

8.2 Weichkorallen

8.2.1 Lederkorallen

Die Familie Alcyoniidae stellt für den Einsteiger in die Meeresaquaristik die wichtigste Weichkorallenfamilie überhaupt. Der größte Teil der Gattungen dieser Familie ist außerordentlich zäh und kommt mit den Verhältnissen im Aquarium bestens klar. Dies liegt daran, dass sie gewöhnlich aus Wasserzonen stammen, in denen Witterungseinflüsse die Lebensbedingungen stark verändern können. Das Wasser in ihrem Lebensraum heizt sich durch starke Sonneneinwirkung schnell auf und bei Tiefstebbe können sie mehrere Stunden in Trockenheit verharren. Im ungünstigsten Fall setzt genau zu diesem Zeitpunkt ein Monsunregen ein und süßt das Umgebungswasser stark aus. Auch damit müssen sie fertig werden.

Diese Korallen sind aktive Saubermänner, die aufgrund ihrer zu erwartenden Größe und ihrer Anspruchslosigkeit eine Menge anfallender Stoffwechselprodukte der übrigen Mitbewohner „entsorgen". Für uns Aquarianer spielen hauptsächlich die Lederkorallen der Gattungen *Klyxum*, *Cladiella*, *Lobophytum*, *Sarcophyton* und *Sinularia*

Achtung!

Bei den Tiervorstellungen bedeutet dieses Zeichen, dass in diesem Fall die Koralle in der Starklichtzone angesiedelt werden kann.

eine Rolle. In diesen Gattungen gibt es eine enorme Menge von Arten, von denen wir allerdings in keinster Weise hoffen können, sie zu identifizieren. Viele sind dekorativ, selbst wenn sie einfarbig gelb, beige oder bräunlich gefärbt sind. Sie zeigen vielfältige Formen und Polypenstrukturen. Einige, z. B. die *Sarcophyton*- und *Lobophytum*-Arten, fühlen sich tatsächlich wie Leder an.

8.2.1.1 Lederkorallen der Gattung *Klyxum*

Diese Korallen wachsen verästelt. Ihr Gewebe ist weich und fühlt sich schleimig an. Auch können sie sich bei Belästigung stark zusammenziehen. Bei diesem Vorgang wird das Wasser aus dem Körperinnern herausgepumpt. Die Korallen dieser Gattung besitzen Ernährungspolypen (sogenannte Autozooide), die meist dunkelbraun gefärbt sind. Die Gattung *Klyxum* ist sehr gut haltbar und wächst im Riffaquarium zügig. Eine jährliche Zuwachsrate von über 10 cm ist keine Seltenheit.

Klyxum sp.

Beleuchtung:
Die Korallen geben sich in der Praxis mit einer mittleren Beleuchtungsstärke zufrieden. In einem mit HQI-Strahler und Leuchtstoffröhren beleuchteten Aquarium setzt man sie in die Mittellichtzone. Wenn sie außerhalb des Strahlungskegels der HQI-Lampe angesiedelt werden sollen, wo sie größtenteils auf das Leuchtstofflampenlicht angewiesen sind, empfehle ich, die Kolonie näher an der Wasseroberfläche zu etablieren.

Strömung:
In der Natur siedeln die Tiere gerne an Stellen, die hin und wieder von einer stärkeren Strömung erfasst werden. Dementsprechend müssen sie im Aquarium einen Platz erhalten, der zumindest so viel Wasserbewegung bietet, dass sie gut abschleimen können. Ein Hin- und Herpendeln bekommt ihnen außerordentlich gut.

Wasserqualität:
Erfahrungsgemäß werden Nitratwerte (NO$_3$) bis 30 mg/l gut toleriert. Der Phosphatwert (PO$_4$) sollte nicht wesentlich über 0,5 mg/l liegen. Bei Einhaltung dieser Parameter gedeihen die Korallen erfahrungsgemäß gut.

8.2.1.2 Lederkorallen der Gattung *Cladiella*

Cladiella-Arten haben eine gewisse Ähnlichkeit mit der vorgenannten Gattung *Klyxum*. Sie haben oft – allerdings nicht immer – ein fast weißes Körpergewebe, wachsen verästelt (allerdings nicht fingerförmig wie die vorgenannte Gattung) und besitzen dunkelbraune Polypen. Im Gegensatz zu den *Sarcophyton*- und *Sinularia*-Arten haben sie nur winzige Skelettnadeln. Das gibt ihnen ihr charakteristisches Aussehen. Diese Korallen können sich allerdings nicht so stark zusammenziehen wie die *Klyxum*. Weiterhin fällt auf, dass sie auch kaum schleimiges Sekret produzieren. Finden die

Korallen optimale Lebensbedingungen, sind sie erfahrungsgemäß Tag und Nacht geöffnet. Wenn sie immer geschlossen sind, müssen sie entweder versetzt oder aber in der Nacht auf Nacktschnecken untersucht werden (siehe Parasiten Kap. 14). Wenn Sie von diesen Korallen Ableger abschneiden möchten, sollten Sie sehr vorsichtig zu Werke gehen. Nur mit einem sehr scharfen Messer ist es möglich, hier sauber einen Ast abzutrennen. Danach sollte die „Wunde" für ca. eine Woche mäßig beströmt werden. Bei Wundproblemen können Sie die Kolonie aus dem Aquarium nehmen, die Wunde trocknen (Küchentuch) und mit einer Betaisodona-Lösung bepinseln. Nach ca. 3 Minuten wird dann die Koralle wieder in das Aquarium gegeben.

Beleuchtung:
Direkt im Strahlungskegel des HQI-Strahlers werden die Tiere im unteren Drittel der

Cladiella sp.

Mittellichtzone etabliert, außerhalb des Strahlungskegels im Wirkungsbereich der Leuchtstoffröhren ca. 15 cm unterhalb der Wasseroberfläche.

Strömung:
Erfahrungsgemäß liebt diese Gattung im Aquarium eine mittlere bis mäßige Wasserbewegung. Wenn für diese Tiere die richtige Strömung gefunden ist, sind die Polypen fast immer geöffnet.

Wasserqualität:
Nitratwerte bis 15 mg/l werden gut toleriert. Der PO_4-Wert darf nicht wesentlich über 0,5 mg/l liegen.

8.2.1.3 Lederkorallen der Gattung *Lobophytum*

Sie haben eine gewisse Ähnlichkeit mit Arten aus der Gattung *Sarcophyton*. Ihr Merkmal sind aufrechte Gewebeerhöhungen. Wie die *Sarcophyton*-Arten besitzen sie zwei Arten von Polypen: einmal die Ernährungspolypen (Autozooiden) und die für den Gasaustausch zuständigen Kurzpolypen (Siphonozooiden). Ein gutes Unterscheidungsmerkmal, ob es sich bei einer Koralle um eine *Lobophytum* oder um eine *Sarcophyton* handelt, ist die Länge der Ernährungspolypen. Bei *Lobophytum*-Arten sind diese kürzer als bei *Sarcophyton*. Sie erreichen nur eine Länge von wenigen Millimetern. Ein weiteres Merkmal sind

Lobophytum sp.

die turmförmigen Erhebungen auf dem Pilzhut, die sogenannten Lappen (lat. Lobus), die zur Namensgebung der Gattung geführt haben.

Beleuchtung:
Direkt im Strahlungskegel des HQI-Strahlers etabliert man die Tiere im oberen Bereich der Mittellichtzone. Außerhalb des Strahlungskegels im Wirkungsbereich der Leuchtstoffröhren gedeihen diese Korallen kaum. Sie sind von den hier vorgestellten Lederkorallen diejenigen, die das meiste Licht benötigen.

Strömung:
Erfahrungsgemäß liebt diese Gattung im Aquarium eine mittlere bis starke Wasserbewegung. Es ist wichtig, sie an Plätzen anzusiedeln, die zeitweise stark beströmt werden. Wenn für diese Tiere die richtige Strömung gefunden ist, sind die Polypen fast immer geöffnet.

Wasserqualität:
Nitratwerte bis 30 mg/l werden akzeptiert. Der PO_4-Wert sollte nicht über 0,5 mg/l liegen.

8.2.1.4 Lederkorallen der Gattung *Sarcophyton*

Die Korallen dieser Gattung sind mit wenigen Ausnahmen pilzförmig. Sie haben immer einen Stamm und einen darauf sitzenden Hut. Die Oberfläche dieses Pilzhutes ist besetzt mit schlanken Polypen, die im Extremfall bis zu 50 mm lang werden können. Hierbei handelt es sich um die Ernährungspolypen, die für den Futterfang verantwortlich sind. Die Kurzpolypen sitzen deutlich sichtbar zwischen den Ernährungspolypen. *Sarcophyton*-Arten häuten sich regelmäßig. Sie brauchen von Zeit zu Zeit eine starke Strömung, damit sie sich komplett von ihrer alten Haut trennen können. In einem Aquarium, in dem das Wasser durchweg mit Trübstoffen ange-

Sarcophyton sp.

Gattung im unteren Bereich der Mittellichtzone. Außerhalb des Strahlungskegels im Wirkungsbereich der Leuchtstoffröhren gedeihen diese Korallen ebenfalls gut.

Strömung:
Erfahrungsgemäß liebt diese Gattung im Aquarium eine mittlere bis starke Wasserbewegung. Es ist wichtig, sie an Plätzen anzusiedeln, die zeitweise stark beströmt werden, damit sie sich

reichert ist, häuten sich die Tiere sehr oft. Dies geht mit der Zeit auf die Kondition der Koralle.

gut häuten können. Am richtigen Platz hat die Koralle immer geöffnete Polypen.

Beleuchtung:
Direkt im Strahlungskegel des HQI-Strahlers etabliert man die meisten Arten dieser

Wasserqualität:
NO_3 bis 50 mg/l wird akzeptiert. Der PO_4-Wert darf nicht über 1 mg/l liegen.

Sarcophyton sp.

8.2.1.5 Lederkorallen der Gattung *Sinularia*

Sinularia-Arten besitzen turm-, blatt- bis fingerförmige Auswüchse. Bei einigen Arten sind diese Auswüchse regelrecht verästelt. Je nach Standort können die Äste manchmal auch sehr dünn sein. Viele dieser Tierstöcke fühlen sich im geöffneten Zustand sehr weich und ein wenig schleimig an, während sie im geschlossenen Zustand fest wie *Sarcophyton*-Arten sind. Die Korallen dieser Gattung besitzen nur Ernährungspolypen und häuten sich regelmäßig.

Beleuchtung:
Direkt im Strahlungskegel des HQI-Strahlers werden die meisten Arten dieser Gattung im unteren Bereich der Mittellichtzone etabliert. Außerhalb des Strahlungskegels im Wirkungsbereich der Leuchtstoffröhren gedeihen diese Korallen zwar langsamer, aber ebenfalls gut.

Strömung:
Erfahrungsgemäß liebt diese Gattung im Aquarium eine mittlere bis starke Wasser-

Sinularia sp. (brassica?)

bewegung. Es ist wichtig, sie an Plätzen anzusiedeln, die zeitweise stark beströmt werden, damit sie sich gut häuten können. Viele *Sinularia*-Arten bilden hin und wieder eine Art dunkel gefärbten Schleimring an ihren Zweigen aus. Beobachtet man solch einen dunklen Ring (es handelt sich dabei um Haut, die nicht komplett abgestoßen werden konnte), muss dieser unbedingt entfernt werden, sonst stirbt der Teil der Koralle, der über diesem Ring sitzt, mit Sicherheit ab.

Wasserqualität:
Nitratwerte bis 15 mg/l werden toleriert. Der PO_4-Wert sollte nicht über 0,3 mg/l liegen.

8.2.1.5.1 Besonderheiten bei Lederkorallen

Eine direkte Fütterung der Lederkorallen ist nicht nötig. Sie werden durch das ins Becken gegebene Fischfutter, die Ausscheidungen der Fische und der mitgepflegten beweglichen Wirbellosen sowie durch das Licht ausreichend ernährt. Grundsätzlich können die Lederkorallen mit den meisten

Sinularia sp.

Ein schönes Weichkorallen-Aquarium, das ausschließlich mit Leuchtstofflampen beleuchtet wird.

im Handel erhältlichen Fischen zusammen gepflegt werden. Probleme können z. B. Anemonenfische machen, die ohne geeignete Anemone gepflegt werden, wenn sich diese eine Lederkoralle als Ersatzpartner aussuchen. Es gibt Berichte, in denen diese Zweierbeziehung jahrelang gut ging. Andere Aquarianer beobachteten, dass die Korallen unter diesem Zustand sehr litten. Weiterhin können Lederkorallen, und hier besonders die normalerweise recht harten *Sarcophyton*-Arten, von Fischen der Gattung *Naso* stark belästigt werden. Stellen Sie eines Tages fest, dass die Lederkorallen mit vielen weißen Flecken übersät sind, dann handelt es sich dabei mit Sicherheit um Fraß- und Bissspuren besagter Fische, wenn diese im Aquarium gepflegt werden. Zwergkaiser, wie der meist als harmlos beschworene *Centropyge loricula*, können an langpolypigen Lederkorallen wie *Sarcophyton ehrenbergi* herumknabbern.

Problematisch kann sich auch die gemeinsame Haltung von Lederkorallen mit kleinen Einsiedlerkrebsen oder mit sehr quirligen Garnelen wie *Lysmata amboinensis*, *L. wurdemanni*, *L. californica* gestalten. Das liegt weniger daran, dass die Krebse oder Garnelen die Lederkorallen fressen, sondern ist eher darin begründet, dass die besagten Tiere immer und überall im Becken nach Futter suchen und unablässig auch über die Korallen spazieren. Dadurch werden die Lederkorallen beeinträchtigt und schon manche Art hat bei häufiger Belästigung nicht mehr abgeschleimt und ist eingegangen.

Eine rühmliche Ausnahme ist hier *Lysmata debelius*. Diese Garnelen halten sich meist an einer bestimmten Stelle im Aquarium auf und weiden wenig bis gar nicht auf den Korallen. Werden sie auch noch an ihrem Aufenthaltsplatz gefüttert, so haben die Lederkorallen normalerweise ihre Ruhe.

Lederkorallen können mit einer Vielzahl anderer Korallen zusammen gehalten werden. Scheibenanemonen, lichtabhängige Hornkorallen, großpolypige Steinkorallen, Feuerkorallen, Xeniiden, *Anthelia*-Arten und *Nephthea*-Arten vertragen sich ausgezeichnet mit ihnen. Etwas problematischer kann die gemeinsame Haltung von kleinpolypigen Steinkorallen und Lederkorallen sein. Hier gehen die Ansprüche auseinander, da die kleinpolypigen Steinkorallen (z. B. der Gattung *Acropora*) sehr sauberes

Wasser, das kaum mit organischen Stoffen belastet ist, bevorzugen, die Lederkorallen es aber gerne etwas nährstoffhaltiger lieben. Die Erfahrung hat gezeigt: Wenn es der einen Spezies gut geht, gedeiht die andere nicht optimal. Dies gilt vor allem für die stark farbigen Steinkorallen, da sie nicht kompromissfähig sind. Generell muss der Aquarianer, will er Stein- und Lederkorallen gemeinsam pflegen, einen Kompromiss eingehen, denn es gibt auch kleinpolypige Steinkorallen, die mäßig belastetes Wasser tolerieren. Dazu zählen Vertreter der Gattung *Acropora* wie z. B. *A. selago* oder *A. pulchra*. Auch *Montipora*-Arten sind für die gleichzeitige Pflege mit Lederkorallen geeignet und lassen schöne Aquarienkompositionen zu.

8.2.2 Bäumchenweichkorallen der Familie Nephtheidae

Während eine ganze Reihe von Weichkorallen pilz- oder strauchförmig wächst, besitzen die Weichkorallen dieser Familie eine verblüffende Ähnlichkeit mit einem Baum. Unter den Nephtheidae gibt es aber auch Gattungen, die momentan im Aquarium noch nicht pflegbar sind. Hierzu gehören generell alle bunten *Dendronephthya*-Arten, die in tiefem Wasser oder in Höhlen leben und ohne Zooxanthellen auskommen müssen. Sie müssen regelmäßig gefüttert werden. Ein hundertprozentig geeignetes Futter ist bis dato noch nicht gefunden, so dass zumindest der Einsteiger sich nicht mit diesen Korallen beschäftigen sollte. Wichtiger sind für uns diejenigen Vertreter, die mit Zooxanthellen in Symbiose leben und sich zum größten Teil über das Licht ernähren.

Die am häufigsten im Handel anzutreffenden relevanten Bäumchenweichkorallen sind die Gattungen *Capnella*, *Lemnalia* und *Litophyton*.

8.2.2.1 Die Gattung *Capnella*

Diese Korallen wachsen je nach den vorhandenen Bedingungen mitunter auch stark verzweigt. Die Polypen befinden sich an den Zweigenden an kleinen Ruten und können nicht eingezogen werden. Die Kolonien fühlen sich sehr rau an. Die häufig im Handel anzutreffende Art ist *C. imbricata*. Die Färbung dieser Koralle schwankt von grünlichen bis dunkelbraunen Polypen. Der Körper ist hellbeige. *C. imbricata*, die normalerweise nicht immer regelmäßig im Handel auftaucht, wächst bei zusagenden Bedingungen sehr schnell. Es kann fast schon von „Wuchern" gesprochen werden. Die Vermehrung kann in atemberaubendem Tempo vor sich gehen. Zuerst bemerkt man, wie sich einzelne Zweige stark aufblähen und sich immer mehr von der Hauptkolonie abschnüren. Nach 1 bis 2 Tagen lösen sie sich und schweben nun – angefüllt mit Wasser und dementsprechend

Capnella imbricata

leicht – im Aquarium umher. In dieser Zeit verfügen sie über eine Haftungsfähigkeit, die ihresgleichen sucht. Kaum kommen sie mit einem Dekorationsteil in Berührung, finden sie Halt und machen sich mit dem Fuße fest.

In Aquarien, in denen ihnen das Milieu nicht zusagt, kümmern sie regelmäßig und können so zur echten Problemkoralle werden.

Beleuchtung:
Diese Korallen geben sich in der Praxis mit einer mittleren Beleuchtungsstärke zufrieden. In einem mit HQI-Strahler und Leuchtstoffröhren beleuchteten Aquarium setzt man sie in den unteren Bereich der Mittellichtzone. Falls man sie außerhalb des Strahlungskegels der HQI-Lampe ansiedeln möchte, wo sie größtenteils auf das Leuchtstofflampenlicht angewiesen sind, empfehle ich, die Kolonie im oberen Teil der Mittellichtzone unterzubringen.

Strömung:
In der Natur siedeln die Tiere gerne an Stellen, die hin und wieder von einer wirbelnden Strömung versorgt werden. Ein Hin- und Herpendeln in der Strömung bekommt ihnen außerordentlich gut. Abschleimen können die *Capnella*-Arten nicht. Aus diesem Grunde muss die Strömung auch nicht zwingend stark sein.

Wasserqualität:
Erfahrungsgemäß werden Nitratwerte (NO_3) bis 10 mg/l gut toleriert. Der Phosphatwert (PO_4) sollte nicht wesentlich über 0,1 mg/l liegen. Einmal monatlich sollte man das Wasser mit einer Handvoll Aktivkohle für ca. 24 Stunden reinigen, dann gedeihen die Korallen sehr gut.

8.2.2.2 Die Gattung *Litophyton*

Diese Gattung ist nahe mit der Gattung *Capnella* verwandt. Beide Korallen kön-

nen dennoch kaum verwechselt werden. Die *Litophyton* ist meist wesentlich heller gefärbt als die *Capnella*. Stamm und Polypenkrone haben eine identische Farbe. Ein Abschnüren von Tochterkolonien ist bei dieser Gattung nicht zu beobachten. *Lithophyton*-Korallen gedeihen gut in der Nachbarschaft großpolypiger und langtentakliger *Euphyllia*-Arten. Die Vernesselung dieser Korallen scheint ihnen nichts auszumachen.

Beleuchtung:
Diese Korallen benötigen in der Praxis eine mittlere bis höhere Beleuchtungsstärke. In einem mit HQI-Strahler und Leuchtstoffröhren beleuchteten Aquarium werden sie in den mittleren Bereich der Mittellichtzone gesetzt. Falls man sie außerhalb des Strahlungskegels der HQI-Lampe ansiedeln möchte, wo sie größtenteils auf das Leuchtstofflampenlicht angewiesen sind, empfehle ich, die Kolonie im oberen Teil der Mittellichtzone unterzubringen.

Litophyton arboreum ✔ ✔ ▬

Strömung:
Stellen, die es der Koralle ermöglichen, hin und her zu wogen, behagen ihr sehr. Sie darf auf keinen Fall dort angesiedelt werden, wo eine sehr starke Strömung herrscht.

Wasserqualität:
Erfahrungsgemäß werden Nitratwerte (NO_3) bis 30 mg/l gut toleriert. Geringe bis kaum nachweisbare Phosphatwerte bekommen ihr gut.

Auch sie gedeiht bei einer monatlichen Putzaktion mit Aktivkohle ausgezeichnet und kann sehr große Kolonien bilden, die immer wieder einen herrlichen Anblick bieten.

8.2.3 Röhrenkorallen

Die Polypen dieser Familie sind meist zylindrisch geformt und gleich hoch, wodurch die Kolonien ein gleichmäßiges Erscheinungsbild haben. Allerdings gibt es auch keulenförmige Polypen, bei denen der obere Teil dicker als der untere ist. Charakteristisch ist, dass ein neuer seitlicher Stolon gebildet wird sobald die Polypen

Tubipora musica

eine gewisse Höhe erreicht haben. Aus ihm wachsen vegetativ neue Polypen heraus. Auf diese Weise entwickelt sich die gesamte Kolonie in mehreren Etagen.
Röhrenkorallen bilden mattenförmige Kolonien. Die Polypen haben untereinander keine seitlichen Verbindungen durch die Mesogloea. Sobald ihnen die Bedingungen im Aquarium zusagen, können sie sich rasenartig ausweiten und viele der mitgepflegten Korallen in starke Bedrängnis bringen.
In solchen Aquarien wuchern die Röhrenkorallen auch regelmäßig auf den Scheiben. Eine regelmäßige Fütterung dieser Korallen findet nur über das Wasser statt. Durch gelöste organische Bestandteile, wie sie etwa bei der Fütterung der Fische anfallen, werden sie ausreichend ernährt.

8.2.3.1 Die Gattung *Tubipora*

Diese Röhrenkoralle ist die einzige in der Familie, die Kalkröhren ausbildet. Aus diesem Grund braucht sie eine gute Calcium- und auch Magnesiumversorgung. Sie bildet mittelgroße runde und massive Kolonien. Obwohl diese Koralle in vielen Aquarien nur schwer oder überhaupt nicht wächst, gibt es Ausnahmen. In solchen Ausnahmeaquarien herrschte oft ein etwas höherer Phosphatwert (> 0,08 mg/l). Auch der Nitratwert lag im noch zu tolerierenden Bereich um 20 mg/l. Ob das gute Wachstum in diesen Aquarien tatsächlich entweder von diesen leicht erhöhten Wasserparametern oder der damit einhergehenden guten Ernährung mit gelösten organischen Bestandteilen kam, bleibt ungeklärt.

Beleuchtung:
Diese Korallen benötigen in der Praxis eine höhere Beleuchtungsstärke. In einem mit HQI-Strahler und Leuchtstoffröhren beleuchteten Aquarium werden sie in den oberen Bereich der Mittellichtzone gesetzt. Falls sie außerhalb des Strahlungskegels

der HQI-Lampe angesiedelt werden, wo sie größtenteils auf das Leuchtstofflampenlicht angewiesen sind, empfehle ich, die Kolonie in der Starklichtzone unterzubringen.

Strömung:
Die Strömung sollte in mittlerer Stärke über die Kolonien streichen. Keinesfalls dürfen sie einer starken Strömung ausgesetzt werden.

Wasserqualität:
Erfahrungsgemäß werden Nitratwerte (NO_3) bis 20 mg/l gut toleriert. Nachweisbare Phosphatwerte bis ca. 0,08 mg/l beeinträchtigen sie erfahrungsgemäß nicht.

8.2.3.2 Die Gattung *Pachyclavularia*

Diese Röhrenkoralle wurde von vielen Autoren als *Clavularia viridis* geführt. Sie ist im Indo-Pazifik weit verbreitet und bildet dort, wie auch im Aquarium, dichte, mattenförmige Kolonien, die bei günstigen Bedingungen alles überwuchern können. Selbst Hornkorallen werden nicht verschont. Starke Abschattung durch andere Korallen und ein Vernesseln durch bäumchenartige Weichkorallen, die sich nachts zur Seite legen und mit ihren Tentakeln über die Röhrenkorallen streichen, werden nicht vertragen. Ebenfalls empfindlich sind die Korallen gegen einen üppigen Fadenalgenbewuchs. Diese Algen können sie schnell zum Absterben bringen. Meine Erfahrung zeigt auch, dass man sie nur schlecht mit Seeigeln zusammen pflegen kann. Früher oder später werden die Korallen von den Tieren zumindest angefressen.

Beleuchtung:
Diese Korallen benötigen in der Praxis eine mittlere Beleuchtungsstärke. In einem mit HQI-Strahler und Leuchtstoffröhren beleuchteten Aquarium werden sie in den un-

Pachyclavularia sp.

teren Bereich der Mittellichtzone gesetzt. Falls Sie sie außerhalb des Strahlungskegels der HQI-Lampe ansiedeln möchten, wo sie größtenteils auf das Leuchtstofflampenlicht angewiesen sind, empfehle ich, die Kolonie in der oberen Mittellichtzone unterzubringen.

Strömung:
Die Strömung sollte mittelstark über die Kolonien streichen. Keinesfalls dürfen sie einer starken Strömung ausgesetzt werden. Allerdings sammelt sich in den dichten Matten viel Mulm und anderes organisches Material, das eine Schmieralgenentwicklung begünstigen kann. Einmal wöchentlich muss die Kolonie mit der Hand abgefächelt oder mit einer sanft eingestellten Strömungspumpe abgestrahlt werden.

Wasserqualität:
Nitratwerte (NO_3) bis 30 mg/l werden gut toleriert. Phosphatwerte bis ca. 0,2 mg/l stellen keine Gefahr dar.

8.2.3.3 Die Gattung *Coelogorgia*

Diese Röhrenkoralle gehört zur Unterfamilie Telestinae. Sie ist sehr selten im Handel. Während bei den vorgenannten Röhrenkorallen der Gattung *Pachyclavularia* keine Seitenverzweigungen pro Polyp zu finden sind (d. h. jeder Polyp bildet stets einen Hauptzweig), tritt bei dieser Unterfamilie der erste Ansatz einer Seitenzweigbildung auf. Die Koralle ist gut haltbar. Meiner Erfahrung nach möchte sie nicht zu hell stehen. Sie sollten hin und wieder Plankton zufüttern und ein- bis zweimal wöchentlich eine Aminosäurelösung zugeben.
Es bietet sich an, die Kolonie mit anderen Aquarianern zu teilen, denn hin und wieder kümmert sie aus unerklärlichen Gründen und verschwindet dann sehr schnell aus dem Aquarium.

Beleuchtung:
Diese Korallen benötigen in der Praxis eine mittlere Beleuchtungsstärke. In einem mit HQI-Strahler und Leuchtstoffröhren beleuchteten Aquarium werden sie in den unteren Bereich der Mittellichtzone gesetzt. Falls man sie außerhalb des Strahlungskegels der HQI-Lampe ansiedeln möchte, wo sie größtenteils auf das Leuchtstofflampenlicht angewiesen sind, empfiehlt es sich, die Kolonie in der Mitte der Mittellichtzone unterzubringen.

Strömung:
Die Strömung sollte in mittlerer Stärke über die Kolonie streichen. Keinesfalls darf man sie einer sehr starken Strömung aussetzen. Auch hier sammelt sich in den dichten Zweigen hin und wieder Mulm und anderes organisches Material. Gelegentliches Abfächeln oder das Abstrahlen mit einer

Coelogorgia sp. (palmosa?)

sanft eingestellten Strömungspumpe ist zu empfehlen.

<u>Wasserqualität:</u>
Erfahrungsgemäß werden Nitratwerte (NO_3) bis 30 mg/l gut toleriert. Phosphatwerte bis ca. 0,1 mg/l stellen keine Gefahr dar. Bei diesen Wasserwerten wuchsen bei mir die gepflegten Tiere ausgezeichnet.

8.2.4 Familie Xeniidae

Besonders die *Xenia*-Weichkorallen fallen dadurch auf, dass einige Arten rhythmische Pumpbewegungen mit ihren Tentakeln ausführen können. Bei *Anthelia*-Arten wurde das noch nicht beobachtet. Über Sinn und Zweck dieser Pumpbewegung wird auch heute noch gestritten. Tatsache ist jedoch, dass man zumindest an den Pumpbewegungen im Aquarium die Vitalität der Kolonien beurteilen kann. Bei pumpenden Arten zeigt eine starke Pumpaktion Wohlbefinden an. Dabei werden alle Tentakel in der Mitte der Mundscheibe zusammengeführt und wieder ausgebreitet.

Lässt diese Pumpbewegung im Lauf der Zeit nach, kann es sein, dass die *Xenia*-Korallen durch das Hinzusetzen von ungeeigneten Korallen (stark nesselnde Gattungen wie *Euphyllia* oder *Galaxea*), ggf. durch die Zunahme der im Wasser treibenden Nesselzellen belästigt werden. Auch ist es möglich, dass durch die Zunahme der Korallenpopulation im Aquarium die löslichen Nährstoffe im Wasser abnehmen und die *Xenia*-Korallen kümmern.

Xenia-Arten kommen im gesamten Indopazifischen Ozean und im Roten Meer vor. Sie besiedeln den Bereich des Riffdaches genauso wie Tiefen um 10 Meter (Rotes Meer). Alle Xeniiden besitzen in ihrem Gewebe symbiotische Algen und sind somit vom Licht abhängig. Partikuläre Nahrung können diese Korallen nicht mehr aufnehmen.

Im Aquarium sind die *Xenia*- und *Anthelia*-Arten beliebt, aber nicht immer gut haltbar. Bei einer gleichzeitigen Pflege z. B. mit farbigen Steinkorallen, die ein extrem nährstoffarmes Wasser bevorzugen, werden einige Arten regelmäßig kümmern. Häu-

Anthelia sp.

fige Kohlefilterung, sehr starke Abschäumung und eine zusätzliche Behandlung mit UV-C-Lampen oder Ozon machen diesen Korallen das Leben schwer. Xeniiden benötigen eine leichte organische Belastung des Wassers. Ein dauerhafter Nitratgehalt bis 5 mg/l hat sich bei ihrer Pflege bewährt. Die Zugabe von Vanillezucker und eine regelmäßige Gabe von Aminosäuren können helfen, kümmernde *Xenia*- und *Anthelia*-Kolonien wieder fit zu machen.

Sobald sich diese Arten aber im Aquarium wohlfühlen, können sie sehr stark wuchern. Nicht selten überwachsen sie die ganze Dekoration.

Sie gedeihen zwischen Korallen jeglicher Art, überwuchern tote Kalkskelette und bei Platzmangel siedeln sie sogar auf *Caulerpa*-Algen.

Beleuchtung:
Direkt im Strahlungskegel des HQI-Strahlers werden die Tiere im unteren Drittel der Starklichtzone etabliert. Außerhalb des Strahlungskegels im Wirkungsbereich der Leuchtstoffröhren ca. 10 bis max. 15 cm unterhalb der Wasseroberfläche. *Xenia*-Korallen sind etwas lichtbedürftiger als *Anthelia*-Arten. Allerdings kann man auch hier übertreiben. Besonders bei zu geringem Abstand zu den HQI-Strahlern kann es schnell des Guten zu viel sein und die Tiere verbrennen regelrecht. Das lässt sich daran erkennen, dass die Polypenärmchen immer weniger werden und zum Schluss nur noch der pilzförmige Polypenhut als undefinierbarer Fleischklumpen übrig bleibt.

Strömung:
Erfahrungsgemäß lieben die Xeniiden mit Ausnahme der *Cespitularia*-Arten im Aquarium eine mittlere bis starke Wasserbewegung. Besonders die *Anthelia*-Arten müssen gut beströmt werden, damit sie sich wohl fühlen. Die *Cespitularia*-Arten bevorzugen erfahrungsgemäß eine mäßige Wasserbewegung. Bei den übrigen Xeniiden sollte die Strömung so gestaltet werden, dass – bei pumpenden Arten – die Pumpbewegungen noch gut zu erkennen sind.

Xenia sp.

Werden die Polypenärmchen kräftig in eine Richtung gedrückt, ist die Strömung zu stark. Ein stundenweises Aussetzen der Strömung bekommt allen *Xenia*-Korallen ebenfalls gut. Bei *Anthelia*-Arten ist dies eher unerwünscht.

<u>Wasserqualität:</u>
Nitratwerte bis 10 mg/l werden toleriert. Der PO_4-Wert sollte nicht wesentlich über 0,1 mg/l liegen. Auf keinen Fall dürfen *Xenia*-Weichkorallen in zu sauberem Wasser gepflegt werden. Deshalb ist eine übertriebene Abschäumung oder gar eine wöchentliche Aktivkohlefilterung nicht angebracht. Als Riffaquarianer sollten Sie hier etwas experimentieren.

Cespitularia sp. ✔

Foto: H. Kirchhauser

8.2.5 Hornkorallen

Hornkorallen beeindrucken durch ihre besonders ungewöhnliche Körperform. Ihre Gestalt ähnelt oft einem hochwüchsigen Wüstenkaktus. Dementsprechend gezielt können sie zur bildhaften Gestaltung im Meerwasseraquarium herangezogen werden. In diesem Buch beschäftigen wir uns hauptsächlich mit sogenannten „Einsteigerkorallen". Bei den Hornkorallen fallen darunter all jene (hauptsächlich karibischen) Arten, die mit Zooxanthellen in Symbiose leben. Alle anderen, besonders die farbigen Hornkorallen und Gorgonien, benötigen eine große Menge Zusatznah-

Große Hornkorallen- und Gorgonienkolonien sind eine Augenweide für jeden Meerwasseraquarianer.
Foto: R. Boger

rung, da sie keine Zooxanthellen besitzen. Ihre Haltung sollte nur dem sehr erfahrenen Riffaquarianer vorbehalten bleiben, denn diese massive Fütterung bringt eine Menge Probleme mit sich.

Die für uns interessanten Hornkorallen und Gorgonien leben in erster Linie in den sonnendurchfluteten Riffbereichen der Karibik. Dort besiedeln sie den gleichen Lebensraum wie die Lederkorallen im Indopazifischen Ozean. Hornkorallen bestehen aus zahlreichen kleinen Einzelpolypen, die mit ihrer gemeinsamen Leibesmasse ein stabförmiges Skelett überziehen. Dieses Skelett besteht aus einer hornigen Substanz, dem Gorgonin. Hornkorallen und Gorgonien sind in der Aquarienhaltung ähnlich problemlos wie die Lederkorallen. Es kommen zahlreiche Gattungen wie *Plexaura, Pseudoplexaura, Eunicea, Muricea, Pterogorgia* und *Pseudopterogorgia* in Betracht.

Wie im Absatz Strömung beschrieben, häuten sich einige von ihnen regelmäßig. Diese Haut wird von manchen Fischen gerne abgeweidet. Handelt es sich hierbei um vorsichtige Weidegänger, also Fische, die diese Haut sanft von der Koralle abzupfen (Riffbarsche oder spitzmäulige Doktorfische), ist das in Ordnung. Allerdings gibt es auch Fische, die es zwar ebenfalls „gut meinen", aber aufgrund ihres physischen Bauplans nicht so zart mit den Hornkorallen umgehen können. Hierzu zählen die meisten Borstenzähner, also jene Arten, die ihr Maul raspelnd über eine Oberfläche bewegen müssen, um hiervon Algen etc. zu lösen. Diese Fische sollten nicht gemeinsam mit solchen Hornkorallen gepflegt werden, denn sie weiden die Haut sehr grob ab. Durch die „Belästigung" öffnet sich dann die Koralle nicht mehr und veralgt immer stärker. Durch das Veralgen fühlen sich jedoch die Fische wiederum animiert, Algen abzuweiden. Ein Kreislauf entsteht. Letztendlich wird die Koralle verenden.

Beleuchtung:
Oft ist zu lesen, dass diese Korallen sehr viel Licht benötigen. Dieses Pauschalurteil ist mit Vorsicht zu genießen.

Zahlreiche Beobachtungen bei befreundeten Riffaquarianern und in meinen eigenen Aquarien bestätigten mir immer wieder, dass die Hornkorallen am besten etwas außerhalb des Strahlungskegels der HQI-Lampen angesiedelt werden sollten. Gerade Gattungen wie *Plexaura* oder *Pseudopterogorgia* wuchsen in diesem Bereich oder nur unter Leuchtstofflampenlicht wesentlich besser als direkt unter dem HQI-Strahler, wo sie oft kümmerten oder gar „verbrannten".

Strömung:
Da die Hornkorallen mehrheitlich aus dem stark umfluteten Flachwasserbereich stammen, sollten sie auch im Aquarium in einer kräftigen Strömung stehen. Arten, die sich häufig häuten, sind um diese Strömung dankbar, denn so fällt es ihnen leichter, sich von der alten Haut zu befreien. Wichtig ist, dass der Standort der Hornkorallen so gewählt wird, dass sie nicht zu nahe

Pterogorgia sp.

an den Strömungs-
pumpen sitzen und
dass in ihrem Um-
feld keine Korallen
angesiedelt werden,
die mit ihren langen
Tentakeln die Horn-
korallen vernesseln
können. Sobald die
Hornkorallen aber
einer dermaßen
starken Strömung
ausgesetzt sind, dass
sie im Wasser nicht
hin und her wogen,
sondern eigentlich
eher „zittern", sollte
man sie versetzen,
denn dann wurde die
Strömung zu stark
gewählt.

Pseudoplexaura sp.

Wasserqualität:
Nitratwerte bis 30 mg/l werden toleriert. Phosphatwerte bis ca. 0,1 mg/l stellen kei- ne Gefahr dar. Bei diesen Wasserwerten gedeihen Hornkorallen und Gorgonien ausgezeichnet.

...dopterogorgia sp.

Muricea sp.

8.2.6 Die Blaue Koralle
Heliopora coerulea

Die sog. „Blaue Koralle" ist in lebendem Zustand alles andere als blau. Ein glänzendes Oliv, Braun oder Dunkelbeige bestimmt die Lebendfärbung dieser Koralle, die das einzige Tier seiner Ordnung und Familie ist. Sie lebt im Riffwatt und Vorriff indopazifischer Korallenriffe.

Gezielt wird die Blaue Koralle kaum eingeführt, denn dafür ist sie zu unattraktiv (allerdings ist das Geschmackssache). Mehrheitlich kommt sie mit lebenden Steinen in das Aquarium. *H. coeruela* häutet sich wie einige *Sarcophyton*-Arten mit einer glänzenden Schicht, die dann in Fetzen abgestoßen wird.

Die Form der Koralle ist sehr variabel und wird während des Wachstums von den Umgebungsparametern bestimmt. Vor allem der Lichteinfall und die Wasserströmung bestimmen ihre Form. Auch diese Koralle muss nicht gefüttert werden, da sie mit Zooxanthellen in Symbiose lebt.

Beleuchtung:
Viel zu oft wird angegeben, dass diese Korallen sehr viel Licht benötigen. Meiner Beobachtung zufolge wächst die Koralle auch ausreichend gut, wenn sie im unteren Drittel der Mittellichtzone angesiedelt

Heliopora coeruela

wird. Bei einer reinen Leuchtstoffröhrenbeleuchtung reicht die obere Mittellichtzone aus.

Strömung:
Eine mittelstarke Strömung genügt.

Wasserqualität:
Nitratwerte bis 20 mg/l werden toleriert. Phosphatwerte bis ca. 0,1 mg/l stellen keine Gefahr dar, wenn sich keine Fadenalgen im Aquarium etablieren. Diese beeinträchtigen die Koralle stark.

8.2.7 Scheibenanemonen

Scheibenanemonen der Gattung *Discosoma* (Synonym *Actinodiscus*) findet man sowohl in der Karibik wie auch in den indopazifischen Riffgebieten der Erde. Im Flachwasser und in größeren Tiefen bis 35 Meter sind sie beheimatet.

Ihre Artbestimmung ist nicht einfach daher wollen wir hier nicht näher darauf eingehen. Wichtig ist, dass rote, blaue, fluoreszierend grüne und gestreifte *Discosoma*-Farbvarianten bekannt sind. Sie sind gut pflegbar, dekorativ und vermehren sich bei zusagenden Bedingungen schnell, indem sie Tochterindividuen von ihren Fußscheiben abschnüren. Viele Arten können problemlos mit anderen Nesseltieren vergesellschaftet werden.

Gewarnt werden muss vor den großen Scheibenanemonen der Gattungen *Amplexidiscus*. Diese Scheibenanemonen besitzen zwar symbiotische Algen in ihrem Gewebe, aber sie können manchmal den Fischen gefährlich werden. Es kann vorkommen, dass sie die normalerweise flach aufliegende Scheibe zu einer oben offenen Kugel formen und einen Fisch, der in den Innenbereich der Kugel schwimmt, nicht mehr heraus lassen, indem sie die Öffnung komplett schließen. Meist wird der Fisch dadurch so geschädigt, dass er verendet und häufig gefressen wird. Dies passiert allerdings nur dann, wenn einerseits die

Fische, die in die „Anemone" schwimmen, nicht mehr fit sind, diese Scheibenanemonen lange Zeit nicht gefüttert wurden und nur bei relativ wenig Licht gepflegt werden. Hier können die Zooxanthellen den Tierstock scheinbar nicht ausreichend versorgen. Befinden sich auch sonst nur wenige organische Lösungsprodukte im Wasser, kann es zu dem angesprochenen Verhalten kommen. Werden die Scheibenanemonen unter solchen Bedingungen gepflegt, müssen sie regelmäßig gefüttert werden. Am besten gibt man etwas Frostfutter auf die Mundscheibe der Tiere.

Beleuchtung:
Besonders die farbigen Scheibenanemonen wie blaue und rote *Discosoma spp.* können sogar im unteren Drittel der Schwachlichtzone angesiedelt werden. Die übrigen grün und braun gefärbten Arten sowie die großen *Amplexidiscus fenestrafer* wachsen im oberen Drittel der Schwachlichtzone am besten. Sollte das Licht nicht ausreichen, beginnen die Scheibenanemonen die Mundscheibe zu einem Trichter zu formen. Dies ist ein klassisches Zeichen dafür, dass Licht fehlt.

Strömung:
Eine schwache Strömung ist Voraussetzung für einen guten Wuchs. Die zarte Mundscheibe sollte flach auf dem Substrat aufliegen und nicht durch die Strömung umgebogen werden.

Wasserqualität:
Erfahrungsgemäß werden NO_3-Werte bis 50 mg/l toleriert. Phosphatwerte bis ca. 1 mg/l stellen keine Gefahr dar. Selbst Fadenalgen werden in gewissem Maß toleriert.

8.2.7.1 Die Gattung *Rhodactis*

Scheibenanemonen dieser Gattung unterscheiden sich durch deutlich sichtbare und verzweigte Scheibententakel von den übrigen Scheibenanemonen. Die Arten auch dieser Gattung lassen sich nicht so einfach bestimmen, daher stelle ich hier nur die

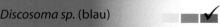

Discosoma sp. (blau)

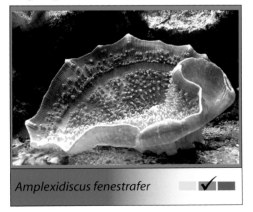

Amplexidiscus fenestrafer

Discosoma sp.

Besonderheiten der Gattung allgemein vor. Im Aquarium kann das Wachstum einiger *Rhodactis*-Arten so extrem sein, dass sie die gesamte Dekoration in relativ kurzer Zeit besiedeln. Diese Scheibenanemonen nesseln stark, und so kann ihre Gefährlichkeit durchaus mit der von Glasrosen verglichen werden. *Rhodactis*-Arten sind auch fähig, zarte Fische zu vernesseln. Aus diesen Gründen rate ich sie nicht im Aquarium zu pflegen. Wer es dennoch tun möchte, halte sich an die folgenden Pflegevorschläge.

Beleuchtung:
Direkt im Strahlungskegel des HQI-Strahlers etabliert man die Tiere im mittleren Drittel der Starklichtzone. Außerhalb des Strahlungskegels im Wirkungsbereich der Leuchtstoffröhren kurz unter der Wasseroberfläche.

Foto: L. Gessert

Rhodactis sp.

Strömung:
Hier gilt im Wesentlichen das Gleiche wie bei den *Discosoma*-Arten: wenig Strömung, damit die Mundscheibe flach auf der Dekoration aufliegt.

Wasserqualität:
Nitratwerte bis 30 mg/l, PO_4-Wert nicht wesentlich über 0,1 mg/l.

8.2.7.2 *Ricordea florida*

Die Gattung *Ricordea* ist durch eine flache Scheibe mit vielen knubbelförmigen Tentakeln, die die gesamte Scheibe bedecken, gekennzeichnet. Die Tentakel können nicht in die Scheibe eingezogen werden. Bislang sind zwei Arten dieser Gattung bekannt: *Ricordea florida* aus dem Karibischen Meer und *R. yuma* aus dem Indopazifik. Die Farbkraft ausgewählter Exemplare von *Ricordea florida* ist einzigartig. Die Farben der Polypen, die 4 bis 10 cm im Durchmesser erreichen und bis zu sechs Mundöffnungen aufweisen können, reichen von Orange und Neongrün bis hin zu leuchtendem Blau. Auch Farbkombinationen sind nicht selten. Der natürliche Lebensraum der intensiv gefärbten *Ricordea florida* liegt nahe den Florida Keys in den USA. Wahrscheinlich tragen das besondere Klima und das Zusammentreffen des Atlantischen Ozeans mit dem Golf von Mexiko dazu bei, dass diese *Ricordeas* genau hier die optimalen Bedingungen finden. Ihre einzigartige Farbpracht und ihre Seltenheit machen speziell diese Scheibenanemonen zu begehrten Tieren. Im Vergleich zu den indopazifischen Verwandten (*Ricordea yuma*) besticht *R. florida* klar und eindeutig durch die intensivere und vielfältigere Färbung. Interessant ist, dass sich *Ricordeas* in ihrem natürlichen Lebensraum einem Farbwechsel unterziehen. Sie können bis zu dreimal im Jahr die Farben ihrer Tentakel und ihres Mundes verändern. Eine wesentliche Rolle spielen hierbei Umgebungsfaktoren wie die Intensität der Ultraviolettstrahlung, die Wassertiefe, die Dichte der Sedimente etc. Beispielsweise hat der alljährliche Wechsel der Jahreszeiten nachweislich Auswirkungen auf die Farbgebung der *Ricordea florida*. Während im Sommer durch höhere Wassertemperaturen und intensivere Sonneneinwirkungen tendenziell verstärkt orange Farben auftreten, dominieren im Winter grüne und blaue Farbtöne. In den Übergangszeiten (Sommer/Winter) sind oft Kombinationen verschiedener

Ricordea florida

Farben zu beobachten. So liegt es an den wechselnden Bedingungen, dass sogenannte „Multicolortiere" erzeugt werden. Weitere Komponenten zur Veränderung der Färbung von *Ricordeas* sind die besonders im Süden Floridas regelmäßig einsetzenden Stürme und Hurrikans, die einmal die Qualität des Wassers (z. B. durch das Aufwirbeln von Sedimenten und die Freisetzung bodennaher Nährstoffe) beeinträchtigen und zusätzlich die Lichtverhältnisse verschlechtern. Nach solchen Unwettern kann es Wochen oder gar Monate dauern, bis die *Ricordeas* ihre ursprüngliche Farbe zurückgewinnen. Meist reagieren sie auf solche Veränderungen vorübergehend mit dem Verlust ihrer prächtigen Farben bis hin zu einem fast transparenten Aussehen.

Grundsätzlich ernähren sich *Ricordeas* durch Futterreste, durch die Ausscheidungen anderer Aquarienbewohner und über das Licht (Photosynthese). Als Ergänzung bieten sich speziell für diese *Ricordeas* entwickelte Futterprodukte an. Sie können die Farbintensität dieser Scheibenanemonen steigern.

Beleuchtung:
Neben den Wasserwerten ist die Beleuchtung ein wichtiger Faktor. In der Natur ist ab einer Tiefe von 15 Metern ein verstärktes Solitärwachstum dieser Scheibenanemonen zu beobachten (DEN HARTOG 1980). Dies hängt unmittelbar mit der Beleuchtungsstärke zusammen. Wird eine hohe Vermehrungsrate und ein Koloniewachstum, das aus vielen Klonen besteht angestrebt, bietet es sich an, die Tiere sehr stark zu beleuchten. Hierbei habe ich sehr gute Erfahrungen mit einer T5-Beleuchtung gemacht. Sechs Röhren über dem Becken sollten es mindestens sein.

Wie bereits erwähnt, ist auch in der Natur die Farbgebung der Polypen nicht dauerhaft stabil und unter anderem abhängig von der Lichteinwirkung und der Wassertiefe. Besonders bewährt hat sich ein Lichtfarbenverhältnis von 1:1 (Blau : > 15.000 Kelvin).

Strömung:
Mäßige bis ruhige Strömung. Die Mundscheibe sollte flach auf dem Untergrund aufliegen. Dies sorgt bei *Ricodea florida* für Wohlbehagen.

Wasserqualität:
Als optimale Wasserbedingungen für diese Ricordeas gelten die gängigen Werte wie eine Salinität von 35 g/l, eine Temperatur von 25 bis 26 °C, ein pH-Wert zwischen 8,0 und 8,2, eine KH von 7 bis 8 und ein Calciumwert zwischen 400 und 430 mg/l.

8.2.8 Krustenanemonen

Krustenanemonen bilden teppichförmige Kolonien, die aus einzelnen Polypen bestehen.
Grundsätzlich wird zwischen drei Wuchsformen unterschieden: Die Polypen können einzeln ohne Verbindung nebeneinander stehen (solitäre Wuchsform), sie können durch eine millimeterdünne Bodenkruste, die das Substrat überzieht, verbunden (offene Wuchsform) oder vollständig in eine dicke Bodenkruste eingebettet sein, aus der nur die Mundscheibe herausragt (massive Wuchsform).
Die Mundscheibe der Krustenanemonen besitzt im Zentrum immer die Mundöffnung, die meist spaltförmig ist. Am Rand der Mundscheibe befinden sich je nach Art unterschiedlich lange Tentakel. Die im Fachhandel meist anzutreffenden Krustenanemonengattungen sind *Protopalythoa* und *Zoanthus*.

Sie vermehren sich durch ungeschlechtliche Sprossung und können, wenn sie sich wohlfühlen, große Teile der Dekoration überziehen. Durch die Lebensgemeinschaft mit Zooxanthellen versorgen sie sich durch das Licht mit der nötigen Nahrung und sind auf eine Zusatzfütterung kaum angewiesen. Trotzdem nehmen viele Arten zusätzlich Futter auf. Dadurch wachsen sie noch schneller. Oft liest man in der Literatur, dass die Krustenanemonen durch ihre Anspruchslosigkeit und ihr Wachstum ideale Aquarientiere für den Einsteiger wären.

Es hat sich jedoch in den letzten Jahren gezeigt, dass diese Korallen, wenn sie einmal in das Aquarium eingebracht wurden, kaum jemals wieder aus ihm verbannt werden können. Die meisten Krustenanemonen verfügen über eine kräftige Nesselfähigkeit, gepaart mit dem starken Drang, sich nach allen Richtungen auszubreiten. Dadurch überwuchern sie die meisten anderen Korallen dauerhaft oder sie werden geschädigt. Krustenanemonen können sich als Plage entwickeln. Fressfeinde haben sie, abgesehen von einigen Schnecken, die aber kaum einmal gezielt importiert werden, nicht.
Neben diesen Negativeigenschaften kommt noch eine weitere hinzu: Zumindest die Krustenanemonen aus der Gattung *Protopalythoa* sind

Protopalythoa spec. (diese Krustenanemone ist sehr giftig)

Foto: H. Kirchhauser

giftig. Es existieren zahlreiche Berichte, in denen Aquarianer über allergische Reaktionen bei Berührung oder z. B. durch das Abbürsten der Steine (um sie aus dem Aquarium zu bekommen) klagen. Von der Blutvergiftung bis zum handfesten, mehr-

wöchigen Krankenhausaufenthalt ist alles bekannt. Aus diesem Grunde behandle ich die Krustenanemonen nicht in einem Einsteigerbuch. Wer sich mit ihrer Pflege beschäftigen möchte, sollte sich in der weiterführenden Literatur genauer informieren.

Besatzbeispiel von Weich*- und Hornkorallen für ein 200-Liter-Einsteigeraquarium

1 x *Anthelia spp.*
oder 1 x *Xenia spp.*

1 x *Sarcophyton spp.*
1 x *Lobophytum spp.*

1 x *Litophyton spp.*
oder
1 x *Nephthea spp.*

1 x *Klyxum spp.*
1 x *Cladiella spp.*

2 x *Discosoma spp.*

2 x Hornkorallen möglichst
1 x *Pseudoplexaura spp.*
1 x *Rumphella spp.*

Freie Stellen im Aquarium mit *Caulerpa*-Algen besetzen.

1 x *Sinularia spp.*

* Bei den Weichkorallen sollte es sich im Einzelnen um etwa faustgroße Korallenkolonien handeln

Grafik 40

Ein Aquarium, das von der roten *Entacmaea quadricolor* dominiert wird. Hier verdrängt sie nach und nach die Korallen. Foto: R. Latka / Aquarium: J. Wendel

8.2.9 Symbiose-Anemonen

Vor wenigen Jahren ließ der euphorische Trend zur Steinkorallenaquaristik die Anemonen fast in Vergessenheit geraten. In den letzten Jahren aber findet eine Rückbesinnung statt. Man widmet sich wieder vermehrt ihrer Haltung und deshalb möchte ich ihnen in dieser 3. Auflage auch den gebührenden Platz einräumen.

Vergesellschaftung mit Korallen

Eine gemeinsame Haltung von Anemonen und Korallen ist immer problematisch. Anemonen wandern im Aquarium umher, wenn ihnen die Standortbedingungen nicht zusagen, und so kann es passieren, dass sie sich just dort niederlassen, wo unsere wertvollsten Korallen sitzen. In der Folge wird dann alles vernesselt, was sich im Umfeld

der Anemonententakel befindet. Manche Aquarianer sind daran schon verzweifelt. Bestenfalls würde ich in einem Korallenbecken eine wenig wanderfreudige Art wählen und es dabei belassen. Recht häufig sieht man die *Entacmaea quadricolor* in der Vergesellschaftung mit Korallen. Das scheint meist gut zu klappen (siehe Bild oben). In Frage käme auch eine der Arten, die den Sand als Lebensraum bevorzugen, wie zum Beispiel *Heteractis malu*. Bei diesen Tieren ist die Gefahr gering, dass sie in die Dekoration und somit über die Korallen wandern. Theoretisch ist auch eine *Macrodactyla doreensis* geeignet, aber sie ist oft sehr wanderfreudig und benötigt auf jeden Fall einen sehr tiefen Sandboden. Daher möchte ich auch von dieser Art abraten, auch wenn es vereinzelt Erfolge zu geben scheint. Trotz intensiver Bemühungen gab es bei mir bekannten Aquarianern immer wieder kleinere Unfälle. Besser hält man Anemonen in einem reinen Artenbecken und selbst dort nur solche Arten, die sich untereinander „vertragen".

Kauf und Heimtransport

Beim Kauf von Anemonen sollte Folgendes beachtet werden: Wildfänge erleiden häufig Verletzungen am Fuß, dort kommt es dann bei einer hohen Keimdichte im Aquarium zu bakteriell bedingten Fäulnisprozessen, an denen die Anemonen meist verenden.

E. quadricolor (Flachwasserform) Foto: J. Pfleiderer

Eine angenehm robuste Ausnahme finden wir in der weniger empfindlichen *Entacmaea quadricolor*. Doch auch hier, zumindest aber bei allen anderen Arten, sollten Sie beim Kauf genau auf einen gesunden Fuß achten. Eine Verletzung an der Tentakelkrone ist weniger dramatisch und heilt im Normalfall schnell aus. Natürlich sind auch Anemonen auf verschiedene Spurenelemente angewiesen. Wer einmal bewusst beobachtet hat, wie sich Anemonen nach einem Wasserwechsel verhalten, der weiß, was ich meine. Der Vergleich mit einer aufgehenden Wüstenblume im Regen ist mehr als legitim. In unseren Aquarien halten sich Anemonen oft besser, wenn eine UV-C-Anlage die Verkeimung minimiert. So wird eine bakterielle Infektion bzw. deren Ausbreitung vermindert.

E. quadricolor (Tiefwasserform)

Oftmals wird zum Beispiel *Heteractis crispa* im Handel fast reinweiß angeboten, weil diese Art sehr schnell einen Lichtschock erleidet und ihre Zooxanthellen verliert. Bei guten Bedingungen erholen sie sich mitunter im Aquarium, falls sie nicht schon zu geschwächt sind. Dieser Vorgang kann aber Monate, bisweilen sogar bis zu einem Jahr, andauern. Letztlich brauchen die hier vorgestellten Anemonen unbedingt ihre Zooxanthellen, denn sie betreiben Photosynthese. Eine kranke Anemone sollte höchstens alle zwei Tage wenige ausgewachsene Artemien bekommen, wobei eine Vitaminisierung des Futters gute Dienste leistet. Das Futter muss bei einem geschwächten Tier auf den

Stichodactyla haddoni. Foto: L. Gessert

äußeren Bereich der Mundscheibe gegeben werden, damit es jederzeit wieder abgesaugt werden kann, falls es nicht gefressen wird. Dies funktioniert jedoch nur in einem Quarantänebecken ohne weitere Besatzung, denn sonst fressen die übrigen Tiere schnell dieses Futter weg!

Durchgefärbte *Heteractis crispa*. Foto: J. Pfleiderer

Auch beim Transport muss einiges beachtet werden. Er sollte praktisch ohne Wasser erfolgen. Die Anemone hat genug Wasser gespeichert, sodass ihr das nicht viel ausmacht. Diese Art des Transports hat folgenden Grund: Die Anemone fühlt sich natürlich nicht besonders wohl in ihrem Transportbeutel und würgt deshalb oft die Nahrung aus. Das würde innerhalb kurzer Zeit das Transportwasser vergiften und/oder den Sauerstoff entziehen. Unsere Anemone könnte leicht daran zugrunde gehen. So aber ist genug Luftsauerstoff vorhanden und die angesprochenen Gefahren bestehen nicht mehr. Eine Anpassung an das Wasser des Aquariums muss und kann dann nicht erfolgen, aber das hat erfahrungsgemäß noch keiner Anemone geschadet.

Licht

Natürlich ist das Licht ein entscheidender Faktor. Nach meinen Erfahrungen kann man hier auf den ersten Blick erstaunlicherweise zu viel des Guten tun. Sicher, die meisten handelsüblichen Anemonen leben hauptsächlich von ihren Zooxanthellen, die im Inneren der Tentakel leben und durch Photosynthese in der Lage sind, die Sonnenenergie zu nutzen, aber vergessen wir nicht, dass die betreffenden Anemonenarten bis in Tiefen von 50 Metern vorkommen und mit 400- oder gar 1000-Watt-HQI manchmal schlicht überfordert sind und unter Umständen im Aquarium gnadenlos

verbrennen. Die besten Ergebnisse werden unter 150- und 250-Watt-HQI (respektive Leuchtstoffröhren oder LEDs) erzielt, wobei die Tiere zur Eingewöhnung möglichst im unteren Bereich untergebracht werden. Das Tier wird irgendwann von ganz alleine signalisieren, ob es dem Licht näher sein möchte. Jeglicher Zwang in starkes Licht kann tödlich für sie sein.

Eingewöhnung

Als die lichthungrigste Art betrachte ich *Heteractis magnifica*. Geht sie auf „Lichtsuche", ist keine Scheibe (einschließlich der Frontscheibe), die sie für ihre Wanderungen erklimmen kann, vor ihr sicher. Das ist eine unangenehme Eigenart speziell dieser Ane-

Heteractis magnifica.
Foto: O. Gremblewski-Strate

mone. Deshalb ein kleiner Rat: Siedeln Sie eine *H. magnifica* auf einem solitären Stein an, der wenigstens 10 cm Abstand zu jeder Scheibe hat. Am Boden des Aquariums sollte sich rund um den „Riffpfeiler" feiner Sand befinden, weil eine *H. magnifica* diesen immer zu meiden versucht. So kann, mit ein wenig Glück, ihre gefürchtete Wandertätigkeit eingedämmt werden. Relativ häufig kommt es bei Anemonen in den ersten zwei bis drei Wochen vor, dass bräunliche Schleimfäden aus dem Mund ausgestoßen werden. Es handelt sich dabei nicht um Verdauungsreste, sondern um das Auslagern von Zooxanthellen. Einhergehend kann dabei ein Verblassen der Tentakelfarben beobachtet werden. Dieser Vorgang findet in etwa der Hälfte aller Fälle statt und sollte niemanden beunruhigen. Leider sieht manche Anemone bei diesem Vorgang sehr „leidend" aus, aber man muss sie einfach in Ruhe lassen, denn helfen kann man dabei nicht. Nach ca. einer Woche ist dieses „Thema" dann erledigt. Der Zooxanthellenstamm der Anemone etabliert sich. Neuankömmlinge setze ich erst in ein Aquarium, wenn es mindestens sechs Monate in Betrieb war. Außerdem müssen eine geringe Menge Nitrat und sogar Spuren von Phosphat vorhanden sein. Offensichtlich leiden Anemonen bei „zu guten" Wasserwerten. Sie degenerieren dann durch die Nährstofflimitierung. Das widerspricht zwar auf den ersten Blick den Bedingungen im Meer, aber auch von den Korallen sind ähnliche Probleme bekannt. Könnten wir die allnächtlichen Planktonblüten im Meer kopieren, gäbe es diese Problematik vermutlich nicht.

Die Lebensgemeinschaft Fisch und Anemone hat Aquarianer schon immer fasziniert.
Foto: L. Gansmeier

Strömung und Wandern

Anemonen brauchen eine gute Strömung, um sich von Schleim und Belägen reinigen zu können. Die Tentakel sollten deutlich sichtbar in der Strömung wiegen. Dies ist natürlich bei einer „Teppichanemone" schwerer zu beurteilen als beispielsweise bei einer *Heteractis crispa* mit viel längeren

Tentakeln. Es ist aber dennoch ratsam, die Strömung indirekt auf das Tier auftreffen zu lassen (Umleitung über die Aquarienscheiben und/oder große Ausströmöffnungen der Pumpen zur Minimierung des Scherstresses). Wenn eine Anemone im Riff ihren Platz sucht, kann das recht nervig sein, aber fast jeder Versuch, dieses Verhalten zu unterbinden, ist zum Scheitern verurteilt. Viele Anemonen lieben Löcher im Gestein, in denen sie ihren Fuß verankern können. Für *Entacmaea quadricolor* gilt das ganz gewiss. Sie können Steine mit geeigneten Löchern erwerben oder selbst herstellen. Verfügen sie über ein durchgehendes Loch, dann verschließe ich solche Steine mit einem Zementboden, um dem Anemonenfuß eine abgeschlossene Höhle zu bieten. Darin fühlen sich die Tiere wohl und wandern kaum.

Futter

Durch das Vorhandensein der Zooxanthellen müssen wir die Anemonen nicht zwingend füttern, doch macht es sie robuster und regt Wachstum und Vermehrung mancher Arten an. Hierbei wird das Futter nur auf den Rand der Mundscheibe gegeben, weil eine Anemone erkennen lassen muss, ob sie das Futter aktiv in ihren Mund führt. Eine

„Zwangsfütterung" kann dazu führen, dass das Futter im Gastralraum nicht verdaut wird und regelrecht vergammelt. Diesem Keimdruck ist keine Anemone lange gewachsen und ihr Ende naht meist innerhalb weniger Tage.

Als Futter empfiehlt sich ausschließlich „leichte Kost", wie etwa *Artemia* oder Mysis. Das Futter kann einmal pro Woche vitaminisiert werden. Das hat eine stärkende Wirkung auf die Tiere. Die Fütterung erfolgt im ersten Drittel der Lichtphase, weil eine Anemone Energie aufwenden muss, um das Futter zu verdauen. Dafür benötigt sie auch das Licht!

Die Vermehrung

Ein Phänomen ist die Tatsache, dass es bei den Anemonen Männchen, Weibchen und Zwitter gibt. Diese drei Möglichkeiten gelten nach den vorliegenden wissenschaftlichen Publikationen als gesichert. Leider steht nicht fest, ob dieses geschlechtsspezifische Bild auf alle Arten zutrifft. Meine Beobachtungen und ein reger Erfahrungsaustausch mit Gleichgesinnten über das Verhalten im Aquarium belegen, dass die Tiere entweder nur Sperma oder nur Eizellen ins Wasser abgeben. Anemonen können sich geschlechtlich, aber auch ungeschlechtlich vermehren. Häufig kommt es zu einer Teilung oder Abschnürung, die bei einer Anemone zur ungeschlechtlichen Vermehrung führt. Dieses Verhalten zeichnet besonders *Entacmaea quadricolor* aus. Es scheint allerdings so, dass es sich hier immer um die „Flachwasserform" dieser Anemonenart handelt. Die um einiges größer werdende „Tiefenform" teilt sich unter Umständen niemals, auch nicht im Aquarium.

Überaus erfreulich ist, dass sich inzwischen Anemonenarten im Aquarium vermehren, die viele Jahre lang als im Aquarium nicht vermehrbar galten. So haben sich bei den Wirtsanemonen neben *Entacmaea quadricolor* inzwischen auch *Stichodactyla haddoni* und *Heteractis magnifica* durch Teilung bzw.

Abschnürung vermehrt. Sicher wird es diesbezüglich auch weiterhin Erfolge geben.

Krabben als Anemonenpartner

Die bekannten Arten der Gattung *Neopetrolisthes* bevorzugen Anemonenwirte mit Zooxanthellen. Ein Grund ist, dass Anemonenkrabben der Art *Neopetrolisthes oshimai* dabei beobachtet wurden, wie sie von Zeit zu Zeit einzelne Tentakel ihrer Wirte „melken". Der Krebs greift hierzu einen Tentakel von in diesem Fall *Stichodactyla haddoni* und zieht und quetscht ihn so lange, bis aus der Tentakelspitze eine braune Masse (Zooxanthellen) austritt. Diese Masse wird gefres-

Neopetrolisthes maculatus.
Foto: K. Velling

sen. Das „Melken" scheint nicht sehr häufig praktiziert zu werden, sodass zumindest große Anemonen kaum Schaden nehmen.

In ihrer natürlichen Umgebung leben *Neopetrolisthes spp.* auf Seeanemonen der Gattungen *Stichodactyla, Cryptodendrum, Heteractis* und *Entacmaea.* Kurztentakelige und stark nesselnde Arten werden dabei bevorzugt. Von Vorteil für die Krebse sind der Schutz und die besseren Bewegungsmöglichkeiten. *Stichodactyla haddoni* scheint der bevorzugte Wirt zu sein.

Im Aquarium sollten die Anemonenkrabben ihre natürlichen Wirte vorfinden. Auch hier scheint die Teppichanemone *Stichodactyla haddoni* der geeignete Wirt zu sein. Von *Neopetrolisthes maculatus* werden jedoch auch *Pymanthus*-Sandanemonen und sogar *Anemonia cf. manjano* als Wirte akzeptiert.

Sind aber Riffanemonen erst einmal von Anemonenfischen der Gattung *Amphiprion* besetzt, gelingt es in der Regel nicht, Anemonenkrebse zusätzlich anzusiedeln. Beim späteren Nachsetzen der Anemonenfische verschwinden die Krebse nach und nach, da sie von den wesentlich robusteren Anemonenfischen verdrängt werden. Hier hilft nur, den Krebsen Anemonen anzubieten, die von den Anemonenfischen gemieden werden. Mit dem Wirt und ohne krebsfressende Fische (Lippfische, Drückerfische) lassen sich Anemonenkrabben auch in Gesellschaftsaquarien recht gut pflegen.

Garnelen als Anemonenpartner

Es gibt viele Tiere, die zusammen mit Anemonen gepflegt werden können. Die Garnele *Periclimenes* ist nur eines von vielen.

Untersuchungen an *Periclimenes scriptus* und *P. amethysteus* aus dem Mittelmeer bestätigen den Verdacht, dass einige *Periclimenes*-Arten nicht als „Partnergarnelen" für Anemonen bezeichnet werden dürfen, da sie diese regelmäßig anfressen. Wissenschaftler haben das Tentakelfressen von *Periclimenes brevicarpalis* (einer tropischen Art) detaillierter beobachtet und herausgefunden, dass fast ausschließlich die Weibchen die Tentakelspitzen fressen. Geschlechtsgenossen werden deshalb auch vehement von den Anemonen verjagt, während mehrere Männchen auf einem Wirt geduldet werden. Durch das Fressen der Tentakelspitzen erhält das Weibchen essentielle Nährstoffe, ohne die es nicht zu einer Eireifung kommen würde (BRUCE & SVOBODA 1983). Zu den Symbiosepartnern von *Periclimenes brevicarpalis* zählen u. a. *Cryptodendrum adhaesivum*, *Heteractis malu*, *Heteractis crispa*, *Heteractis magnifica* und *Stichodactyla gigantea*. Jungtiere finden sich auch an Steinkorallen (*Goniopora* spp. und *Acropora* spp.). Unter Aquarienbedingungen können vor allem kleine Symbiose-Anemonen unter dem Fraßdruck der Garnelenweibchen leiden.
Wie viel *Periclimenes*-Garnelen verträgt also eine Anemone? Das hängt von der Anemonenart und -größe sowie von der Garnelenart ab. VLUGT (1998) berichtet von maximal

17 *Periclimenes pedersoni* unterschiedlichster Größe an einer großen Anemone. Im Gegensatz dazu hat er *Periclimenes yucatanicus*, mit Ausnahme einzelner Jungtiere, immer nur einzeln auf einem Wirt angetroffen.
Periclimenes ornatus zählt mit 4 cm Länge zu den größeren Partnergarnelen. Sie findet sich vor allem in Riffanemonen der Gattungen *Heteractis*, *Entacmaea*, *Radianthus* und *Parasicyonis*, aber auch Schwämme und Gorgonien werden als Fundorte genannt. Je nach Wirt kann die Farbe variieren.

Anemonenfische als Partner

Ein heikles Thema ist die „Symbiose" der Wirtsanemonen, die sie mit verschiedenen Anemonenfischen eingehen. Einige kompetente Aquarianer sind der Überzeugung, dass die Fische mehr den Status von „Schmarotzern" haben als von Partnern.
Die Anemone bietet den Fischen Schutz, weil sie sonst im Meer nur Futtertiere wären, denn gute Schwimmer sind sie nicht. Auch die Brut in Anemonennähe ist immer geschützt. Oftmals kann man im Aquarium beobachten, dass Anemonen ohne Fische viel schneller wachsen. Das kann daran liegen, dass ihnen der Stress durch die Fischbewohner erspart bleibt. Aber es ist eine Tatsache, dass Anemonenfische „ihre" Ane-

mone im Meer vor Fressfeinden schützen. Wer die Aggressivität eines 14 oder 16 cm großen *Amphiprion*-Weibchens schon einmal erlebt hat, weiß, dass es auch gegenüber größeren Fischen sehr durchsetzungsfähig ist. Der eine oder andere vertriebene Falterfischverband, Feilenfische, die gerne an den Tentakeln knabbern, oder Wimpelfische die über eine Anemone herfallen, sind hier meiner Meinung nach schon entscheidender. Der Aquarianer muss deshalb darauf achten, keine Fische zu den Anemonenfischen zu setzen, die im Genom der Anemonenfische als Anemonenfresser verankert sind. Das trifft besonders auf den Habitus hochrückig-flach und langschnäuzig zu. Sollte er auch noch verlängerte Rückenflossenfortsätze haben, dann ist er besonders gefährdet. Die beliebten Segelflossen-Doktorfische aus der Gattung *Zebrasoma* können hier besonders unangenehm bedrängt werden, obwohl sie mit der Anemone nichts am Hut haben. Andere Vorteile könnten darin liegen, dass die Fische Parasiten von der Anemone fressen und durch Flossenschlag die Strömung in und um die Anemone verbessern.

Ein weiterer Aspekt ist die oft beschriebene Fütterung der Wirtsanemone durch ihre Untermieter. Im Meer mit seinem reichen Nahrungsangebot besteht dazu überhaupt kein Grund, denn wer einmal eine Planktonblüte gesehen hat, kann nicht an einen Futtermangel glauben. Im Aquarium könnte das anders sein, denn die Fische sind daran interessiert, dass ihr Zuhause groß und kräftig wird. Lebendes Plankton ist im Aquarium Mangelware, aber auch dort folgen die Fische natürlich ihren Instinkten. Viel häufiger ist bei einer gezielten Anemonenfütterung zu beobachten, dass die Fische ihrer Anemone das Futter gierig entreißen, soweit die jeweilige Futterart den Fischen zusagt. Nicht selten berichten Aquarianer davon, wie scheinbar liebevoll die Fische ihre Anemone füttern. Es lohnt sich aber, einen zweiten, genaueren Blick auf das muntere Treiben im Becken zu werfen. Oft bringen die Fische das Futter nur vor an-

deren potenziellen Futterjägern in Sicherheit und beginnen bald, ihrer Anemone das Futter wieder zu stehlen. Dazu kommt das häufig rüpelhafte Umgehen der Fische mit der Anemone, das bis zum Abbeißen von Tentakeln führen kann. Ganz sicher schädigt der Fisch damit die Anemone, denn sie muss diese Wunden wieder schließen und sich regenerieren. Unterm Strich sehe ich im Aquarium eine Anemone in ihrer Entwicklung durch die Anemonenfische eher behindert. Im Gegensatz dazu wäre ein Anemonenfisch im Meer ohne Wirtsanemone hoffnungslos verloren. Auch im Aquarium betrachte ich die Fische nur mit Unbehagen, wenn sie ohne Anemonen ihr Dasein fristen müssen. Doch da mag sich jeder seine eigene Meinung bilden.

Feindbild flach und hochrückig. Obwohl der Doktorfisch *Zebrasoma flavescens* (oben) keine Gefahr für Anemonen darstellt, ist er vom Habitus ähnlich wie der unten abgebildete Falterfisch *Chaetodon semilarvatus*, der sehr wohl Anemonen angreifen und fressen kann. Anemonenfische machen hier nicht immer einen Unterschied und können den Doktorfisch extrem belästigen.

Etwas robustere Gesellen unter den Anemonenfischen, und daher für Einsteiger bedingt geeignet, sind *Amphiprion clarkii* (Maximallänge bis 14 cm) und der Schwarzflossen-Anemonenfisch *A. melanopus* (ML bis 12 cm). Beide leben auch noch mit der im Handel häufiger anzutreffenden *Entacmaea quadricolor* zusammen. Man beachte aber, dass diese Fische recht groß werden und im Alter gegenüber der übrigen Fischbesatzung wenig zimperlich sind. Speziell unser aller Freund „Nemo", also *Amphiprion ocellaris*, ist überhaupt nicht für Einsteiger geeignet, denn er ist sehr empfindlich und wirklich nur mit einer Partneranemone (*Heteractis magnifica, Stichodactyla gigantea, Stichodactyla mertensii*) zusammen zu pflegen. Ihn sollte erst einplanen, wer die Korallenriffaquaristik schon einige Jahre erfolgreich praktiziert hat.

Der Samt-Anemonenfisch *Premnas biaculeatus*, der eine Maximallänge von bis zu 16 cm erreichen kann, ist auf *Entacmaea quadricolor* konditioniert und mit dieser zusammen sehr gut zu pflegen. Wer kein Korallenbecken anstrebt, sondern seine Erfahrungen mit Anemonen machen möchte, findet hier eine ideale Kombination für Becken ab ca. 500 Liter Inhalt.

Sind Anemonen giftig?

Es besteht der verbreitete Irrglaube, dass eine sehr stark klebende Anemone ein hochgiftiges Nesselpotenzial besitzt. Tatsächlich fangen manche Anemonen ihre Beute über

eine enorme Klebkraft, die im Einzelfall jedoch nichts über die toxische Wirkung des Nesselgiftes aussagt. So reagieren manche Menschen mit einer starken Rötung und Pustelbildung auf die kaum klebende *Entacmaea quadricolor*, während eine *Stichodactyla gigantea* so extrem klebt, dass bei Hautkontakt sehr leicht die Tentakel in ganzen Nestern abreißen, bei vielen Menschen aber keinerlei „Verbrennungen" verursacht werden. Es gibt also, wenn man so möchte, diese beiden verschiedenen Strategien, um ein Beutetier zu fangen. Die manchmal beschriebene Abgabe von Nesselgiften ins

Freiwasser eines Aquariums ist übrigens ein Märchen. Diese Stoffe werden sehr aufwendig produziert und die Anemone geht nicht so freizügig damit um. Außerdem sind die Tiere durch ihre Nesselkapseln an ihrem gewählten Standort wehrhaft genug und im Notfall auch noch mobil, sodass es keinen Sinn ergäbe, so zu handeln. Vermutlich entstand das Gerücht durch die tatsächlich vorhandene Abgabe von Hemmstoffen bei der „Gebietsverteidigung" von Korallen.

Anemonen - eine Gefahr für Rifffische?

Stichodactyla haddoni wird nachgesagt, dass sie häufig für Fischverluste im Aquarium verantwortlich ist. Spezialisten der Anemonenhaltung sehen die Gründe nicht in einer besonders ausgeprägten fängerischen Effektivität der Anemone, sondern betrachten diese Vorkommnisse als Unfälle. Gesunde Fische schwimmen einen „Bogen" um jede *S. haddoni*. Oft trifft es Neuankömmlinge in Stresssituationen. Des Weiteren fallen kranke oder konditionell geschwächte Fische dieser Anemone zum Opfer. Auffällig oft „verschwinden" Fische während der Dunkelphase im Schlund einer Anemone. Daher sollte bei einer gemeinsamen Haltung von Anemonen und Rifffischen immer ein Nachtlicht (LED etc.) installiert werden. Das beugt dem Erschrecken und einer eventuell folgenschweren Orientierungslosigkeit der Fische vor.

Der Samt-Anemonenfisch *Premnas biaculeatus* ist auf *Entacmaea quadricolor* konditioniert. Foto: K. Velling

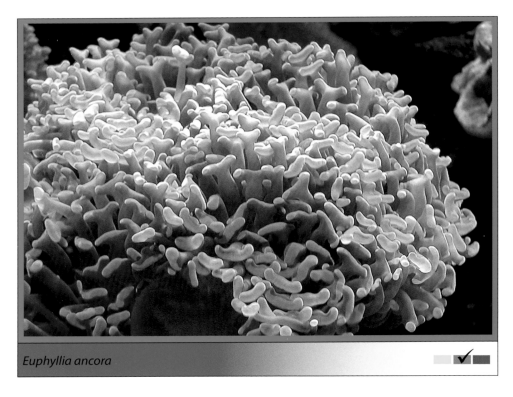

Euphyllia ancora

8.3 Steinkorallen

Steinkorallen sind die Organismen, die neben den Kalkalgen den größten Beitrag zum Aufbau der Korallenriffe leisten. Zu den riffbildenden Arten zählen nur diejenigen, die einzellige symbiotische Algen in ihrem Gewebe beherbergen.

Es ist heute kein Problem mehr, mit einiger Erfahrung diese Korallen im Riffaquarium dauerhaft zu halten und teilweise auch zu vermehren. Man unterscheidet zwischen großpolypigen und kleinpolypigen Steinkorallen.

Pauschal sind die großpolypigen Gattungen wie z. B. *Euphyllia*, *Fungia*, *Galaxea*, *Heliofungia*, *Lobophyllia*, *Mussa* und *Plerogyra* bezüglich der Wasserpflege etwas anspruchsloser als die für Einsteiger geeigneten kleinpolypigen Steinkorallen der Gattungen *Acropora*, *Montipora*, *Pavona*, *Pocillopora* und *Seriatopora*.

Generell gilt, dass sich die großpolypigen Steinkorallen mit Weichkorallen besser zusammen pflegen lassen als die kleinpolypigen Steinkorallen. Die Ansprüche sind in etwa identisch.

8.3.1 Großpolypige Steinkorallen

8.3.1.1 Die Gattung *Euphyllia*

Die großpolypigen Steinkorallen dieser Gattung umfassen mindestens vier Arten: *E. ancora*, *E. divisa*, *E. glabrescens* und, sehr selten erhältlich, *E. cristata*. Für sie alle gilt, dass sie ein sehr starkes Nesselgift in ihren langen, manchmal an Anemonen erinnernden Tentakeln besitzen. Die Nesselzellen sind nicht wie bei anderen Steinkorallen in Gruppen angeordnet, sondern gleichmäßig über die gesamte Tentakeloberfläche verteilt. Erfahrungsgemäß werden diese Korallen sehr groß, daher sollten Sie ihnen dementsprechend viel Raum freihalten. Sie vernesseln auch Angehörige der gleichen Gattung. Zum Beispiel zieht bei einem Raumkampf zwischen *E. glabrescens* (lange röhrenförmige Tentakel mit rosa Köpfen) und *E. divisa* (grüne Tentakel mit kleinen Seitenzweigen) Letztere immer den Kürzeren. Auch das ist bei der Platzierung zu berücksichtigen.

Gegenüber einigen Weichkorallen wie z. B. einer strauchförmigen *Sinularia* und einer bäumchenartigen *Litophyton* richten die Tentakel trotz Berührung keine Schäden an. Die Weichkorallen sind trotzdem geöffnet. Schädigungen waren nie feststellbar. Andere Weichkorallen wie z. B. *Capnella* und die flach wachsenden blattartigen *Sinularia*-Kolonien leiden dann allerdings wieder sehr stark unter der Nesselkraft der *Euphyllia*-Arten. Hier sollte man auf jeden Fall experimentieren, bevor man den Korallen einen endgültigen Platz zuteilt. Meinen Beobachtungen zufolge leiden alle kleinpolypigen Steinkorallen unter den Berührun-

Euphyllia divisa

gen von *Euphyllia*-Arten. Ein ausreichender Sicherheitsabstand ist hier Pflicht.

Beleuchtung:
Direkt im Strahlungskegel des HQI-Strahlers etabliert man die Tiere im oberen und mittleren Bereich der Mittellichtzone.

Euphyllia glabrescens

Außerhalb des Strahlungskegels im Wirkungsbereich der Leuchtstoffröhren nur im oberen Bereich der Mittellichtzone. Die Tiere sind unter Leuchtstoffröhren genauso gut zu pflegen wie unter HQI-Licht. Der einzige Unterschied ist, dass unter Leuchtstofflampen die Tentakel länger ausgestreckt werden und dadurch eine größere Umgebung vernesselt werden kann.

Strömung:
Sehr vorteilhaft ist eine mittlere, leicht turbulente Strömung, am besten von mehreren Seiten. Strömungsstrudel und Verwirbelungen sind den Tieren sehr angenehm. Sie dürfen nicht genau im Strömungsstrahl sitzen. Wenn die Tentakel in der Strömung „flattern" und nicht „wogen", ist die Koralle falsch platziert.

Wasserqualität:
Nitratwerte bis 30 mg/l werden toleriert. Der PO_4-Wert sollte im normalen Bereich (nicht wesentlich über 0,1 mg/l) liegen. Alle Arten sind empfindlich gegen Bohralgen.

8.3.1.2 Die Gattung *Heliofungia*

Die bekannteste und im Fachhandel häufig anzutreffende Pilzkoralle ist *H. actiniformis*. Sie ist die einzige Art der Gattung und leicht an ihren extrem langen Tentakeln zu erkennen. Diese Koralle kann einen Durchmesser von bis zu 50 cm erreichen (im Aquarium jedoch kaum) und Tentakel von 25 cm und mehr Länge hervorbringen. Normalerweise ist sie grünlich oder bräunlich gefärbt. Allerdings gibt es auch rosa oder rote Individuen. Erkennbar ist diese Koralle an den langen Tentakeln mit weißen, grünen oder rosa Köpfen. Beim Kauf ist unbedingt auf vollständige Unversehrtheit zu achten, denn verletzte Polypen erholen sich fast nie.

Beleuchtung:
Direkt im Strahlungskegel des HQI-Strahlers werden die Tiere im unteren Bereich der Mittellichtzone am besten auf dem Sandboden etabliert. Auch in der Natur werden die Tiere hauptsächlich auf dem Sandgrund gefunden. Außerhalb des

Heliofungia actiniformis

Fungia sp. ✓

Strahlungskegels im Wirkungsbereich der Leuchtstoffröhren nur im mittleren Bereich der Mittellichtzone. Unter Leuchtstofflampen werden auch bei diesen Korallen die Tentakel länger ausgestreckt.

Strömung:
Sehr vorteilhaft ist eine mittlere, leicht turbulente Strömung. Sie sollten nicht im Strömungsstrahl sitzen. Die Tentakel sollten in der Strömung „wogen", nicht „flattern".

Wasserqualität:
Nitratwerte bis max. 20 mg/l. Der PO_4-Wert sollte im normalen Bereich (nicht wesentlich über 0,1 mg/l) liegen.

8.3.1.3 Die Gattung *Fungia*

Die Gattung *Fungia* ist mit 25 Arten die artenreichste ihrer Familie. Charakteristisch sind die kurzen, spitzen Tentakel und eine sehr große Mundöffnung. Die Wuchsform ist meist rund oder konvex, doch finden sich auch zahlreiche längliche Arten. Im Riff leben *Fungia*-Korallen an Stellen, wo sie vor starkem Wellenschlag geschützt sind. Bei diesen Korallen handelt es sich um frei lebende Solitärkorallen. Die Arten lassen sich nur anhand von Spezialliteratur an den Zähnen der Septen unterscheiden. *Fungia*-Korallen bilden, wenn sie absterben, Tochterpolypen (sogenannt Anthocauli) aus. Deshalb sollten absterbende Tiere im Aquarium belassen werden.

Beleuchtung:
Direkt im Strahlungskegel des HQI-Strahlers etabliert man die Tiere im unteren Bereich der Mittellichtzone am besten auf dem Sandboden. Auch in der Natur werden die Tiere hauptsächlich auf dem Sandgrund gefunden, außerhalb des Strahlungskegels im Wirkungsbereich der Leuchtstoffröhren nur im mittleren Bereich der Mittellichtzone.

Strömung:
Sehr vorteilhaft ist eine mittlere, leicht turbulente Strömung.

Wasserqualität:
Nitratwerte bis 20 mg/l werden toleriert. Der PO_4-Wert sollte im normalen Bereich (nicht wesentlich über 0,1 mg/l) liegen.

8.3.1.4 Die Gattung *Polyphyllia*

Im Meer ist diese Gattung häufig anzutreffen. Im Aquarium ist sie sehr gut haltbar. Diese Koralle benötigt eine geräumige Sandzone, da sie gut bis zu 50 cm lang werden kann. Futter nimmt sie als organisches Material zu sich und ernährt sich noch zusätzlich durch ihre Zooxanthellen.

Beleuchtung:
Direkt im Strahlungskegel des HQI-Strahlers etabliert man die Tiere im unteren Bereich der Mittellichtzone am besten auf dem Sandboden. Auch in der Natur leben die Tiere hauptsächlich auf dem Sandgrund.

Strömung:
Sehr vorteilhaft ist eine mittlere, mäßig turbulente Strömung. Mitten im Strömungsstrahl sitzt die Koralle falsch.

Galaxea fascicularis

Wasserqualität:
Nitratwerte bis 20 mg/l. Der PO_4-Wert sollte mit 0,1 mg/l im normalen Bereich liegen.

8.3.1.5 Die Gattung *Galaxea*

Die Gattung *Galaxea* beinhaltet fünf Arten, von denen jedoch nur *G. astreata* und *G. fascicularis* verbreitet sind. *G. fascicularis* ist häufig im Fachhandel anzutreffen.
Wichtig ist bei dieser Koralle, zu beachten, dass sie sich durch extrem lange Kampf-Tentakel auszeichnen kann, die ein sehr starkes Nesselgift enthalten. Sitzt sie relativ weit ab von allen übrigen Korallen, werden diese Tentakel kaum verlängert. Fühlt sie sich aber in ihrem Siedlungsbereich eingeschränkt, dann kann sie alles um sich herum zerstören. Es ist somit wichtig, ihr einen großen Freiraum zu gewähren. Normalerweise entwickeln die Korallen kriechend wachsende Kolonien, die mal größer (*G. fascicularis*), mal kleiner (*G. astreata*) sind.

Beleuchtung:
Direkt im Strahlungskegel des HQI-Strahlers etabliert man die Tiere im mittleren

Polyphyllia sp.

Foto: H. Kirchhauser

Lobophyllia hemprichii ✔

bis unteren Bereich der Mittellichtzone, außerhalb des Strahlungskegels im Wirkungsbereich der Leuchtstoffröhren nur im mittleren Bereich der Mittellichtzone.

Strömung:
Sehr vorteilhaft ist eine leicht turbulente Strömung.

Wasserqualität:
Nitratwerte bis 20 mg/l werden toleriert. Der PO_4-Wert sollte im normalen Bereich (nicht wesentlich über 0,1 mg/l) liegen.

8.3.1.6 Die Gattung *Lobophyllia*

Diese Gattung, hauptsächlich durch *L. hemprichii* vertreten, ist im Fachhandel häufig anzutreffen. Sie ist auch die am häufigsten vorkommende Art der Familie Mussidae. *L. hemprichii* zeigt zahlreiche Wuchsformen und lebt oft an Riffhängen

oder an der Riffkante. Sie ist eine sehr gut haltbare Steinkoralle und kann uneingeschränkt empfohlen werden.

Die Kolonien sind von flacher oder halbkugelförmiger Gestalt mit dicken fleischigen Polypen, die in ein und derselben Kolonie unterschiedlich geformt sein können. Beim Kauf ist unbedingt auf ein unbeschädigtes Gewebe zu achten.

Beleuchtung:
Direkt im Strahlungskegel des HQI-Strahlers werden die Tiere im oberen bis mittleren Bereich der Mittellichtzone etabliert, außerhalb des HQI-Strahlers unbedingt in der Starklichtzone, knapp unter der Wasseroberfläche.

Strömung:
Sehr vorteilhaft ist eine mittlere bis starke und turbulente Strömung. Nicht direkt im Strömungsstrahl positionieren.

Wasserqualität:
Nitratwerte bis 10 mg/l werden toleriert.
Der PO_4-Wert sollte im optimalen Bereich
(nicht wesentlich über 0,05 mg/l) liegen.

8.3.1.7 Die Gattung *Cynarina*

Die Gattung *Cynarina* aus der Familie
Mussidae gehört ebenfalls zu den gut zu
pflegenden großpolypigen Steinkorallen.
Sie lebt solitär am unteren Riffhang, oft
im Halbschatten. Der Durchmesser des
Skeletts kann 5 bis 10 cm betragen. Wenn
sie aber vollständig geöffnet ist, kann sie
die dreifache Größe erreichen. Sie ernährt
sich von ihren symbiotischen Algen, nutzt
aber auch Plankton und Staubfutter. Die
runden Kolonien leben sessil auf weichem
Untergrund. Die Färbung ist gewöhnlich
grün oder braun. Auch sie kann durch Anthocauli Jungkolonien hervorbringen.

Beleuchtung:
Direkt im Strahlungskegel des HQI-
Strahlers etabliert man die Tiere im unteren Bereich der Mittellichtzone, im Wirkungsbereich der Leuchtstoffröhren nur im
mittleren Bereich der Mittellichtzone.

Cynarina sp.

Strömung:
Sehr vorteilhaft ist eine mittlere Strömung.
Ein Platz direkt im Strömungsstrahl ist zu
vermeiden.

Wasserqualität:
Nitratwerte bis 20 mg/l werden toleriert.
Der PO_4-Wert sollte im normalen Bereich
(nicht wesentlich über 0,1 mg/l) liegen.

8.3.1.8 Die Gattung *Blastomussa*

Die Gattung *Blastomussa* bildet
kleine Kolonien, indem aus den Koralliten am Rande der Kolonie neue
Polypen knospen. Auch diese Koralle kann zwar Plankton aufnehmen, aber sie ernährt sich in erster
Linie durch ihre Zooxanthellen. Es
gibt drei Arten, von denen *B. mer-
leti* und *B. wellsi* häufig im Handel
angetroffen werden. Die Kolonien
bei beiden Arten sind sehr porös
und brechen leicht auseinander.
Mit zunehmendem Alter verlieren
die Polypen den Kontakt untereinander und leben eher solitär.

Beleuchtung:
Direkt im Strahlungskegel des
HQI-Strahlers etabliert man *B. mer-*

Foto: A. Geschwill

Blastomussa sp.

Foto: A. Geschwill

Plerogyra sp.

leti im mittleren Bereich der Mittellichtzone und *B. wellsi* eher im oberen Bereich der Mittellichtzone, außerhalb des Strahlungskegels im Wirkungsbereich der Leuchtstoffröhren nur im mittleren Bereich der Starklichtzone.

Strömung:
Sehr vorteilhaft ist eine mittelstarke Strömung. Keinesfalls dürfen die Korallen direkt im Strömungsstrahl sitzen.

Wasserqualität:
Nitratwerte bis 10 mg/l werden gut toleriert. Der PO_4-Wert sollte im normalen Bereich bis 0,1 mg/l liegen.

8.3.1.9 Die Gattung *Plerogyra*

Die Gattung *Plerogyra* enthält mindestens drei Arten, wobei die als Blasenkoralle bezeichnete *Plerogyra sinuosa* die bekannteste ist. Dieser Populärname weist auf die Be-

sonderheit hin, dass die Koralle am Tage ihre Tentakel blasenähnlich aufbläht, während sie in der Nacht lang gestreckt sind.
Die Koralle nesselt stark und benötigt ausreichend Platz. Man kann ihr gelöste organische Verbindungen wie z. B. käufliche Aminosäurelösungen zur Verfügung stellen. Einen großen Anteil ihres Nährstoffbedarfs deckt sie jedoch über die Zooxanthellen.

Beleuchtung:
Direkt im Strahlungskegel des HQI-Strahlers werden sie im unteren Bereich der Mittellichtzone etabliert, außerhalb des Strahlungskegels im Wirkungsbereich der Leuchtstoffröhren nur im mittleren Bereich der Mittellichtzone.

Strömung:
Vorteilhaft ist eine schwache bis mittlere Strömung.

Wasserqualität:
Nitratwerte bis 20 mg/l, PO_4-Wert maximal 0,1 mg/l.

8.3.1.10 Die Gattung *Trachyphyllia*

Die Gattung *Trachyphyllia* gehört zur Familie Trachyphylliidae und stellt eine schon lange in der Meeresaquaristik ansässige Art *T. geoffroyi*. Sie wird aus Indonesien und Singapur eingeführt. *T. geoffroyi* ist besonders zahlreich an Riffkanten in Küstennähe anzutreffen. Aber auch auf Sandgrund ist sie nicht selten. Sie bildet kleine Kolonien von ca. 8 cm, die aber bei voll entfalteten Polypen durchaus 20 cm im Durchmesser erreichen. Die Koralle gibt es in vielen außergewöhnlich schönen Farben. Von Grün über Rot bis hin zu Rosa sind alle Farben vertreten. Sie lebt von den Produkten ihrer Zooxanthellen. Beim Kauf muss man darauf achten, dass das gesamte Skelett von Gewebe bedeckt ist. Die Koralle regeneriert sich nur sehr schlecht.

Beleuchtung:
T. geoffroyi benötigt im Aquarium abhängig von der Färbung folgende Beleuchtung:
Graue Kolonien (im Strahlungskegel des HQI-Strahlers) etabliert man im unteren Bereich der Mittellichtzone, fluoreszierende farbige Kolonien im oberen Bereich der Mittellichtzone.
Außerhalb des Strahlungskegels im Wirkungsbereich der Leuchtstoffröhren platziert man beide Farbtöne im mittleren Bereich der Starklichtzone.

Strömung:
Eine schwache bis mittlere Strömung ist für diese Koralle ideal.

Wasserqualität:
Nitratwerte bis 20 mg/l. Der PO_4-Wert sollte bei Maximalwerten um 0,1 mg/l liegen.

Foto: R. Leonhardt

Trachyphyllia geoffroyi

Wie entwickelt sich unser 200-Liter-Aquarium?

Bereits zwei Jahre nach der Neueinrichtung entwickelt sich das 200 Liter fassende Meerwasseraquarium, das eigens als Anschauungsobjekt für dieses Buch aufgestellt wurde, zu meiner vollsten Zufriedenheit.

Bei diesem Aquarium favorisiere ich den sogenannten Mischtyp, d. h. Weichkorallen, Lederkorallen, Hornkorallen, Scheibenanemonen und Steinkorallen wachsen dicht beinander.

Wöchentlich wird ein 10%iger Wasserwechsel mit frisch angesetztem Meerwasser durchgeführt.

Alle 8 Wochen werden auf einmal 20 % Wasser gewechselt. Diese Menge lasse ich nach dem Neuansatz allerdings 3 bis 5 Tage reifen, bevor es in das Aquarium gegeben wird.

Während dieser Zeit wurde die im Vordergrund sichtbare große *Klyxum* (die fast schon zu groß für dieses Becken ist) ca. sechsmal geteilt und die Ableger an andere Aquarianer verschenkt. Die *Litophyton* im Vordergrund nesselt sehr stark und muss deshalb sehr oft geschnitten werden. Mindestens 12 Ableger fanden so schon ihre neuen Besitzer.

Auch die Scheibenanemonen und die Feuerkoralle wachsen ausgezeichnet.

Elf Fische leben in diesem Aquarium. Durch den häufigen Wasserwechsel profitieren sie sehr und so bleiben sie fit und vital.

Große Steinkorallen-
kolonien verlangen ein
ausgereiftes Nährstoff-,
Kalk- und Spurenele-
mentmanagement.
Foto: R. Boger

8.3.2 Kleinpolypige Steinkorallen

8.3.2.1 Die Gattung *Acropora*

Die Gattung *Acropora* ist die artenreichste aller Steinkorallen. Ihre große Anpassungsfähigkeit an veränderte Lebensbedingungen hat sie zu einer der erfolgreichsten
Steinkorallengattungen der Weltmeere gemacht. Auch innerhalb einer Art ist die
sprichwörtliche Anpassungsfähigkeit an

unterschiedliche Umgebungsfaktoren wie
Strömung oder Beleuchtung bezeichnend.
Meerwasseraquarianer haben schon lange
festgestellt, dass Fragmente der Steinkorallengattung *Acropora* im Aquarium bisweilen
andere Kolonieformen ausbilden als unter
natürlichen Bedingungen. Dies geschieht
in der Regel durch Anpassung an die spe-
zifischen Umgebungsbedingungen, die sich
im Aquarium meist ganz wesentlich von je-
nen in der Natur unterscheiden. Diese Anpassung wirkt sich auch auf die Färbung der
Korallen aus.

Astwerk einer gut mit Licht und Spurenelementen versorgten *Acropora*-Kolonie im Aquarium.

Ein kleines, nur 200 Liter fassendes Steinkorallen-aquarium. Trotz kleinstem Raum sind auch hier ansprechende Kompositionen möglich.

Welchen Grund hat nun der Erfolg der Gattung *Acropora*, da diese Korallen praktisch in allen tropischen Riffen anzutreffen sind? Im Flachwasser ist sie meist die dominierende Steinkorallengattung. Einige Autoren führen dies auf die besonders poröse Struktur des Kalkskeletts zurück, die der Koralle ein schnelles Koloniewachstum ermöglicht. Auch die UV-Schutzpigmente gestatten es diesen Korallen, in extremen Flachwasserbereichen zu siedeln, in denen zahlreiche andere Gattungen kaum lebensfähig wären.

Um die große Artenvielfalt der Gattung *Acropora* übersichtlicher zu machen, teilte der bei Meerwasseraquarianern bekannte Korallenforscher J. E. N. Veron die Arten nach ihrer Wuchsform in verschiedene Artengruppen ein. In einer solchen Gruppe befinden sich dann oft drei bis sechs Arten, die eine sehr ähnliche Wuchsform entwickelt haben. Dies hat taxonomisch keine Bedeutung, aber es erleichtert die Zuordnung einer *Acropora*-Koralle.

Tabelle: Einteilung der für Einsteiger geeigneten *Acropora*-Arten nach Wuchsform (

Acropora-Gruppe	Wuchsform der Kolonie	
A. togianensis	Baumartig (= arboreszent), wenige immerse oder submerse Radialkoralliten mit großem Zwischenabstand	
A. latistella	Horizontal zusammenhängende Verzweigungen und kurze, vertikale, keulenartige Zweige (= corymbose), kurze, röhrenförmige Radialkoralliten mit runder Öffnung	
A. aspera	Horizontal zusammenhängende Verzweigungen und kurze, vertikale, keulenartige Zweige (= corymbose) Kolonieform. Dicht sitzende Radialkoralliten mit fehlender Oberwandung und weit vorgestreckter Unterwandung. *A. aspera* und *A . pulchra* wachsen allerdings baumartig (= arboreszent) und besitzen zwischen den Radialkoralliten kleinere subimmerse Koralliten	
A. selago	Kolonieform unterschiedlich; Radialkoralliten schraubenförmig (= cochleariform) mit schwach entwickelter Oberwandung und lippenartig vorgestülpter Unterwandung	
A. horrida	Kolonieformen von baumartig (= arboreszent) über stachelig (= hispidos) bis buschig (= caespitos); gleich große röhrenförmige Radialkoralliten mit runder Öffnung	
A. formosa	Kolonieform baumartig (= arboreszent) bis tisch-baumartig (= tabulat-arboreszent); röhrenförmige Koralliten unterschiedlicher Größe mit verschieden großen Öffnungen	

Wuchsform	Acropora-Arten	Für Einsteiger geeignet?
	Acropora togianensis	Generell ja
	Acropora latistella **Acropora subulata** **Acropora nana** **Acropora aculeus**	Generell ja
	Acropora aspera **Acropora millepora** **Acropora spicifera** **Acropora roseni** **Acropora pulchra** **Acropora spatulata** **Acropora papillare**	A. pulchra ja, Rest schwierig
	Acropora selago **Acropora eurystoma** **Acropora donei** **Acropora loisettae** **Acropora tenuis** **Acropora striata** **Acropora yongei** **Acropora dendrum**	A. selago ja, Rest schwierig
	Acropora horrida **Acropora tortuosa** **A. microphtalma** **A. derawanensis** **Acropora vaughani** **A. abrolhosensis** **Acropora kirstyae** **A. halmaherae**	A. microphthalma ja, Rest schwierig
	Acropora grandis **Acropora formosa** **Acropora acuminata** **A. valenciennesi** **A. abrolhosensis**	A. formosa ja, Rest schwierig

Corymbose Wuchsform

Caespitose Wuchsform

Arboreszente Wuchsform

Solch ein farbiges Steinkorallenaquarium kann als Höhepunkt in der Karriere eines Korallenriffaquarianers angesehen werden.

8.3.2.1.1 Wann einsetzen?

Für alle Arten ist es von Vorteil, wenn das Aquarium nicht von Anfang an mit ihnen besetzt wird. Erfahrungsgemäß sollten Sie mit einem Besatz frühestens ein Jahr nach dem Einfahren beginnen. Immer wieder findet man bei den kleinpolypigen Steinkorallen, wenn zu früh mit ihnen besetzt wird, ausbleichende bzw. absterbende Stellen. Dies liegt zum einen daran, dass zu Beginn noch viel umgeräumt und eingestellt werden muss. Die Strömung wird hin und wieder verändert, bis sie passt, das Licht höher oder tiefer über dem Aquarium angebracht und auch das Wasser baut scheinbar erst nach einer längeren Betriebsphase genügend für die Steinkorallen relevante organische Verbindungen auf.

Da besonders die *Acropora*-Korallen durch ihr schnelles Wachstum viel Calcium verbrauchen, sollten Sie im Aquarium diesen Wert sowie auch die Karbonathärte regelmäßig überwachen. Der Calciumwert sollte bei ca. 410 bis 420 mg/l und die KH

zwischen 7 und 9 liegen. Höhere Werte sind nicht anzustreben (siehe auch Kapitel Spurenelemente 5.2.5.1). Um Mangelerscheinungen an den Steinkorallen dauerhaft zu vermeiden, empfiehlt es sich, eine gute Spurenelementelösung zu verwenden und den wöchentlichen regelmäßigen Wasserwechsel von 10 % des Nettowasservolumens durchzuführen.

8.3.2.1.2 Welche Arten für den Einsteiger?

In der Meerwasserszene haben sich unter den *Acropora*-Arten einige als sehr gut haltbar erwiesen. Zu diesen Arten, die auch regelmäßig im Handel erhältlich sind, zählen in erster Linie *A. pulchra* und *A. togianensis*, *A. latistella*, *A. subulata*, *A. nana*, *A. aculeus*, *A. selago*, *A. microphtalma* und *A. formosa*. Vom Einsteiger nicht gewählt werden sollten alle *Acropora*-Arten, die eine massive und corymbose Kolonieform aufweisen. Sie wachsen sehr langsam und sind nicht sehr anpassungsfähig. Bereits kleine Unregelmäßigkeiten in der Wassergüte nehmen sie schnell übel. Weiterhin sollte der Einsteiger *A. echinata*, *A. subglabra* und *A. carduus* aus der *A. echinata*-Gruppe meiden. Sie alle bereiten im Aquarium häufig Probleme und sollten erst nach einer gewissen Erfahrungszeit gepflegt werden.

Die nachfolgend empfohlenen *Acropora*-Steinkorallen eignen sich nach meiner Erfahrung für den Einsteiger gut, wenn das Becken bereits über ein Jahr in Betrieb ist:

Acropora sp. – Die als Stübersche *Acropora* bezeichnete Art hat ein geweihförmiges Wachstum mit dünnen, normalerweise braunen Ästen und weißlichen Astspitzen. Im Aquarium ist sie relativ anspruchslos, wenn sie die ihr zusagenden Bedingungen antrifft. Ist dies nicht der Fall, kann auch diese als einfach geltende Koralle den Aquarianer leicht zur Verzweiflung bringen. *Acropora sp.* ist meiner Erfahrung nach relativ anfällig für einen Befall mit *Porpostoma notatum*. In unregelmäßigen Zeiträumen kann es vorkommen, dass die gesamte Kolonie weiß wird und abstirbt. Wird rechtzeitig eingegriffen, lassen sich einzelne unbefallene Teile abbrechen und erneut im Aquarium pflanzen. In der Regel regenerieren sie sich gut.

Beleuchtung:
Die Korallen bevorzugen direkt im Strahlungskegel des HQI-Strahlers den unteren Bereich der Starklichtzone. Außerhalb des Strahlungskegels unter Leuchtstoffröhren sollte sie im oberen Aquarienbereich etabliert werden.

Strömung:
Sehr vorteilhaft ist eine mittelstarke Strömung, da diese auch dem Befall von *Porpostoma* entgegenwirkt.

Wasserqualität:
Nitratwerte bis 25 mg/l, PO_4-Wert bis max. 0,2 mg/l.

Acropora microphtalma – Bei dieser Koralle handelt es sich um eine dünnästige geweihförmige Art, die mitunter sehr schöne Farbmorphen mit leuchtend grünen Polypen aufweist. Wegen ihres ansprechenden Äußeren ist sie auch dem Einsteiger zu empfehlen, da sie geringe Parameterschwankungen toleriert.

Die Koralle wächst unter ausreichendem Licht zu großen Kolonien heran und kann andere *Acropora*-Arten unterdrücken. Ein regelmäßiger Beschnitt ist somit unumgänglich. Bei höheren Temperaturen neigt sie jedoch schnell zum Ausbleichen.

Beleuchtung:
Die Korallen bevorzugen direkt im Strahlungskegel des HQI-Strahlers den unteren bis maximal mittleren Bereich der Starklichtzone. Außerhalb des Strahlungskegels unter Leuchtstoffröhren in den oberen Aquarienbereich setzen.

Strömung:
Sehr vorteilhaft ist eine mittelstarke Strömung.

Wasserqualität:
Nitratwerte bis 10 mg/l werden toleriert. Der PO_4-Wert muss im Bereich bis maximal 0,05 mg/l liegen.

Acropora tumida – Diese Art ist meist von grüner Färbung. Besonders unter ausschließlichem Blaulicht fluoresziert sie wunderschön.

Charakteristisch für diese Koralle ist ihre starke Schleimbildung, wenn sie sich außerhalb des Wassers befindet oder grob angefasst wird.

Die Äste dieser Koralle sind geweihförmig und je nach Beleuchtungsstärke entweder dünn und lang ausgezogen (bei wenig Licht) oder aber relativ dick (bei viel Licht). Diese *Acropora* toleriert geringfügige Parameterschwankungen und ist dem Einsteiger zu empfehlen.

A. tumida (grüne Farbmorphe) ✓ ✓ ▆

Foto: R. Boger

Beleuchtung:
Acropora tumida bevorzugt direkt im Strahlungskegel des HQI-Strahlers den mittleren Bereich der Starklichtzone. Außerhalb des Strahlungskegels unter Leuchtstoffröhren muss sie im oberen Aquarienbereich angesiedelt werden.

Strömung:
Sehr vorteilhaft ist eine starke Strömung, die von mehreren (!) Seiten auf die Koralle einwirkt. Bei einer Strömung, die nur von einer Seite auf die Kolonie zielt, bilden sich an der der Strömung abgewandten Seite häufig keine Polypenkelche, sodass die Oberfläche der Koralle fast glatt wirkt. Dieser Bereich ist dann erfahrungsgemäß anfällig gegen Krankheiten.

Wasserqualität:
Nitratwerte bis 25 mg/l werden toleriert. Der PO_4-Wert muss im Bereich bis maximal 0,1 mg/l liegen.

Acropora selago – Diese Art ist seltsamerweise bei Aufzählungen von Steinkorallen für den Einsteiger nie zu finden. Sie fällt durch ihre haarähnlichen Polypententakel auf, die der Koralle einen Fellcharakter verleihen. Meist ist sie beigebraun mit blauen oder violetten Wachstumsspitzen.

A. selago ist meiner Meinung nach eine der härtesten *Acropora*-Arten überhaupt. Geringfügige Parameterschwankungen steckt sie problemlos weg. Auch direkte Vernesselung durch andere Korallen nimmt sie nur an den Berührungspunkten übel. Die restliche Kolonie wird dadurch aber nicht beeinträchtigt. Unwohlsein zeigt sie sogar deutlich an.

Wenn die Kampftentakel oben an den Wachstumsspitzen ein fädig-schleimiges Aussehen annehmen, zeigt das, dass ihr irgendetwas nicht behagt. Sie bringt dies bei zu starkem oder zu schwachem Licht sowie bei zu geringen Salzgehalten oder fallendem pH-Wert deutlich zum Ausdruck.

Beleuchtung:
Sie bevorzugt direkt im Strahlungskegel des HQI-Strahlers den mittleren Bereich der Mittellichtzone. Außerhalb des Strahlungskegels unter Leuchtstoffröhren sollte sie etwas näher an der Wasseroberfläche angesiedelt werden.

Strömung:
Sehr vorteilhaft ist eine starke Strömung, die wie bei der vorgenannten Art von mehreren Seiten auf die Koralle einwirkt. So streckt sie auch ihre Polypen weit ins freie Wasser.

Wasserqualität: Nitratwerte bis 25 mg/l werden gut toleriert. Der PO_4-Wert darf im Bereich bis maximal 0,1 mg/l liegen.

Acropora formosa – Die Wuchsform dieser Koralle ist arboreszent. Sie kann riesige monospezifische Bestände im Meer und im Aquarium entwickeln. Die radialen Koralliten einer Kolonie können alle gleich oder unterschiedlich groß sein. Die Färbung ist meist ein helles Braun, die Zweigspitzen sind rosa oder weiß, gelegentlich blau. Allerdings gibt es auch eine purpurfarbene Variante, die sehr viel Licht benötigt und einen etwas höheren Pflegeanspruch hat. Die Koralle wächst ausgezeichnet.

A. togianensis–Gruppe ✓ ✓ ▇

Foto: H. Kirchhauser

A. latistellata–Gruppe ✓ ✓ ▇

A. sp. (Stübersche Acropora) ✓ ▇

Foto: H. Kirchhauser

A. selago ✓ ✓ ▇

Foto: R. Boger

A. microphthalma ✓ ✓ ▇

A. formosa ✓ ✓ ▇

Beleuchtung:
A. formosa bevorzugt direkt im Strahlungskegel des HQI-Strahlers den oberen Bereich der Starklichtzone. Außerhalb des
Strahlungskegels unter Leuchtstoffröhren
sollte sie nahe an der Wasseroberfläche angesiedelt werden.

Strömung:
Sehr vorteilhaft ist eine mittelstarke Strömung, die von mehreren Seiten auf die Koralle einwirkt.

Wasserqualität:
Nitratwerte bis 10 mg/l werden gut toleriert. Der PO_4-Wert muss im Bereich bis
maximal 0,05 mg/l liegen.

Hier möchte ich die Vorstellung dieser
herrlichen Steinkorallengattung beenden.
Der Einsteiger sollte sich an den gegebe-
nen Pflegevorschlägen orientieren, um so
erste Erfahrungen mit diesen Korallen zu
machen. Später kann er sich dann schwie-
rigeren Arten zuwenden, deren Pflege-
bedingungen er der zahlreich im Handel
erhältlichen Spezialliteratur entnehmen
kann.

Wir wenden uns nun einer zweiten, nicht
minder interessanten Gruppe kleinpolypiger
Steinkorallen zu – der Gattung *Montipora*.

8.3.2.2 Die Gattung *Montipora*

Noch vor der Gattung *Acropora* möchte ich
die Gattung *Montipora* für den Einsteiger empfehlen. Wenn sie auch annähernd
die gleichen Bedingungen wie die *Acropora*-Korallen verlangt, so hat sie doch einen
entscheidenden Vorteil: Sie wird kaum von
Porpostoma notatum (siehe Kap. 14.6) befallen. Wir konnten schon Aquarien beobachten, deren gesamter *Acropora*-Bestand diesem
Plagegeist zum Opfer gefallen ist, während
die *Montipora*-Arten inmitten der Trümmer-
felder völlig unberührt sehr gut standen.

Die *Montipora*-Arten mögen meiner Erfahrung nach keinen übermäßigen Wasserwechsel (> 10 % pro Woche), denn gegen zu sauberes Wasser sind sie allergisch.
Quittiert wird dies mit weißlichen Stellen
im Gewebe und einem in der Folge radi-
kalen Gewebesterben. Solche einmal ge-
schädigten Korallen lassen sich kaum mehr
ins Leben zurückholen. Deshalb ist es sehr
wichtig, mit ihnen erst ein bis eineinhalb
Jahre nach dem Neustart zu beginnen. Bis
dahin hat das System eine gewisse Reife
entwickelt und man erspart sich die Ent-
täuschung.

Montipora-Arten sind im gesamten Indo-
Pazifik verbreitet. Obwohl die Gattung die
zweit artenreichste unter den Steinkorallen
ist, ist sie doch wenig erforscht. Ein Problem bei der Artenbestimmung ist der sogenannte Polymorphismus. Die gleiche Art
kann unter unterschiedlichen Umgebungs-
einflüssen ganz unterschiedlich aussehen.
Viele Arten sind an der krustenförmigen
Wuchsform zu erkennen. Sie breiten sich
flach über das Substrat aus und besitzen
nur sehr kleine Polypen. Allerdings gibt es
auch einige Arten, die in verzweigter Form
wachsen.

Beleuchtung:
Montipora-Arten benötigen keine übermäßige Beleuchtung. Im oberen bis mittleren
Bereich der Mittellichtzone gedeihen sie
vorzüglich. Bedingt durch die häufig plattenförmige Wuchsform kann es schnell
dazu kommen, dass sie den darunter siedelnden Korallen das Licht entziehen.
In diesem Fall sind die Platten mit einer
Kneifzange in Form zu schneiden.

Strömung:
Sehr vorteilhaft ist eine mittelstarke Strömung von mehreren Seiten.

Wasserqualität:
Nitratwerte bis 20 mg/l, PO_4-Wert bis maximal 0,1 mg/l.

8.3.2.3 Die Gattung *Pocillopora*

Diese Gattung aus der Familie Pocilloporidae enthält schöne Steinkorallen, die
buschförmig wachsen und unterschiedliche
Färbungen entwickeln. Zwei Arten aus der
Gattung *Pocillopora* werden vorwiegend in
der Riffaquaristik gepflegt: einmal *Pocillopora damicornis* und *P. verrucosa*.

Pocillopora damicornis ist eine ziemlich
schnellwüchsige Art, die eine große Anpassungsfähigkeit aufweist. Meist werden
P. damicornis nur in Bereichen gepflegt, die
sehr vom direkt auf sie einstrahlenden starken HQI-Licht geprägt sind. Unter dieser

Beleuchtung bilden sie oft eine Gestalt aus,
die an einen in der Savanne stehenden Baum
erinnert. Die gesamten Äste ragen hierbei
nur in eine Richtung und bilden eher eine
baum- als eine buschähnliche Form aus.
Pflegt man diese Korallen jedoch in einer
Zone, in der sie gleichermaßen vom HQI-
Licht als auch vom Leuchtstoffröhrenlicht profitieren, bilden sie ihre eigentliche
buschähnliche Form viel natürlicher aus.
Hier profitieren sie dann vom nicht nur
direkt von oben gerichteten Licht, sondern
auch vom Leuchtstoffröhrenlicht, das eher
gleichmäßig von mehreren Seiten auf die
Koralle trifft. Die Wasserqualität im natürlichen Lebensraum der *P. damicornis* ist

Montipora sp.

Foto: H. Kirchhauser

Pocillopora damicornis

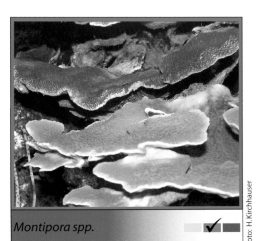

Montipora spp.

Foto: H. Kirchhauser

Pocillopora verrucosa

Foto: A. Luty

so unterschiedlich wie die Meeresbereiche, in denen sie vorkommt. Vom Flachwasser bis in größere Tiefen und vom Korallenriff bis inmitten der Seegraszone, selbst in der Mangrovenzone, überall findet man diese Koralle. Das Wasser ist dementsprechend klar oder auch relativ trübe. Mit allen Gegebenheiten kommt diese Koralle gut zurecht.

P. damicornis lebt im Riff mit zahlreichen anderen Korallenarten zusammen. Sie lässt sich erfahrungsgemäß gut in eine schon bestehende Riffgemeinschaft integrieren. Erwähnenswert ist noch, dass sich in importierten P.damicornis-Kolonien häufig kleine Symbiosekrabben aus der Familie Xanthidae finden.

Diese Krabben sollte man sorgfältig behandeln, denn sie reinigen die Koralle von Schleimresten und, in begrenztem Umfang, von aufsitzenden Algen, die der Koralle auf Dauer schaden.

Beleuchtung:
P. damicornis benötigt im Aquarium eine ausreichende Beleuchtung. Am besten siedelt man sie in der mittleren Zone der Starklichtzone an. Am schönsten entwickeln sich die Korallen, wenn man mit einer Mischlichtbeleuchtung aus Leuchtstofflampen und HQI-Lampen, jeweils in der ungefähr gleichen Wattzahl, arbeitet. Hier entwickeln die Korallen eine schöne buschförmige Gestalt.

Strömung:
Sehr vorteilhaft ist eine mittelstarke Strömung, die von mehreren Seiten auf die Koralle einwirkt. Auch die Strömung ist speziell bei dieser Koralle sehr gestaltsbestimmend. Die Strömung aus verschiedenen Richtungen unterstützt das buschähnliche Wachstum. Wichtig ist, dass die Strömung die gesamte Kolonie umfließt und auch mit dem Wachstum der Koralle entsprechend verstärkt wird, denn ein Zuwenig an Strömung führt zum Absterben der Polypen und zu relativ brüchigen Ästen.

Wasserqualität:
Nitratwerte bis 15 mg/l werden toleriert. Der PO_4-Wert muss im Bereich bis maximal 0,05 mg/l liegen. Es dürfen sich keine längeren Fadenalgen am Fuß der Koralle ansiedeln, denn dadurch kann in den Bereichen, an denen die Algen die Koralle berühren, das Gewebe absterben.

Pocillopora verrucosa ist im Vergleich zu *P. damicornis* wesentlich empfindlicher und vor allem langsamwüchsiger. Die Koralle findet man im Roten Meer und dort weist sie meist eine kompakte Gestalt auf, die sie im Aquarium auch häufig beibehält. Eine Eigenart, die mir bei der Pflege in mehreren Meerwasseraquarien immer auffiel, war die, dass die Koralle eine extrem lange Eingewöhnungszeit benötigt. Es dauert mitunter Jahre, bis eines Tages ein deutliches Wachstum festgestellt werden kann.

Beleuchtung:
P. verucosa benötigt im Aquarium eine starke Beleuchtung. Am besten wird sie in der oberen Zone der Starklichtzone angesiedelt. Je nach Beleuchtungsstärke verändert sich auch die Färbung der Koralle.

Strömung:
Sehr vorteilhaft ist eine starke Strömung, die von mehreren Seiten auf die Koralle einwirkt.

Wasserqualität:
Nitratwerte bis 15 mg/l werden gut toleriert. Der PO_4-Wert muss im Bereich bis maximal 0,05 mg/l liegen. Es dürfen sich keine längeren Fadenalgen am Fuß der Koralle ansiedeln.

8.3.2.4 Die Gattung *Seriatopora*

Diese Gattung, die ebenfalls zur Familie Pocilloporidae gehört, wird in der Meerwasseraquaristik hauptsächlich durch *Seriatopora hystrix* repräsentiert. Diese buschig

Seriatopora hystrix (rote Farbmorphe) ✔

wachsende Steinkoralle mit ihren spitz aus-
laufenden Astenden gehört zum festen Bestandteil heutiger Korallenriffaquarien. Sie
ist relativ pflegeleicht und stellt auch an das
Licht keine übermäßig hohen Ansprüche.

Seriatopora hystrix ist im Riff häufig anzutreffen und lebt meist in kleinen Koloni-
en neben anderen Steinkorallen. Im Roten
Meer konnte ich beobachten, dass mit zu-
nehmender Tiefe (bis max. 10 bis 15 Meter)
auch die Kolonien immer größer wurden.
Wie viele andere Steinkorallen können auch
die *Seriatopora*-Arten nach dem Einsetzen
in das Aquarium ihre Farbe verändern. Bei
sehr starker Beleuchtung tendieren sie zum
Rötlichen, während bei einer normalen Beleuchtung, die das Tier allerdings mit der
Zeit weniger stresst und weniger anfällig
gegen Krankheiten macht, nur eine leichte
pinkfarbene oder beigebraune Färbung zu
erzielen ist.

Beleuchtung:
S. hystrix benötigt eine mittelstarke Beleuchtung. Am besten wird sie in der unteren Zone der Starklichtzone angesiedelt. Je
nach Beleuchtungsstärke verändert sich die
Färbung der Koralle extrem.

Strömung:
Sehr vorteilhaft ist eine starke Strömung,
die von mehreren Seiten auf die Koralle
einwirkt und das Astgewirr der Koralle gut
umspült.

Wasserqualität:
Nitratwerte bis 15 mg/l werden toleriert.
Der PO_4-Wert muss im Bereich bis maximal 0,1 mg/l liegen. Keine längeren Fadenalgen dürfen am Fuße der Koralle siedeln.

8.3.2.5 Eine Besonderheit – die Gattung *Millepora*

Trotz der Ähnlichkeit mit Steinkorallen
handelt es sich bei der Gattung *Millepora*,
die gemeinhin als Feuerkorallen bezeichnet werden, nicht um solche. Sie bilden ein
kalkhaltiges Skelett, das dem einiger Steinkorallen ähnelt, und sie besitzen Symbiosealgen – leben somit in erster Linie vom
Licht – doch ihre Entwicklungsgeschichte

unterscheidet sie gravierend von jener der Steinkorallen.

Feuerkorallen der Gattung *Millepora* konnte ich sehr häufig in der Karibik beobachten. Sie leben aber auch im gesamten Indopazifik bis hin zum Roten Meer. Strömungsreiche und stark beleuchtete Flachwasserbereiche stellen ihren Hauptverbreitungsort dar. Dass sie den Namen Feuerkoralle zu Recht tragen, findet man schnell heraus, wenn diese Tiere nur sachte berührt oder kurz gestreift werden. Sofort setzt ein Brennen auf der Haut ein, das ähnlich dem von Brennnesseln ist. Bei allergischer Veranlagung kann es zu einer sogenannten anaphylaktischen Reaktion kommen, die sehr gefährlich ist. Daher sollten Allergiker diese Korallen nur bedingt pflegen.

Die Form der Feuerkorallen ist nicht nur von der Art abhängig, sondern auch von den Umgebungsbedingungen. Die Korallen überziehen ein Substrat mit einer Kruste. Aus dieser Kruste wächst zum Licht hin ein Stamm, der seinerseits mehrere Äste ausbildet und sich immer mehr verzweigt. Bei den Feuerkorallen hat sich speziell ein wöchentlicher 10 %iger Wasserwechsel bewährt. Hierdurch behalten sie ihre weißen Wachstumsspitzen, die ein untrügliches Zeichen für Wohlbefinden sind.

Nehmen diese Spitzen die Farbe der übrigen Kolonieteile an, kann man davon ausgehen, dass der Feuerkoralle irgendetwas nicht behagt. Meist liegt das an bestimmten Nährstoffen, die ihr fehlen, zu wenig Licht oder einer schlechten Strömung. Ihrerseits kann die Feuerkoralle, wenn sie sehr gut wächst und recht groß wird, das Aquarienmilieu mit ihren Nesselzellen stark beeinflussen. Es ist möglich, dass die empfindlichen Arten im Aquarium aufgrund der Feuerkoralle leiden oder gar ganz absterben. Hier muss dann entweder die Feuerkorallenkolonie verkleinert oder die empfindlichen Arten aus dem Aquarium genommen werden.

Beleuchtung:
Feuerkorallen benötigen im Aquarium eine mittelstarke bis starke Beleuchtung. Am besten werden sie in der mittleren bis oberen Zone der Starklichtzone angesiedelt. Je nach Beleuchtungsstärke verändert sich die Färbung der Koralle extrem. Bei starkem Licht wird sie fast komplett weißlich, bei ausgewogenem Licht entwickelt sie eine gelbliche Färbung.

Strömung:
Sehr vorteilhaft ist eine starke Strömung, die von mehreren Seiten auf die Koralle einwirkt und das Astgewirr der Koralle gut umspült.

Wasserqualität:
Nitratwerte bis 30 mg/l werden erfahrungsgemäß toleriert. Der PO_4-Wert muss im Bereich bis maximal 0,5 mg/l liegen. Es dürfen sich keine Fadenalgen im näheren Umfeld der Koralle ansiedeln.

Millepora sp. (kleines Bild im Aquarium)

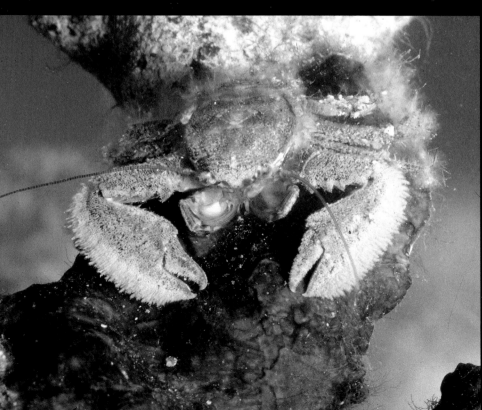

Auf vielen <u>aus dem Meer importierten</u> *Acropora*-Arten, aber auch auf anderen Steinkorallen, finden sich kleine Korallenkrabben. Sie sollten nicht entfernt werden, denn sie schädigen die Koralle nicht, halten ihr aber (in bestimmtem Rahmen) Parasiten vom Leib.

8.4 Weitere empfehlenswerte Wirbellose

8.4.1 Riesenmuscheln der Gattung *Tridacna*

Ohne Zweifel sind die für das Korallenriff-aquarium am besten geeigneten Muscheln die Riesenmuscheln aus der Gattung *Tridacna*. Für viele Aquarianer sind sie das Abbild der marinen Welt schlechthin. Besonders schön ist die Tatsache, dass heutzutage an vielen Orten der Welt diese Muscheln zu Speisezwecken in Farmen gezüchtet werden und wir Aquarianer von diesen Zuchten profitieren können. Die Entnahme aus der Natur ist daher selten erforderlich.

Riesenmuscheln sind besonders speziali-siert. Im Vergleich zu anderen Muscheln haben sie große morphologische Verän-derungen durchlaufen, um in den flachen Zonen der Korallenriffe in Symbiose mit Zooxanthellen leben zu können.

Die Muscheln haften mit sogenannten By-susfäden am Substrat oder liegen lose auf dem Boden.

Riesenmuscheln ertragen ein kurzzeiti-ges Trockenliegen und auch ein teilweises Aussüßen des Wassers. Sind sie bei guter Kondition, verzeihen sie so manchen An-fängerfehler.

Junge Riesenmuscheln haften normaler-weise immer mit Bysusfäden am Substrat. Bei einigen Arten wie *T. scuamosa, T. gigas* und *T. derasa* löst sich diese Verbindung, wenn die Tiere größer werden. Aus diesem Grund sollten Jungtiere, die sich einmal im Aquarium festgemacht haben, nicht mehr versetzt werden, denn sonst werden die By-susfäden beschädigt und die Muschel kann dadurch Schaden nehmen. FOSSA/NILSEN beschreiben die Merkmale einer beschä-digten *Tridacna* wie folgt: Nach ihren Be-obachtungen spannt solch eine Muschel den Mantel auf eine besondere Weise ein. Die Schalenhälften werden unnatürlich weit ge-öffnet, der Mantel ist dann stark zwischen

Putzerlippfische wie *Labroides dimidiatus* (Pfeil) fressen früher oder später an den Muscheln. Eine gemeinsame Haltung verbietet sich somit.

den Schalenhälften eingeklemmt und die Einströmöffnungen weit ausgedehnt. Nach Meinung der Autoren stirbt solch eine Mu-schel nach kurzer Zeit ab.

Weiterhin sind die Muscheln gegen das Ver-nesseln von Glasrosen, Anemonen oder Hy-droidpolypen sehr empfindlich, wenn diese zu nah an sie herangewachsen sind. Fadenal-gen können ebenfalls zum Absterben beitra-gen. Wichtig ist, dass man den Fischbesatz auf die Muscheln abstimmt. Zum Beispiel hat sich gezeigt, dass alle Falterfische und viele Lippfische (besonders Putzerlippfische wie *Labroides dimidiatus*) früher oder später an den Muscheln fressen.

Bei der gleichzeitigen Pflege von Garnelen und bestimmten, nicht rein auf pflanzliche Nahrung spezialisierten Einsiedlerkrebsen ist damit zu rechnen, dass auch diese Tiere die Muscheln schädigen können.

Oft wird angenommen, dass Krebse und Garnelen genug Futter im Aquarium fin-den. Werden sie jedoch nicht gezielt gefüt-tert, leiden sie großen Hunger. Im Becken finden sie natürlich Nahrung, dann aber in Form von Muscheln und Schnecken, die wir zuvor im Fachhandel teuer erworben haben. Deshalb sollten die Garnelen und die Einsiedlerkrebse gut ernährt werden (siehe auch Kap. 8.4.5 und 8.4.6 Krebse und Garnelen).

Nachfolgend möchte ich drei für den Einsteiger gut geeignete Riesenmuscheln vorstellen:

Tridacna crocea

Hier handelt es sich um die kleinste und farbenprächtigste der vorgestellten Arten. Sie ist bestens für kleinere Becken geeignet. *T. crocea* ist im Handel am häufigsten erhältlich, da sie die am besten zu züchtende Art ist. Diese Muschel hat glatte Schalen, die manchmal am oberen Schalenrand einige Schuppen zeigen.
Beim Kauf ist darauf zu achten, dass sich das zu erwerbende Tier auf einem Stein festgesetzt hat.

Beleuchtung:
T. crocea verlangt eine starke Beleuchtung. Man sollte sie direkt in die Dekoration unter die HQI-Lampe setzen. Beachtet werden muss aber, dass die Muschel beim Händler oftmals dunkler gesessen hat. Dann bitte schrittweise an die starke HQI-Beleuchtung anpassen.

Strömung:
Sehr vorteilhaft ist eine mittelstarke Strömung von mehreren Seiten. Sie muss so gewählt werden, dass die Mantellappen der Muschel nicht zu stark eingeknickt werden.

Wasserqualität:
Nitratwerte bis 5 mg/l werden erfahrungsgemäß toleriert. Der PO_4-Wert muss im Bereich bis maximal 0,05 mg/l liegen. Es dürfen sich auf keinen Fall Fadenalgen im näheren Umfeld oder gar auf der Muschel ansiedeln.

Tridacna maxima

Bei dieser Riesenmuschel handelt es sich um eine weitere robuste Art, die bis zu 40 cm Gesamtgröße erreichen kann. Sie besitzt an der ganzen Schale schuppenähnliche Fortsätze, die fast rechtwinklig abstehen. Die Muschel ist sehr anpassungsfähig und für den Einsteiger mit etwas Erfahrung sehr gut geeignet.

Beleuchtung:
T. maxima benötigt ebenfalls eine starke Beleuchtung. Man sollte sie in die Nähe der HQI-Lampe setzen. Beachtet werden muss auch hier, dass die Muschel beim Händler ggf. dunkler gesessen hat. Dann muss sie wie *T. crocea* schrittweise an die starke HQI-Beleuchtung angepasst werden.

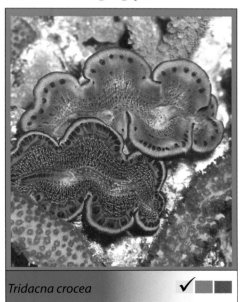
Tridacna crocea ✓ ■ ■

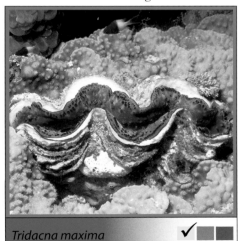
Tridacna maxima ✓ ■ ■

Strömung:
Vorteilhaft ist eine mittelstarke Strömung von mehreren Seiten. Auch bei ihr dürfen die Mantellappen der Muschel nicht zu stark eingeknickt werden.

Wasserqualität:
Nitratwerte bis 5 mg/l werden erfahrungsgemäß toleriert. Der PO_4-Wert muss im Bereich bis maximal 0,05 mg/l liegen. Es dürfen sich auf keinen Fall Fadenalgen im näheren Umfeld oder gar auf der Muschel ansiedeln.

Tridacna derasa

Sie ist die größte der hier vorgestellten Riesenmuscheln. Sie erreicht eine Maximalgröße von 60 cm und eignet sich hauptsächlich für die Pflege am Boden. Man erkennt sie an der typischen gestreiften Musterung der Mantellappen und an den glatten Schalen. Sie lebt im Meer in etwas

Tridacna-Arten im natürlichen Lebensraum und im Riffaquarium.

größerer Tiefe und ist aus diesem Grund nicht ganz so lichtbedürftig wie die beiden vorgenannten Arten.

Beleuchtung:
T. derasa braucht eine mittelstarke Beleuchtung. Sie kann in einem mit HQI-Lampen beleuchteten Aquarium in der Nähe des Lichtkegels auf den Bodengrund gesetzt werden.

Strömung:
Sehr vorteilhaft ist eine mittelstarke Strömung von mehreren Seiten. Sie muss so gewählt werden, dass die Mantellappen der Muschel nicht zu stark eingeknickt werden.

Wasserqualität:
Nitratwerte bis 10 mg/l werden erfahrungsgemäß toleriert. Der PO_4-Wert muss im Bereich bis maximal 0,05 mg/l liegen. Es dürfen sich auf keinen Fall Fadenalgen im näheren Umfeld oder gar auf der Muschel ansiedeln. Diese Muschel ist empfindlich gegenüber übermäßiger Wassertrübung. Ein gelegentliches Aufrühren des Bodengrundes verbietet sich bei dieser Art.

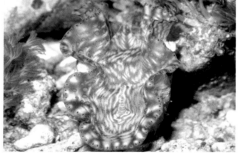

Tridacna derasa

Foto: H. Kirchhauser

8.4.2   Röhrenwürmer

8.4.2.1   Die Röhre

Der Großteil der Meeresborstenwürmer
lebt in schachtartigen Wohnanlagen, deren
Außenwand mit vom Wurm abgegebenem
Schleim austapeziert wird. Viele Arten
verbinden auch das im Meerwasser rasch
erhärtende Sekret mit Sand-, Kalk- oder
Detrituspartikeln und errichten auf diese
Weise Wohnröhren.

8.4.2.2   Futter
für Röhrenwürmer

Eine gezielte Pflege von Röhrenwürmern
im Aquarium ist bis heute noch nicht möglich. Besonders Arten wie *Sabellastarte
indica,* die recht groß werden können und
sehr dekorativ sind, können einfach noch
nicht dauerhaft gepflegt werden. Das liegt
in diesem Fall weniger an unzureichenden
Wasserparametern, sondern eher am man-
gelnden Futter.
Bezüglich der Nahrungsaufnahme haben
die Serpulimorphen die Stellnetzfängerei
mit ihren großen Tentakelkronen bis zur
Perfektion ausgebildet. Ein großer Teil von
ihnen kann die Röhre nicht mehr verlassen, und so müssen sich die Alttiere auch
dort noch behaupten, wo die Larve gesiedelt hat. Dass sie beim Nahrungsfang sehr
erfolgreich sein müssen, spiegelt auch die
Tatsache wider, dass sie selbst in tropischen Korallenriffen mit einer Vielzahl von
Nahrungskonkurrenten zu finden sind und
dennoch ihre Nischen besetzten. Wie geht
nun die Nahrungsaufnahme im Einzelnen
vor sich?
Über den Mechanismus sind wir eingehend
durch Untersuchungen an dem Sabelliden
Sabella penicillus informiert, dessen Ver-
wandter *Spirographis* auch in Aquarien
unserer Breiten als „Schraubensabelle" bekannt geworden ist. Seine zu beiden Seiten
der Mundöffnung stehenden Tentakelträ-

Sand-, Kalk- oder Detri-
tuspartikel stellen das
Baumaterial für die Röh-
ren der Röhrenwürmer.

ger entsenden jeweils über 30 Tentakel,
die vor dem Vorderende des Tieres einen
großen Trichter bilden. Jeder Tentakel ist
gefiedert und trägt beiderseits kleine be-
wimperte Fortsätze – die Pinnulae – die im
Wasser suspendierte Teilchen auf ihre Me-
dialseite und von dort auf die Wimperrinne
der Tentakel transportieren. Diese ist in
verschiedener Höhe unterschiedlich breit
und sorgt so für einen getrennten Transport großer, mittlerer und kleiner Partikel.
An der Basis der Zilienfurche werden die
kleinsten Geschwebeteilchen befördert.
In unmittelbarer Nähe des Mundes trennen sich die drei Fließbänder. Die großen
Partikel werden von kleinen Anhängen am
Rand der Oberlippe aus der Tentakelkrone
herausbefördert. Die mittelgroßen Stücke
werden in paarigen Taschen der Unterlip-
pe als Baumaterial gespeichert. Allein das
feine Material wird in den Mund hineinge-
flimmert und dient als Nahrung. Auch bei
der nur wenige mm langen *Fabricia sabella*
kommt dieser Sortiermechanismus vor.

8.4.2.3   Die Arten

Sabellastarte indica

Der Körper sitzt in einer pergamentähnli-
chen Röhre. Diese besteht aus Sand, Detritus, Kotballen, kleinen Muschelschalen

usw. Diese Würmer können ihren Standort verlassen. Dies geschieht meist nachts und mit Röhre. Der Wurm ist leider nur ein Gast auf Zeit. Der Grund für seine kurzzeitige Haltbarkeit liegt in der Beschaffung geeigneter Nahrung und manchmal an der falschen Platzierung im Aquarium. Eine schwache Strömung und ein ausreichender Sicherheitsabstand zu nesselnden Korallen müssen eingehalten werden. Meldungen vereinzelter Aquarianer bestätigen eine Lebenszeit von über 2 Jahren ohne Degeneration der Krone.

Sabellastarte benutzt seinen doppelten Tentakelkranz zum Filtrieren des Seewassers. Die einzelnen Tentakel sind so gebaut, dass die Teilchen, die daran haften, in drei „Klassen" aussortiert werden: klein, mittelgroß und sehr groß. Die kleinen Teilchen (z. B. Flagellaten, Diatomeen und Detritus) werden zum Mund transportiert, während die mittelgroßen zu einem sackförmigen Organ gelangen, sich dort ablagern und zu gegebener Zeit beim Vergrößern der Röhre Verwendung finden; die großen Teilchen werden nicht aufgenommen. Als große Teilchen müssen hier *Artemia*-Nauplien genannt werden. Mit ihnen kann der Wurm nicht viel anfangen.

Bispira sp.

Dieser Röhrenwurm hat eine flexible pergamentartige Röhre und lebt in der Natur in großen Kolonien. Die Gattung kennzeichnet sich durch eine zweischichtige Tentakelkrone, auf die auch der wissenschaftliche Name anspielt. Sie ist für die meisten Arten charakteristisch.

Dieser Röhrenwurm kann im Riffaquarium eine stattliche Individuenanzahl hervorbringen. Als Nahrung dient alles, was frei im Wasser herumschwebt, und bei nicht peinlichst gefilterten Aquarien scheint dies auch zum Wachstum und zur Vermehrung auszureichen. Die Ansiedlung gelingt jedoch nur, wenn keine Fressfeinde

wie Kaiser-, Falter-, Wimpel- oder Lippfische vorhanden sind. Der Wurm kann die Röhre nicht ausreichend verschließen und würde bald ein Opfer dieser Fische.

Spirobranchus giganteus

Der Wurm lebt in einer Kalkröhre. Diese ist fast regelmäßig in lebendes Korallengewebe vor allem von *Porites*-, *Acropora*- und *Millepora*-Arten eingebettet. Die Röhre wird entsprechend dem Korallenwachstum verlängert. Dabei wird ätzender Kalk abgelagert. Die Reaktion der Koralle ist oft durch den rosa Kranz um die Röhre zu erkennen. Die Würmer besitzen zwei spiralig gewundene Tentakelkränze und einen kalkhaltigen Deckel (Operculum). Mit diesem sind sie vor Angriffen sicher, da sie die Röhre problemlos verschließen können. In Aquarien, die ein gutes Steinkorallenwachstum aufweisen und die zusätzlich noch mit Bodengrundwühlern, z. B. Partnergrundeln mit Knallkrebs etc., betrieben werden, erreichen die Würmer eine lange Lebenszeit. 5 Jahre und mehr sind hier keine Seltenheit. Die Beobachtungen früherer Jahre, dass die Würmer zugrunde gehen, wenn die Koralle abstirbt, haben sich als nicht haltbar erwiesen. Das Veralgen des abgestorbenen Korallenstocks stecken sie allerdings nicht so einfach weg. Setzen sich jedoch keine Fadenalgen auf dem Stock ab, überleben die Würmer auch ohne Koralle.

Spirorbis sp.

Dieser Wurm baut eine gegen das Substrat abgegrenzte Röhre. Sie besteht aus Sekret und Fremdkörpern. Sie werden mit lebenden Steinen eingeschleppt und leben gerne in schattigen Höhlen und auf Steinunterseiten. Sie überleben im Aquarium sehr gut und arbeiten als lebende Filter, fangen Kleinpartikel ab und helfen dadurch, das Wasser klar zu halten. Die Serpuliden

Spirorbis spp.

Spirobranchus giganteus

Bispira viola

sich sofort mit dem reichlich sezernierten Schleim benachbarter Hautdrüsen mischen und auf der Röhrenkante haften, wo der Schleim erstarrt. Die Larven von *Spirorbis spec.* sind lt. Literatur pelagisch, was bedeutet, dass sie sich, obwohl dies im Aquarium lebensgefährlich ist (Vorfilter, Abschäumer etc.) erfolgreich vermehren. Ein Calciumgehalt von > 380 mg/l ist für diese Würmer lebenswichtig.

sind nicht alle streng sesshaft. Eine große Zahl von ihnen lebt zwar zeitlebens in der gleichen Röhre und kann, wenn sie herausgezogen wird, keine neue bauen, aber die Mehrzahl ist doch halbsessil, kann also freiwillig die Röhre verlassen und sie auch wieder aufsuchen. In einigen Fällen können sie eine neue Röhre bauen. Diese wird lediglich aus dem Sekret einer paarigen Drüse des kragenartig verdichteten Peristomiums gebaut. Wenn sie die Röhre verlängern, schieben sie die Tentakelkrone und das Peristomium aus ihr hervor. Dann ziehen sie sich ein Stück weit zurück, und zwar so, dass die Furche die freie Röhrenkante umschließt. Nun sondern die Drüsen feine Aragonitkörnchen ab, die

Foto: H. Kirchhauser

Sabellastarte indica

8.4.3 Schwämme

Jeder kann sich unter einem Schwamm etwas vorstellen. Schwämme sind durch ihre Gewebestruktur in der Lage, Wasser in großen Mengen zu filtrieren und Nahrung auszusortieren. Schwämme finden wir im Aquarium vorwiegend in der Dunkelzone. Sie sind festgewachsen zwischen Steinen oder unter Überhängen und können zumindest in der Natur in allen Farben auftreten. Im Aquarium ist es uns vergönnt, den Großteil dieser farbenprächtigen Lebewesen zu pflegen. Hier müssen wir mit den meist farblosen, in der Dunkelheit lebenden Vertretern vorlieb nehmen.

Diese Schwämme mögen in der Regel keine starke Wasserbewegung. Auch zu sauberes Wasser lässt Schwämme verhungern. Kräftige Abschäumung und effektive mechanische Schnellfilter machen diesen Organismen in unseren Aquarien das Leben schwer.

Erfahrungsgemäß lässt sich das Wachstum dieser Schwämme durch die Zugabe organischer Lösungen, wie sie für die *Artemia*-Aufzucht geeignet sind (z. B. Preis Microplan®), und einer regelmäßigen Aminosäurezugabe forcieren.

Collospongia auris

Eine gut haltbare, allerdings recht zweifelhafte Art ist der Ohrschwamm *Collospongia auris*. Dieser Schwamm hält sich hervorragend in der Lichtzone des Aquariums und wächst dort außerordentlich rasant. Unter einer entsprechenden Beleuchtung leuchtet dieser mit Blaualgen in Symbiose lebende grau-blaue Schwamm herrlich auf.

Das Gefährliche an ihm sind sein rasantes Wachstum und seine Zähigkeit. Seine lederähnliche reißfeste Kruste ist nur schwer von der Dekoration zu lösen.

Leider warten die meisten Aquarianer zu lange, bis sie den Schwamm einkürzen, und so passiert es häufig, dass er besonders

Steinkorallen umwächst und diese dann absterben.

Bisher war die Begrenzung des Wachstums durch Fressfeinde nicht gegeben. Der bekannte Meerwasseraquarianer DIETRICH STÜBER erwähnte jedoch in der Zeitschrift „Der MeerwasserAQUARIANER" 2/2001, dass er beobachten konnte, wie der Rotmeer-Seestern *Linckia multifora*, nachdem er im Aquarium ideale Bedingungen gefunden hatte, sich über diesen Schwamm hermachte und ihn anfraß. Von einem Auffressen konnte nicht die Rede sein, aber der Seestern hielt den Schwamm doch einigermaßen im Zaum. Einmal angefressene Teilbereiche regenerierten sich gemäß Autor nicht mehr. Somit besteht eine Möglichkeit, diesen Schwamm, falls er sich einmal zu stark ausgebreitet hat, wieder einzudämmen.

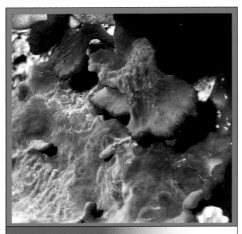

Collospongia auris

8.4.4 Seesterne und Schlangensterne

Beide Gruppen sind recht empfindlich gegen plötzliche Dichteschwankungen. Daher bietet sich das Eingewöhnen mittels der Tröpfchenmethode an.

Etwas über zwei Stunden sollten Sie sich damit schon Zeit lassen.

8.4.4.1 Schlangensterne

Schlangensterne sind erfahrungsgemäß leichter zu halten als Seesterne. Das liegt daran, dass sie die Nahrung, die wir unseren Fischen zukommen lassen, ebenfalls verwerten können und scheinbar aufgrund ihres schmächtigeren Körperbaus nicht allzuviel davon benötigen. Einige Arten (meist die kleinen Vertreter) vermehren sich im Meerwasseraquarium. Auch Schlangensterne aus dem Mittelmeer sind für das Tropenaquarium geeignet. Sie leben viele Jahre lang trotz der höheren Temperatur im tropischen Aquarium.

Über die Gattung *Ophiothrix* brauchen wir eigentlich kein Wort zu verlieren. Sie erkennt man an den meist stachelartigen Auswüchsen auf den Armen. Sie sind friedlich, völlig unschädlich für Korallen und können uneingeschränkt empfohlen werden.

Anders sieht es dagegen mit den häufig im Fachhandel angebotenen *Ophioderma*- oder *Ophiarachna*-Arten aus.

Diese als „Rote" oder „Grüne" Schlangensterne bekannten Arten haben so ihre Eigenheiten.

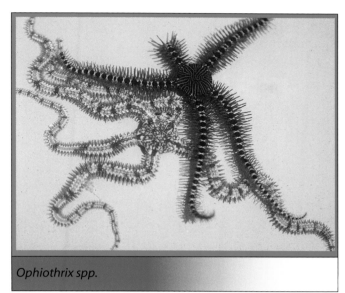

Ophiothrix spp.

Foto: A. Luty

Ophiarachna incrassata

Die Körperscheibe dieses als „Grüner Schlangenstern" bezeichneten Art wird maximal 5 cm im Durchmesser groß. Die Arme können bis zu 25 cm lang werden. Obwohl es hinreichend bekannt ist, dass es sich bei diesen Tieren um gefräßige Schlangensterne handelt, werden sie sehr häufig importiert. Dieser Schlangenstern benötigt viel Nahrung, die er in gut gepflegten Korallenriffaquarien einfach nicht findet. So bleibt ihm früher oder später nichts anderes übrig, als sich über einzelne Korallen herzumachen. In einem Fall, als solch ein Seestern einmal mit diversen Rotfeuerfischen zusammen gepflegt wurde (und dort nun fast wirklich kein Futter mehr für ihn ab-

fiel), bewegte er sich unmittelbar nach dem Einsatz eines mittelgroßen *Xenia*-Steins direkt auf die Kolonie zu und fraß diese in nicht einmal 20 Minuten vollständig auf. Andere Aquarianer berichteten mir von gelegentlichen Übergriffen auf Fische, Garnelen und selbst Steinkorallen.

Wer also diesen Schlangenstern im Korallenbecken pflegen möchte, sollte sich gut überlegen, wie er ihn satt bekommt. Mei-

Ophiarachna incrassata

ner Erfahrung nach klappt dies mit Miesmuscheln, die man z. B. zu Speisezwecken beim Fischhändler um die Ecke bekommt.

Ophioderma squamosissimus

Dieser aus der Karibik importierte „Rote Schlangenstern" ist nur geringfügig kleiner als der Grüne. Vielfach wird auch er als sehr gefräßig bezeichnet. Diese Erfahrung kann ich nun allerdings überhaupt nicht teilen. Ich habe bis dato noch keine Probleme mit ihm gehabt. Allerdings sorge ich ein- bis zweimal pro Woche für sein leibliches Wohl. Futtertabletten und die oben zitierten Miesmuscheln bilden seine Hauptnahrung. Insgesamt erscheint mir dieser Schlangenstern etwas empfindlicher gegen Veränderungen der Wasserqualität. Solange es ihm gut geht, ist er ein sehr aktiver Geselle. Liegt er ruhig und fast bewegungslos auf dem Boden, stimmt irgendetwas mit dem Milieu nicht.

Ophioderma squamosissimus

Foto: H. Kirchhauser

8.4.4.2 Seesterne

Bei Seesternen liegt die Futterfrage etwas anders. Sie sind wesentlich langsamer als Schlangensterne und kommen schon dadurch kaum ans Futter. Weiterhin ist ein Großteil von ihnen auf bestimmte Nahrung spezialisiert. Die Nahrung, die wir ihnen reichen, steht meist gar nicht auf ihrem Speisezettel. Die räuberischen Arten wie z. B. Lincks Walzenstern (*Protoreaster linckii*) können allerdings gefüttert werden. Aber diese sollten nicht in einem Korallenriffbecken zusammen mit Fischen und Garnelen gepflegt werden. Früher oder später werden diese als potenzielles Futter angesehen.

Das Wichtigste, das man sich im Zusammenhang mit Seesternen merken sollte, ist, dass sie niemals mit Luft in Berührung kommen dürfen. Selbst ein kurzes Herausnehmen aus dem Aquarium kann ihren Tod bedeuten. Das liegt am komplizierten Kanalsystem im Inneren der Tiere. Sobald hier Luft eindringt, haben die Seesterne keine Möglichkeit mehr, diese wieder abzustoßen, und sterben dann relativ schnell. Aus diesem Grunde die Seesterne immer unter Wasser belassen!

Sollte es sich einmal doch nicht vermeiden lassen, den Seestern kurzfristig aus dem Wasser zu nehmen, so muss man ganz leicht auf die Mundöffnung drücken, damit das Tier diese schließt. Ist sie dann geschlossen, wird der Seestern umgekehrt aus dem Wasser genommen. Den Daumen weiterhin auf der Öffnung lassen und vorsichtig in das neue Becken setzen (Mundöffnung nach oben). Eventuell eingedrungene Luft kann so entweichen.

Linckia multifora

Den Vielfarbigen Seestern findet man vom tropischen Indopazifik, zwischen Rotem Meer und Hawaii sowie bis zum Korallenmeer und Nord-Japan. Dort kommt er in allen Zonen von Korallen- und Felsriffen auf Sand- und Hartsubstrat in 1 bis 40 m

Tiefe vor. Bei diesem Tier handelt es sich um einen Einzelgänger dem Sonnenlicht nichts ausmacht und der auch tagsüber beobachtet werden kann. Neben der sexuellen Vermehrung wird sehr häufig das Abstoßen von Armen an sogenannten Sollbruchstellen beobachtet. Die Armteile entwickeln sich zu neuen Seesternen. Das kann allerdings bis zu einem Jahr dauern.

Die Pflege dieser kleinsten *Linckia*-Art (maximal 15 cm Durchmesser) ist im Riffaquarium eigentlich problemlos, wenn das Eingewöhnen gelingt. Der Detritus- und Kleintierfresser benötigt Zufütterung und sollte gelegentlich frisches lebendes Riffgestein angeboten bekommen, das er dann gerne abweidet.

Foto: D. Stüber

Linckia multifora

Protoreaster linckii

Das Verbreitungsgebiet von „Lincks Walzenstern" ist der tropische Indische Ozean von Ost-Afrika bis zu den ostindischen Inseln. Er lebt auf Riffterrassen, in Lagunen und Außenriffen von 1 bis 30 m Tiefe. Bei diesem stark räuberischen Seestern handelt es sich um einen Einzelgänger. Manchmal findet er sich auch in losen Gruppen. Er ist ein Räuber und Allesfresser und für das Korallenriffaquarium ungeeignet.

Leider wird er häufig im Fachhandel ohne Warnung angeboten, sodass ich ihn hier

vorstelle, damit der Einsteiger keinen Fehlkauf tätigt. Die Art sollte nur im tropischen Fischaquarium gepflegt werden, auch wenn Jungtiere nur Beläge und Algen fressen. Irgendwann beginnen die bis zu 30 cm groß werdenden Tiere, alles erreichbare Futter zu verdauen. Die gemeinsam gepflegten Fische sollten robust sein, da auch Fische im Schlaf überwältigt werden können.

Foto: H. Kirchhauser

Protoreaster linckii

Fromia indica

Sein Verbreitungsgebiet ist der tropische Indopazifik, zwischen den Malediven, dem Korallenmeer und Nord-Japan.

Der „Indische Seestern" findet sich auf allen Substraten im Korallenriff, besonders auf Riffterrassen und an Riffhängen von 1 bis 25 m Tiefe. *Fromia indica* ist ein tagaktiver Einzelgänger. Die Art lebt auch auf Korallen, ohne sie jedoch sichtbar zu schädigen.

Dieser mit 9 cm ziemlich kleine Seestern ist für die Pflege im Riffaquarium gut geeignet, solange er nicht ständig von Fischen und Krebsartigen belästigt wird. Obwohl er mit Sicherheit ein Aufwuchsfresser ist, weiß man dennoch nicht genau, was er frisst. Langsam, aber sicher verhungert dieser Seestern im Riffaquarium, wenn nicht

Fromia indica

permanent frische lebende Steine, die er dann abweiden kann, zugegeben werden.

Asterina anomala

Der sog. „Unregelmäßige Kissenstern" kommt im gesamten tropischen Indopazifik vor. Sein bevorzugter Aufenthaltsort sind das Riffdach und Lagunen. Obwohl er sich im Aquarium sehr stark vermehren kann und manchmal in hohen Stückzahlen angetroffen wird, ist seine eigentliche Lebensweise die des Einzelgängers. Neben geschlechtlicher Vermehrung wurde auch die Teilung beobachtet.

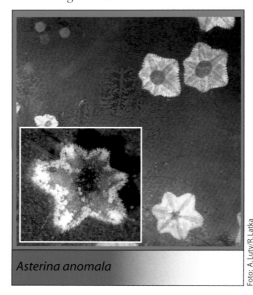

Asterina anomala

Foto: A.Luty/R.Latka

Die nur max. 2 cm erreichende Art wird häufig durch lebende Steine in das Meeresaquarium eingeschleppt. Die Art ist eigentlich ein harmloser Kleinpartikel- und Aufwuchsfresser.

In einem Fall aber wurde eine kleine *Porites*-Kolonie (8 Polypen) aufgefressen. Andere Aquarianer haben bei etwas größeren Exemplaren beobachtet, wie diese z. B. *Seriatopora*-Steinkorallen schädigten. Der Seestern setzt sich auf die Wachstumsspitzen der Koralle und saugt hier wahrscheinlich die Polypen aus. Man sollte versuchen, die Art nicht in das Korallenriffaquarium einzuschleppen. Durch diszipliniertes Absammeln neu erworbener Steine und Korallen ist das möglich.

8.4.5 Garnelen

Zehnfußkrebse wie Garnelen oder Einsiedler sind ausgezeichnete Aquarienpfleglinge sowohl bezüglich ihrer Widerstandsfähigkeit und ihrem Verhaltensmuster als auch ihrer schönen Färbung wegen. Weiterhin können sie aufgrund ihrer ökologischen Rolle eine wertvolle Ergänzung für die Aquarienbewohner darstellen. Wichtig für uns sind in erster Linie die sogenannten Putzergarnelen und die algenfressenden Einsiedlerkrebse.

Von einem Kauf von Garnelen sollte absehen, wer im Aquarium Mirakelbarsche, größere Korallenwächter oder Zackenbarsche pflegt. Alle Garnelen müssen sehr vorsichtig in das Aquarium eingewöhnt werden. Nach dem Kauf gibt man sie in einen Eimer, legt irgendeinen Gegenstand, an dem sie sich festhalten können mit hinein (*Caulerpa*-Algen oder ein Kunststoffdrahtgitter) und lässt den Tieren dann mittels der „Tröpfchen-Methode" auf jeden Fall zwei Stunden Zeit zum Akklimatisieren. Ich möchte in den nachfolgenden Zeilen die aus meiner Sicht für einen Einsteiger geeigneten Vertreter vorstellen. Die bekanntesten und kurioserweise in fast der gesamten meerwasseraquaristischen Literatur immer wieder empfohlenen Putzergarnelen *Lysmata grabhami* und *Lysmata amboinensis* gehören allerdings nicht dazu. Warum? Beide Arten haben auf Dauer die störende Angewohnheit, fast den ganzen Tag ununterbrochen im Becken herumzustolzieren. Immer auf der Suche nach Nahrung, „tapsen" sie völlig unbeeindruckt über sämtliche Korallen. Erfahrungsgemäß fühlen sich dadurch die meisten Korallen stark belästigt und reagieren auf die Störung mit komplett eingezogenen Polypen. Da diese Garnelen wenig Scheu haben und relativ schnell merken, dass ihnen im Aquarium keine Gefahr droht, dehnen sie die Ausflüge immer weiter aus und immer mehr Korallen bleiben geschlossen. In normal großen Aquarien (bis 500 Liter) mit relativ kleinem Fischbestand gibt es, wenn sie gut geführt werden, auf den Fischen nur im Moment des Neubesatzes nennenswert Parasiten auf Haut und Kiemen. Hier machen dann Putzergarnelen tatsächlich Sinn. Aber nach Abschluss der Besatzmaßnahmen finden sie auf den Fischen kaum mehr Parasiten. Somit sehe ich die Haltung von Putzergarnelen nur unter dem Apekt der Bereicherung der Individuenvielfalt, und hier gibt es Garnelen, die die oben aufgeführten negativen Eigenschaften nicht haben, wie zum Beispiel

Lysmata debelius

Zugegeben, diese Garnele ist mit Abstand die teuerste, die im Angebot des Fachhandels vorhanden ist, aber allein durch ihre Farbe und ihr „korallenverträgliches" Verhalten ist sie diese Mehrausgabe schon wert.
Bei der gleichzeitigen Pflege großer Fische ist sie recht scheu und man bekommt die Tiere, wenn das Becken über viele Höhlen und Nischen verfügt, nur selten zu Gesicht. Werden aber hauptsächlich kleinere Fische und nur ein oder zwei friedliche größere Doktorfische gepflegt, dann können die

Lysmata debelius

Garnelen auch regelmäßig beobachtet werden. Aufgrund ihrer Scheu stolzieren sie nicht durchs Becken und belästigen keine Korallen. Auch ihre Tätigkeit als Putzer nehmen sie eher gelassen. Ein neuer Fisch wird zwar augenblicklich einer gründlichen Reinigung unterzogen, aber wenn er einige Tage im Becken lebt und dann ohne Parasiten ist, wird er auch kaum mehr „unter die Lupe" genommen. Obwohl diese Garnele in der Natur in Paaren lebt, ist es möglich, im Aquarium eine Gruppe davon zu halten. Erfreulich ist, dass *L. debelius* in England kommerziell gezüchtet wird.
Weiterhin sollten Sie sich von dem Gedanken frei machen, dass Garnelen genügend Nahrung in der Dekoration des Aquariums finden, da durch die Fische theoretisch einiges übrig bleibt. Bei einer guten und reichlichen Fischfütterung mag das stimmen, aber (!) sobald Sie merken, dass z. B. immer mehr ausgefressene Schneckenschalen im Aquarium herumliegen oder diverse *Tridacna*-Muscheln sich nicht mehr wie gewohnt öffnen, sollten Sie sich über eine Zufütterung der Garnelen Gedanken machen. Sie müssen dann recht intensiv (am besten täglich!) mit Futtertabletten, speziellem Frostfutter (z. B. „Benckers Garnelenmix") oder Miesmuscheln gefüttert werden. Schnell werden

Sie feststellen, dass die Garnelen einen guten Appetit haben, und so erscheint es nur logisch, dass sie in vielen Aquarien, in denen sie großen Hunger leiden, Probleme bereiten.

Lysmata wurdemanni

Diese in der Karibik sowie bis nach Brasilien vorkommende Garnele wird häufig nur deswegen gekauft, weil sie die Eigenschaft hat, Glasrosen zu fressen. Mit einer Maximallänge von 5 cm und einem roten Streifenmuster auf einer meist durchscheinend rötlichen Grundfarbe gehört sie nicht unbedingt zu den farbenprächtigsten Vertretern ihrer Gattung.

L. wurdemanni lebt auch, je nach Fischbesatz, mehr versteckt. Oft wird ihr nachgesagt, sie entwickle im Aquarium eine Vorliebe für Glasrosen (Aiptasien). Diese Behauptung stimmt allerdings so nicht. Erst wenn die Garnele starken Hunger leidet, frisst sie hauptsächlich die kleinen

Lysmata wurdemanni

Lysmata amboinensis (nicht unbedingt geeignet)

Fotos: H.Kirchhauser

Vertreter von *Aiptasia*. Allerdings habe ich auch beobachtet, wie hin und wieder kleine Röhrenwürmer belästigt werden.

Die Garnele lebt einzeln oder als Paar. Bei guter Fütterung stolziert auch sie recht wenig im Aquarium herum und belästigt keine Korallen.

8.4.6 Einsiedlerkrebse

Alle heute bekannten Einsiedlerkrebs-Arten leiten sich von urtümlichen Krebsen ab, die Schneckenschalen bewohnten und deshalb einen asymmetrischen Hinterleib besaßen.

Die Krebse müssen – bedingt durch ihr Wachstum – ständig nach neuen Schneckenhäusern Ausschau halten. Die Schalensuche erfolgt über Kontrastwirkungen. Wenn sie die potenzielle neue „Rüstung" gefunden haben, wird mit Hilfe des Tastsinns (Borsten an Scheren, Beinen, Thorax und Hinterleib) das Gehäuse untersucht.

Bei der Suche nach geeigneten Schneckenhäusern schrecken einige Einsiedlerarten (*Calcinus elegans*) auch nicht davor zurück, Schnecken (z. B. *Turbo sp.*) gezielt zu töten. Auch wurde beobachtet, wie größere Einsiedler kleinere Artgenossen aus ihren z. T. überdimensionalen Schneckenhäusern herauszogen, nachdem sie das Gehäuse und den Bewohner regelrecht abgeklopft hatten. Einige Forscher berichten sogar von „Kämpfen" verschiedener *Calcinus*- und *Paguristes*-Arten um die besten Schneckenhäuser. Auch wenn ein neues Gehäuse gefunden wurde, suchen die Krebse ständig nach einem besseren. Deshalb sollten im Aquarium immer mehrere leere Schneckenhäuser zur Verfügung stehen (LUTY 2001).

Einsiedlerkrebse werden oft zur Algenbekämpfung in Riffaquarien empfohlen, da sie vor allem in unzugänglichen Spalten effektiver arbeiten als Seeigel. Bleibt die Frage: Wie viele dieser Tiere verträgt ein Aquarium bzw. in welcher Dichte können einzelne Einsiedlerkrebse gepflegt und welche Einsiedlerkrebse können miteinander vergesellschaftet werden?

Der irische Zoologe Barnes (LUTY 2001) untersuchte umfassend die Ökologie einer Einsiedlerpopulation. Innerhalb der Gezeitenzone und unmittelbar darunter wurden insgesamt 16 Arten nachgewiesen. Die höchste Artenanzahl wurde an großen Inseln bemerkt, während die kleinste Artenzahl an kleinen Inseln registriert wurde. Die Artenzahl zeigte jedoch keine Abhängigkeit von der Biotopstruktur, sondern nur die Fläche der Lebensräume entscheidet, wie viel verschiedene Arten miteinander existieren können. Bei der registrierten Individuendichte der Einsiedler-Arten fällt auf, dass kleine *Calcinus*- und *Clibanarius*-Arten Dichten von 1 bis 10 Individuen pro m² erreichen, während einige andere Vertreter wie die kleinen Arten *Clibanarius laevimanus*, *Clibanarius virescens* und *Calcinus laevimanus* durchaus Individuendichten über 10 Tiere pro Quadratmeter erreichen können. Auffällig war, dass alle Krebse die gleichen Schneckenhäuser und dazu noch solche mit annähernd gleicher Größe trugen. Bei *Pagurus maclaughlinae* und *Paguristes tortugae* aus der Karibik wurde auch gesellige Herdenbildung beobachtet.

Für die Aquarienpflege sind die interessantesten Arten die geselligen aus der Gezeitenzone, da diese zu mehreren gepflegt werden können und extreme Änderungen im Milieu (Temperatur, Dichte, Austrocknung, Wasserbelastung usw.) gut wegstecken.

Clibanarius erythropus

stellenweise in Massen auftritt. Die Art ist an felsigen Untergrund gebunden. Tiere aus dem Mittelmeer und von der sich südlich anschließenden Atlantikküste sind für tropische Riffaquarien geeignet und haben im Aquarium schon ein Alter von 6 Jahren erreicht. Tiere des Nordatlantiks sind weniger geeignet.

Diese Art frisst in der Natur und im Aquarium vor allem Fadenalgen. Gesunde sessile Wirbellose werden nicht belästigt.

Allerdings habe ich häufig beobachtet, dass diese Krebse nicht nur Algen fressen, sondern sich gelegentlich auch an Schnecken vergreifen. Meiner Meinung nach lag das nicht an der Sicherung eines neuen Schneckenhauses, sondern einfach daran, dass sie auch fleischliche Kost benötigen. Werden die Krebse mehrmals wöchentlich mit fleischlicher Nahrung versorgt, unterbleibt die Jagd auf Schnecken fast ganz. Vollständig auszuschließen ist sie jedoch nie.

Generell kann gesagt werden, dass es bessere Alternativen gibt.

Clibanarius erythropus

Erfahrungsgemäß wird dieser Mittelmeer-Felsküsten-Einsiedlerkrebs von den meisten Einsteigern bei einem Urlaub am Mittelmeer oder am Atlantik selbst gesammelt und mit nach Hause gebracht. Bei ihm handelt es sich um einen der häufigsten kleinen Mittelmeer-Einsiedler, der

Clibanarius signatus

Einer der häufigsten kleinen Einsiedler des Roten Meeres, der stellenweise am Ufersaum in Massen auftritt, ist der „Gestreifte Einsiedlerkrebs".

Während der Ebbe ist er vor allem unter Steinen und zwischen Mangroven recht

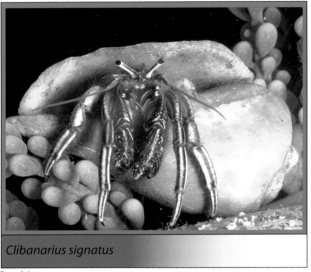

Clibanarius signatus

Foto: A. Luty

Calcinus latens

häufig anzutreffen. Die Art kommt nur zwischen Ebbe- und Flutgrenze vor. Dort klettern die Krebse im Schatten sogar auf die feuchten Felsen. Die Art ernährt sich im Spülsaum von Algen und verschiedenen angespülten „Abfällen". Im Riffaquarium hat sie bisher nur Algenbeläge gefressen. An sessilen Wirbellosen hat sie sich meiner Erfahrung nach nie vergriffen.

Calcinus latens

Bevorzugt werden Flachwasserbereiche des Riffdachs und Ebbetümpel besiedelt. Lokal treten Massenvorkommen dieser geselligen Art auf. Sie fressen vor allem Algen, die auch im Aquarium hervorragend abgeerntet werden. Für Riffaquarien ist dieser Krebs sehr gut geeignet. Aufgrund des natürlichen Biotops ist er recht unempfindlich gegen Veränderungen des Milieus. Bei Ebbe wandert er sogar kurze Strecken über Land, um Wasserpfützen zu suchen. Im Roten Meer laichen die Tiere nur zwischen März und Juli ab, im Aquarium dagegen ständig. Große Exemplare wurden dabei beobachtet, wie sie kleinere aus ihren überdimensionalen Schneckenhäusern geklopft haben, um dann selbst einzuziehen.

8.4.7 Seeigel

Seeigel spielen in der gängigen Meerwasser-Aquaristik eher eine Nebenrolle. Einige Arten sind zwar bunt gefärbt, aber viel Aufregendes bietet die Lebensweise eines Seeigels nicht. Beim Kauf von Seeigeln stehen oft praktische Gesichtspunkte im Vordergrund. In früheren Jahren waren diverse Seeigel der Geheimtipp bei der Bekämpfung lästiger Algenrasen. Seeigel haben aber auch ihre Nachteile: Da gibt es Arten, die hin und wieder zu Übergriffen auf Wirbellose neigen; andere Arten „maskieren" sich mit unterschiedlichen Materialien und verschleppen dabei Korallenableger oder werfen ihr Gepäck auf Korallen ab; wieder andere streuen ihren Kalkgries über platten- oder trichterförmige Korallen, die manchmal die Last nicht wieder loswerden. Alles in allem wird die Algenbekämpfung heute lieber Gehäuseschnecken oder Einsiedlerkrebsen überlassen. Trotzdem sind geeignete Seeigel-Arten eine Bereicherung für ein Korallenriff-Aquarium, so wie sie auch in der Natur aus dem Riff nicht wegzudenken wären.

Im Folgenden stelle ich nur Arten vor, die sich im Korallenriffaquarium bewährt haben.

Paracentrotus lividus

Der Steinseeigel ist im gesamten Mittelmeer auf Felsuntergrund oder in Seegraswiesen häufig anzutreffen. Die Färbung kann sehr unterschiedlich sein, neben nahezu schwarzen oder braunen Tieren gibt es auch attraktiv grüne oder lila gefärbte Exemplare. Steinseeigel können in weichem Kalkgestein „Wohnhöhlen" bohren, die sie in Ruhephasen aufsuchen. Oft werden mit den Saugnäpfen der Ambulakralfüßchen Materialien der Umgebung zur Tarnung auf dem Rücken festgehalten (Maskierung). Steinseeigel sind gute Algenvertilger, die problemlos über viele Jahre auch in tropischen Meerwasseraquarien gehalten werden können. Tagsüber sind sie kaum zu entdecken, da sie ihr Versteck erst nachts verlassen, um auf Weidegang

Echinometra mathaei

Foto: H. Kirchhauser

Paracentrotus lividus

Foto: H. Kirchhauser

zu gehen. Nach meinen Erfahrungen werden Korallen dabei nicht geschädigt. Der Drang zum „Maskieren" ist meist nur auf leichte Materialien wie Algenteile oder kleine Muschelschalen beschränkt. Daher stellt er bei dieser Art kein großes Problem für die Korallen dar.

Echinometra mathaei

Eine häufig importierte Seeigel-Art ist der Riffdach-Bohrseeigel aus dem Indopazifik.

Neben dem Kugel-Seeigel (*Mespilia globulus*) ist er wohl der harmloseste Seeigel für das Korallenriff-Aquarium. Als Erkennungszeichen der braunen Riffdach-Bohrseeigel kann der weiße Ring um die Basis der Stacheln dienen. Im Aquarium hat sich dieser Seeigel als sehr ausdauernd erwiesen. In der Natur besiedelt er die oberen Zonen des Riffs und das Riffdach, wo er sich tagsüber in selbst gebohrten „Wohnhöhlen" oder in natürlichen Spalten versteckt. Nachts geht er auf Weidegang und gilt auch im Aquarium als guter Algenvernichter. An seinen Fraßspuren ist zu sehen, dass auch Kalkrotalgen und Kalkfels angenagt werden. Beim Kauf kleiner Tiere muss darauf geachtet werden, dass nicht die ähnliche, polypenfressende Seeigel-Art *Parasalenia gratiosa* erworben wird. Diese Art hat jedoch ein ovales Gehäuse, das maximal 2 cm im Durchmesser misst.

Tripneustes gratilla

Ein häufig importierter Seeigel des Indopazifik ist der Pfaffenhut-Seeigel, der ebenfalls zur Familie der Giftzangen-Seeigel gehört. In seiner Heimat ist er schon auf dem Riffdach oder im Seegras seichter Buchten anzutreffen. Die Vielfältigkeit der Seeigel, die als *Tripneustes gratilla* determiniert werden, lässt Zweifel aufkommen, ob es sich nicht um unterschiedliche Arten handelt. Meist gibt es im Handel Tiere, die auf braunem, schwarzem oder violettem Untergrund oft in zerzauster „Unordnung" weiße, orange oder rote Stacheln tragen. Von den giftigen Pedicellarien ist bei diesen Tieren nicht viel zu sehen. Seltener sind weiße, rote oder orangefarbene Tiere, deren Oberfläche von den weißen, blasigen Giftzangen dominiert wird. Von Stacheln ist bei diesen Tieren oft nur auf der Unterseite etwas zu sehen. Die Giftzangen der Pfaffenhut-Seeigel sind für den Menschen zwar nicht gefährlich, können aber an empfindlichen Stellen wie Wespenstiche wirken. Der Seeigel benutzt sie, um kleinere Wirbellose zu fangen. Ansonsten sind Pfaffenhut-Seeigel vorwiegend Pflanzenfresser, ja, sie gelten als die effektivsten Seeigel im Kampf gegen Algenplagen. Wie ihre Fraßspuren zeigen, nagen sie dabei auch den Kalkuntergrund an. Höhere Algen wie *Caulerpa sp.* werden ebenfalls verspeist. Berichten zufolge sollen Pfaffenhut-Seeigel bei einem Mangel an geeigneten Algen schnell auf Weichkorallen wie *Xenia sp.* zurückgreifen. Bei *Tripneustes gratilla* ist der Hang zum „Maskieren" besonders ausgeprägt. Man muss also damit rechnen, dass diverse Materialien durch das Becken geschleppt werden.

Mespilia globulus

Der relativ kleine Kugel-Seeigel aus den Flachwasser-Bereichen des Indopazifik wird im Handel regelmäßig angeboten. Er kann an den 5 breiten und 5 schmalen samtig-blauen, stachellosen Flächen zwischen den radiären Stachel-Reihen leicht identifi-

Mespilia globulus

ziert werden. Da er sich ausschließlich von Algen ernährt, ist er für das Korallenriff-Aquarium uneingeschränkt empfehlenswert. Selbst sein Drang, sich mit kleinen Steinchen oder Algenteilen zu maskieren, ist schwach ausgeprägt und problemlos für das Aquarium.

8.4.8 Schnecken

Eine der Grundregeln für ein gut funktionierendes Korallenriffaquarium ist so viele Algenfresser wie möglich in das System einzubringen. Einen nicht unwichtigen Anteil stellen hier die Gehäuseschnecken. Bei einer Pflege geeigneter Arten die dauerhaft unter der Wasseroberfläche bleiben,

Fotos: H. Kirchhauser

Tripneustes gratilla

Turbo brunneus

kann man davon ausgehen, dass eine große Schnecke (ca. 3 bis 4 cm Durchmesser) der Gattungen *Turbo* oder *Tectus* ein Dekorationsteil von 15 x 15 cm frei von Fadenalgen hält. Es lohnt sich somit auf jeden Fall, diese Schnecken von Anfang an mit in das Aquarium zu nehmen. Es muss allerdings noch einmal deutlich darauf hingewiesen werden, dass hungernde Einsiedlerkrebse und Garnelen die größten Feinde dieser Schnecken sind.

Am wichtigsten für die Aquaristik ist die Unterfamilie Turbininae. Von der Gattung *Turbo* tauchen mehrere Arten regelmäßig in der Aquaristik auf. Häufig handelt es sich dabei um

Turbo brunneus

Sie ist im Indischen Ozean und im Westpazifik weit verbreitet. Mit einer Maximalgröße von 5 cm ist sie ein eher kleiner Vertreter der Gattung. Eier und Sperma werden ins freie Wasser abgegeben und wenn die Wasserqualität stimmt, kann mit Nachwuchs im Meerwasseraquarium gerechnet werden.

Die Schnecke ernährt sich von Aufwuchs- und Fadenalgen. Sie besitzt ein sogenanntes Operculum, d. h. sie kann den Gehäuseein-

gang effektiv verschließen und ist so besser vor hungrigen Krebsen und Garnelen geschützt. Sie ist für die Algenbekämpfung sehr zu empfehlen.

Tectus sp.

Die „Kegelförmige" Schnecke (*Tectus sp.*) wird vom Fachhandel sporadisch importiert. Am bekanntesten ist *Tectus niloticus*, die bis zu 15 cm hoch werden kann und in den Herkunftsländern zu Nahrungszwecken gefangen wird. Die im Handel normalerweise erhältlichen *Tectus*-Arten werden meist maximal 7 cm hoch und eignen sich ebenfalls vorzüglich für die Algenbekämpfung. Beide Gattungen (*Tectus* und *Turbo*) vergreifen sich nicht an Korallen.

Tectus sp.

8.4.9 Das Eingewöhnen von Wirbellosen

Bereits beim Einkauf von Wirbellosen können viele Fehler gemacht werden. In diesem Kapitel möchte ich kurz erläutern, was dabei beachtet werden sollte.

Eine für jedes Tier separate Transportverpackung sollte selbstverständlich sein, da sich viele Wirbellose in der relativ engen Tüte gegenseitig schädigen. Ein Sicht- und Temperaturschutz beim Transport ist obligatorisch. Hier empfiehlt es sich, vor dem Kauf an eine oder mehrere blickdichte Stofftaschen oder Plastiktüten zu denken. Damit die wertvollen Tiere z. B. im Winter nicht ungeschützt der Kälte ausgeliefert sind, muss unbedingt eine Thermoverpackung verwendet werden. Bei kurzen Transportwegen (bis ca. 1 Stunde) können die Tiere mit Luft im Beutel verpackt werden. Dauert der Transport länger, ist es günstiger, wenn reiner Sauerstoff in die Tüten kommt. Hier ist es wichtig, dem Fachhändler mitzuteilen, wie lange der Heimweg ist.

Bei **Schwämmen** darf nur eine kleine Luft-/Sauerstoffblase mit in den Beutel gegeben werden. Die Tiere müssen beim Transport unbedingt in jeder Phase mit Meerwasser bedeckt bleiben. Beim Verpacken, Transportieren und Auspacken sollten Druckstellen vermieden werden, da diese sofort zum Absterben des Gewebes führen. Alle Schwämme dürfen nur unter Wasser umgesetzt werden, das heißt, nach dem Angleichen von Transport- und Aquarienwasser müssen die Neuankömmlinge im Riffaquarium untergetaucht aus dem Transportbeutel genommen und an ihren Standort gebracht werden. Am besten erwirbt man Schwämme, die auf Substrat aufgewachsen sind, denn sie lassen sich problemlos im Riff verankern.

Röhrenwürmer werden zwar mit einer größeren Menge Luft/Sauerstoff verpackt, aber auch hier muss darauf geachtet werden, dass während des Transports und beim Einsetzen die Röhren vollkommen mit Wasser bedeckt bleiben. Auch bei eventuellen Erschütterungen und einer dadurch verursachten Luftblasenentwicklung sollte sichergestellt sein, dass diese Luftblasen nicht in die Röhre gelangen. Röhrenwürmer werden nach dem Angleichen ausschließlich unter Wasser ins Riffaquarium gesetzt. Gelangt Luft in die

Seesterne dürfen auf keinen Fall mit Luft in Berührung kommen.
Foto: H. Speck

Röhre, „steigt" der Wurm ggf. aus seiner Behausung aus. Es kommt nur relativ selten vor, dass er danach eine neue Röhre baut und so das „Missgeschick" überlebt. Normalerweise stirbt ein „Aussteiger". Eventuell kann bei pergamentartigen Röhren die Luft vorsichtig nach oben herausmassiert werden.

Beim Einsetzen darf kein starker Druck auf den Wurm ausgeübt werden. Die Würmer werden in vorhandene Spalten oder Löcher gesetzt. Sagt ihnen die Stelle zu, strecken sie schnell ihre Tentakelkrone ins Wasser. Bereits nach wenigen Tagen haben sie die Röhre leicht am Substrat befestigt. Bis zu einer Woche nach dem Einsetzen können die Würmer gelöst und an einen anderen Ort gebracht werden. Bereits ab der zweiten Woche sind gesunde Würmer aber schon so stark mit dem Untergrund verbunden, dass sie beim Lösen beschädigt werden.

Seeigel, **Seesterne**, **Schlangensterne** und **Seegurken** werden für den Transport ebenfalls mit Luft/Sauerstoff verpackt. Es sollte darauf geachtet werden, dass mindestens die Hälfte des Transportbeutels mit Wasser gefüllt ist und die Tiere sich vollkommen unter Wasser befinden. Bei der Verpackung von Seeigeln ist dafür zu sorgen, dass diese den Transportbeutel nicht zerstören (Stacheln). Es sind ggf. mehrere Beutel ineinander zu stecken, die mit jeweils einer

Lage Zeitungspapier zwischen dem ersten und den weiteren Beuteln versehen werden. Auch kann der Seeigel in einem Plastikbecher oder einem ähnlichem Behältnis transportiert werden. Bei diesen Tieren sollte die Eingewöhnung bis zu einer Stunde betragen. Man wendet hier die Tröpfchenmethode an. Ein Luftschlauch mit einem kleinen Regulierhahn wird vom Hauptbecken in den Beutel, der in einem Eimer steht, geleitet. Danach wird das Wasser tropfenweise in den Beutel gegeben, bis dieser überläuft. Die Seeigel und Seesterne werden mitsamt dem Beutel unter Wasser gebracht und so in das Becken entlassen.

Die Tröpfchenmethode ist die sicherste Methode, Wirbellose an die neuen Aquarienverhältnisse anzupassen. Bei einem Großeinkauf lassen sich mit Regulierhähnen aus Plastik mehrere Tiere gleichzeitig eingewöhnen.

Auch Spinnenkrabben wie die abgebildete *Stenorhynchus sp.* müssen, genau wie Garnelen, sehr vorsichtig eingewöhnt werden.

Seegurken müssen <u>vor</u> dem Einsetzen ins Aquarium nochmals genau auf Verletzungen überprüft werden. So bewahrt man sich und seine Riffbewohner vor unliebsamen Überraschungen, denn einige Seegurken können, wenn sie verenden, Gift an das Wasser abgeben und dadurch die Fische töten.

Krebse und **Garnelen** werden mit etwa einem Drittel Wasser und zwei Dritteln Luft/Sauerstoff einzeln (!) verpackt. Achten Sie als Käufer unbedingt darauf, dass der Garnele eine Möglichkeit zum Festhalten in den Beutel gegeben wird. Hierzu reichen schon zwei, drei Gummiringe aus. Vor allem Garnelen sind sehr empfindlich gegenüber pH-Wert- und Dichteschwankungen. Sie müssen sehr vorsichtig an die neuen Verhältnisse angepasst werden. Am besten geht man wie bei den Seeigeln beschrieben vor. Die eigentliche Kunst beim Einsetzen in das Aquarium besteht aber darin, die Tiere den übrigen Insassen – und hier besonders den Fischen – nicht als Futtertiere zu präsentieren. Der Transportbeutel ist, sobald er mit Wasser vollgelaufen ist, auf den Aquarienboden abzusenken und mit einem Stein so zu beschweren, dass er dort auch bleibt. Die Öffnung des Beutels wird in die Dekoration, und hier bevorzugt in eine leere Höhle, ausgerichtet. Die Garnele kann nun, sobald sie bereit ist, aus dem Beutel direkt in die Dekoration krabbeln. Achten Sie aber unbedingt darauf, dass just in diesem Abschnitt keine alteingesessene Garnele sitzt, die die neue gleich „gebührend" empfängt und durch das Aquarium jagt.

Weichkorallen gehören zu den weniger empfindlichen Tieren. Sie sollten unter Wasser transportiert werden. In Notsituationen können die Tiere direkt aus dem Beutel in das Becken gesetzt werden. Außer den *Xenia*- und *Cespitularia*-Arten scheint dies den meisten Weichkorallen keine größeren Probleme zu bereiten. Sicher ist es aber auch für diese Blumentiere besser, wenn sie langsam an das neue Wasser akklimatisiert werden.

Ist durch einen unvorhergesehenen längeren Transport das Wasser im Transportbeutel schleimig und trüb, gibt man die Koralle am besten sofort in das Aquarium. Der kurze Luftkontakt macht den „Blumen des Meeres" nichts aus.

Bei Berührung stark schleimende Weichkorallen wie z. B. einige *Xenia-* oder *Cladiella-*Arten werden bei längeren Transportzeiten an Styroporstückchen mit den Polypen nach unten hängend befestigt. So schwimmen sie dicht unter der Wasseroberfläche und werden nicht beschädigt.

Hornkorallen sind beim Transport anspruchsvoller. Sie müssen auf jeden Fall komplett vom Wasser bedeckt sein. Kein Teil darf länger als wenige Minuten im Trockenen liegen. Der Beutel darf nur wenig Luft enthalten und wird am besten liegend transportiert. Die Hornkorallen werden komplett mit dem Beutel in das Aquarium gebracht. An einem strömungsarmen Ort mischt sich das Wasser langsam mit dem Aquarienwasser. Nach ca. 30 Minuten wird die Koralle unter Wasser aus dem Beutel genommen und ins Riff gesetzt.

Bei längeren Reisen müssen empfindliche Arten wie z. B. *Pseudopterogorgia sp.* zuerst einige Male kräftig gereizt werden, damit sie stark schleimen. Erst nach dem mehrmaligen Abschleimen können sie in den Beutel gegeben werden. Macht man das nicht, erstickt die Koralle an ihrem eigenen Schleim.

Auch **Steinkorallen** werden mit Luft/Sauerstoff verpackt. Ihre Eingewöhnung an die neuen Aquarienverhältnisse ist einfach. Der geöffnete Transportbeutel wird in einer strömungsberuhigten Zone versenkt. Der Wasseraustausch erfolgt innerhalb von ca. 20 Minuten automatisch. Beim Herausnehmen der Koralle und beim Einsetzen ins Riff ist mit äußerster Vorsicht vorzugehen. Beschädigungen der Gewebeschicht, unter der sich die empfindlichen Polypen befinden, können zu ihrem Absterben führen.

Nach dieser kurzen Zusammenstellung von pflegeleichten Wirbellosen möchte ich meine Aufzählung beenden und nun einige aus meiner Sicht empfehlenswerte Fische vorstellen, die sich vornehmlich für den Einsteiger in die Korallenriffaquaristik eignen. Ich bitte, dabei zu beachten, dass es sich nur um eine kleine Auswahl handelt, die sich jedoch im Lauf der letzten Jahrzehnte als gut haltbar und zum Teil auch züchtbar herauskristallisierte.

Die Eingewöhnung von Steinkorallen an die neuen Verhältnisse ist relativ einfach.

Fische wie *Chelmon rostratus* sind im gepflegten Meerwasserbecken gut haltbar. Allerdings haben sie ihre Eigenarten, auf die man als Aquarianer reagieren muss. Sie bleiben Fische, die nur der Erfahrene pflegen sollte.

9 Fische für den Einsteiger

In jedem Süßwasseraquarium sind normalerweise Fische die Hauptakteure. Auch wenn sich das durch die Einfuhr zahlreicher Wirbelloser in die Süßwasseraquaristik in den letzten Jahren geändert hat.

Im Meerwasseraquarium spielen die Fische neben den Korallen und vielen weiteren wirbellosen Tieren eine gleichwertige Rolle. Sie sollten zwar nicht fehlen, spielen aber auch nicht die dominierende Rolle.

Ein wichtiges Kriterium, das man beim Besatz mit Fischen immer im Auge behalten sollte, ist, wie viel Pflegeaufwand man auf sich nehmen möchte. Wenn Sie es als Aquarianer in den Griff bekommen, einen relativ großen Fischbestand zu pflegen und das Wasser trotzdem nur einer geringen Belastung auszusetzen (natürlich nicht auf Kosten der Fische, die dann nicht ausreichend gefüttert werden), dann ist gegen einen hohen Fischbestand nichts einzuwenden.

Wir müssen uns im Klaren sein, dass die Fische neben den beweglichen Wirbellosen diejenigen Tiere im Aquarium sind, die das Wasser unentwegt belasten. Selbst wenn sie gerade einmal keinen Darminhalt ausscheiden, belasten sie das Wasser über ihre Kiemen, indem sie Ammonium abgeben. Erwarten Sie bei den folgenden Vorschlägen keine vollständige Aufzählung aller geeigneten Fische; es ist vielmehr sinnvoller, einzelne Fischgattungen vorzustellen, die für den Einsteiger optimal geeignet sind und die auch einen zwei- bis dreiwöchigen Urlaub zulassen. Es wird leicht fallen, innerhalb der einzelnen Gattung noch andere Vertreter ausfindig zu machen, die sich ebenfalls gut pflegen lassen. Bedenken sollten Sie aber, dass die Regel bezüglich Menge, Verträglichkeit, Ernährung und Wasserbelastung einzuhalten ist.

Wie sich die einzelnen Fische im Aquarium dauerhaft ernähren, ist von vornherein nie genau abzusehen. Jeder Falter- oder Kaiserfisch zupft ab und zu einmal an Korallen. Wenn das nur hin und wieder geschieht, ist es nicht beunruhigend. Aber wenn es permanent passiert, muss der Fisch entfernt werden. Reine Korallenfresser müssen jedoch ganz vom Aquarium ferngehalten werden.

9.1 Futter für Fische

Vielleicht haben Sie vor diesem Buch schon andere Bücher über Meeresaquaristik gelesen. Falls es neuere Bücher waren, kann man davon ausgehen, dass diese die Fütterung der Fische als etwas sehr Wichtiges betrachten und dementsprechende Ratschläge geben. Handelt es sich jedoch um ältere Literatur, dann findet sich darin sehr häufig die Bemerkung, die Fische nur sehr sparsam zu füttern. Allerdings wurde in den letzten Jahren festgestellt, dass eine sparsame Fütterung zu erhöhter Aggressivität der Fische untereinander führt. Gut genährte, satte Fische sind wesentlich friedlicher als „Hungerhaken". Es ist schlicht Unsinn, wenn immer wieder behauptet wird, dass z. B. Seenadeln oder Mandarinfische in ausreichend großen Becken genügend Nahrung finden. Dieser „Notweg" bleibt ihnen nur, wenn sie mit der falschen Fischgesellschaft zusammen gepflegt werden. Wenn sich Doktorfische, Riffbarsche und schnelle Lippfische sofort nach der Futtergabe auf das Futter stürzen, bleibt für die bedächtigen Fresser nichts mehr übrig. Dann haben sie gar keine andere Wahl mehr, als ihre Nahrung im Becken zu suchen. Nur wird es ihnen langfristig nicht reichen. Sie werden verhungern. Lassen wir uns auf dieses Spiel erst gar nicht ein.

Traurig ist, dass es bis heute kaum Futter zu kaufen gibt, das wirklich aus dem Meer stammt. Außer dem Krill, der nur in den kalten arktischen Gebieten vorkommt (die

Im Aquarium selbst finden die Fische Copepoden (oben) als Zusatznahrung. Ausgewachsene Artemien (unten) werden von fast allen Fischen gierig gefressen.

nun wirklich fremd für unsere tropischen Fische sind) und sehr fettreich ist, gibt es nur sehr wenige reine marine Organismen. Selbst Mysis, die wir im Fachhandel beziehen, kommen normalerweise aus brackigen oder sehr ausgesüßten Bereichen. Probleme kann die andauernde Fütterung mit Süßwasserorganismen wie roten, weißen oder schwarzen Mückenlarven, Wasserflöhen oder Cyclops im osmotischen Haushalt der Tiere machen. Bei der Fütterung dringt Süßwasser in die Tiere ein und kann langfristig zu diversen Schäden im Organismus führen. Wir sollten uns angewöhnen, die Futtertiere unter kaltem, fließendem Wasser aufzutauen (hierbei wird gleichzeitig das in großen Mengen vorhandene Phosphat weggespült) und danach in unserem Meerwasser <u>kurz</u> einzuweichen. Ein Großteil der Fische, die heute im Meerwasserbecken gepflegt werden können, akzeptiert nach einer Eingewöhnungsphase Trockenfutter. Obwohl sie es zu Beginn verabscheuen, werden sie sich daran gewöhnen und es später mit Begeisterung fressen. Gutes Trockenfutter beinhaltet heute alles, was Fische benötigen, um gesund und vital zu bleiben. Wenn Sie eine Fischgesellschaft zusammenstellen, die z. B. ausschließlich Trockenfutter frisst, ist auch ein mehrwöchiger Urlaub ohne aquaristische Helfer, nur mit einem präzisen Futterautomat, möglich. Eine Überlegung, die Sie schon zu Beginn in die Planung einbeziehen sollten.

9.2 Die Auswahl der Fische

Das entscheidende Kriterium für den Kauf eines bestimmten Fisches darf nicht die Frage sein, ob man ihn gerne besitzen möchte, sondern ob er mit seiner Lebensweise in das Aquarienbiotop hineinpasst. Eine spontane Entscheidung zum Kauf eines Fisches ist im Aquariengeschäft immer sehr gefährlich. Sie sollten sich vor einer

Einkaufstour informieren, welche Lebensgewohnheiten ein Fisch hat. Ein großer Doktorfisch wie z. B. *Acanthurus sohal oder A. lineatus*, der gerne schwimmt, wird z. B. in einem nur 1 Meter langen Aquarium kaum jemals glücklich sein. Hier kann er einerseits seinem Bewegungsdrang keinen freien Lauf lassen und andererseits nervt es sehr, wenn ein Fisch beständig an der Frontscheibe auf und ab oder stoisch hin und her schwimmt. Für solche Becken bieten sich kleine Fische mit geringem Bewegungsbedarf wie diverse Grundeln, Schleimfische, Mandarinfische, Seenadeln etc. an.

Große Fische, die sich wenig bewegen, sind meist Raubfische, die sich tarnen und einfach nur abwarten, bis Beute an ihnen vorbeischwimmt. Auch ein Aquarium, das mit diesen Tieren besetzt wird, kann sehr reizvoll sein, denn auch sie schädigen die Korallen nicht. Werden diese Fische ausreichend gut mit Sandgarnelen und kleinen Stinten gefüttert, lassen sie zumindest gleich große Fische unbeachtet. Garnelen und kleine Fische können dann allerdings nicht mitgepflegt werden.

Wimpel- und viele Falterfische sind für eine Pflege im Korallenriffaquarium nicht geeignet.
Zu ihrer bevorzugten Nahrung zählen Anemonen und Korallenpolypen.

9.3 Geeignete Fische

Für den Einsteiger ist es wichtig, dass er zuerst mit Fischen beginnt, die unempfindlich gegen typische Einsteigerfehler sind. Hierzu zählen das Entgleiten des Salzgehalts oder der Temperatur sowie erhöhte Nitrat- und Phosphatwerte. Empfindliche Fische können dann recht schnell mit Hautparasiten übersät sein. Diese Parasiten, die sich zum Teil latent in jedem Aquarium befinden, können innerhalb weniger Tage den gesamten Fischbesatz erkranken lassen. Achten Sie beim Kauf unbedingt darauf, dass die Fische einen schönen runden Bauch haben.

Pseudanthias squamipinnis

Eingefallene Bäuche sind Zeichen langer Hungerperioden und können bedeuten, dass der Fisch schon so weit geschädigt ist, dass er auch trotz bester Fütterung bei Ihnen zu Hause nicht lange überleben wird. Sehr sinnvoll ist es auch, Fische einer bestimmten Art nicht als Einzeltiere zu pflegen, sondern möglichst paarweise. Selbst viele Arten, die in der Vergangenheit als aggressiv gegen die eigenen Artgenossen galten, lassen sich häufig in mindestens zwei Exemplaren pflegen. Voraussetzung ist dabei immer nur, dass sie ausreichend gefüttert werden und sich keine Futterkonkurrenz zwischen beiden einstellt.

9.3.1 Anthiinae (Fahnenbarsche)

Pseudanthias squamipinnis
(Juwelen-Fahnenbarsch)

Für das Korallenriffaquarium betrachte ich die Fahnenbarsche der Art *Pseudanthias squamipinnis,* die gemeinhin als „Juwelen-Fahnenbarsche" bezeichnet werden, als sehr geeignet. Sie leben in großen Schwärmen an der Außenseite der Korallenriffe. Im Aquarium sollten Sie auf jeden Fall einen kleinen Schwarm von 5 bis 8 Tieren pfle-

gen. Der weitaus häufigste Grund, warum diese Fische kaum in der Einsteigerliteratur empfohlen werden, ist die Meinung, dass sie sehr anfällig seien und mehrmals am Tage mit kleinstem Futter gefüttert werden müssten. Das entspricht natürlich kaum der Praxis eines berufstätigen Aquarianers. Bei genauerer Betrachtung stellt sich jedoch schnell heraus, dass zumindest die vorgestellte Art keineswegs eine kontinuierliche Fütterung benötigt. Bei einer ein- bis maximal zweimaligen täglichen Fütterung sind die Tiere jahrelang bei bester Gesundheit zu halten. Auch sind sie recht einfach auf Trockenfutter umzustellen. Wenn dieses einmal am Tag mit einem Futterautomaten gereicht werden soll, ist darauf zu achten, dass es zuerst in einen Futterring fällt, sich dort mit Wasser vollsaugt und dann untergeht. Von der Wasseroberfläche wird es von den Barschen kaum aufgenommen. Zudem nehmen die Fische die ganze Palette des im Handel zur Verfügung stehenden Frostfutters an.

Das wichtigste und allein entscheidende Kriterium beim Kauf der Fische ist, dass man nur solche Exemplare erwerben sollte, die gesund sind (keine Parasiten) und einen gut genährten Eindruck machen. Speziell bei dieser Fischart sind Tiere mit eingefallenen Bäuchen Todeskandidaten. Wenn Sie sich für ein Männchen und 5 Weibchen entscheidet, erwirbt man eine friedliche, interessante Fischart mit einem außergewöhnlichen Verhaltensspektrum, die dazu noch wunderschön anzusehen ist. Alle weiteren *Anthias*-Arten sollten erst gepflegt werden, wenn genügend Erfahrung mit der Meeresfischhaltung gewonnen wurde.

9.3.2 Pseudochromidae (Zwergbarsche)

Pseudochromis fridmani
(König-Salomon-Zwergbarsch)

Kurioserweise werden in vielen Büchern die Zwergbarsche der Gattung *Pseudochromis* als ideale Einsteigerfische beschrieben. Diese Aussage stimmt in Bezug auf ihre Zähigkeit und die damit einhergehende Annahme, dass sie Anfängerfehler gut wegstecken können. Der größte Nachteil dieser Zwergbarsch-Gattung ist der, dass sie über ein hohes Aggressionspotenzial verfügt. Arten wie *P. diadema*, *P. flavivertex* und besonders *P. porphyreus* sind in der Lage, eine ganze Aquariengemeinschaft,

egal wie groß die einzelnen Mitglieder sind, in Angst und Schrecken zu versetzen. Daher eignet sich für den Einsteiger aus dieser Gattung einzig und allein nur *Pseudochromis fridmani*.

Riskant ist, dass er von Einsteigern sehr leicht mit *P. porphyreus* verwechselt werden kann. Schauen Sie beim Kauf der Fische unbedingt darauf, dass der Fisch einen ausgeprägten Augenstreifen hat. Können Sie diesen nicht erkennen, sehen Sie vom Kauf ab, auch wenn der Händler noch so oft beteuert, dass es sich um *P. fridmani* handelt. Meist weiß er es selbst nicht besser. *Pseudochromis fridmani* liebt stark strukturierte Becken mit vielen Höhlen und Pfeilern. Er akzeptiert im Aquarium jegliches Frostfutter und mit etwas Geduld ist er auch an Trockenfutter zu gewöhnen. Der Fisch kann zu mehreren Exemplaren gepflegt werden.

9.3.3 Chrominae (Riffbarsche)

Chromis viridis
(Grünes Schwalbenschwänzchen)

Das grüne Schwalbenschwänzchen *Chromis viridis* ist ebenfalls ein sehr friedliches Fischchen, das dem Einsteiger uneingeschränkt empfohlen werden kann. Es lebt recht eng an Korallenstöcke gebunden, in deren Äs-

Foto: J. Pfleiderer

Pseudochromis fridmani

Nur wenn der Fisch einen solchen Augenstreifen aufweist, handelt es sich um *Pseudochromis fridmani*. Ähnlich aussehende Fische, ohne diesen Streifen, sind zu meiden.

Chromis viridis

Foto: L. Gessert

Chromis cyanea

Foto: J. Pfleiderer

ten es sich bei Gefahr versteckt. Diese Art akzeptiert ebenfalls sämtliches Frostfutter und ist auch an Trockenfutter zu gewöhnen. Mit einer Maximalgröße von 7 cm bleiben die Tiere kleiner als die zuvor beschriebene *Anthias*-Art. Deshalb ist es ebenfalls leicht möglich, einen Schwarm von 6 bis 8 Tieren zu pflegen. Das interessante Verhaltensrepertoire bekommt man dann gleich mitgeliefert.

Chromis cyanea
(Blaues Schwalbenschwänzchen)

Dieser bei einer Maximalgröße von 10 cm etwas empfindliche Riffbarsch ist <u>bedingt</u> für den Einsteiger geeignet. Er akzeptiert im Aquarium jegliches Frostfutter und auch Trockenfutter. Sie sollten jedoch darauf achten, dass die Fische beim Händler gut genährt aussehen und vor dem Kauf auf eine Fütterung bestehen, um zu sehen, ob die Fische das angebotene Futter tatsächlich annehmen. Ist das der Fall, sind sie in der weiteren Pflege unproblematisch. Die Fische sollten in einer kleinen Gruppe von maximal 4 Exemplaren gehalten werden, denn sie sind etwas territorial und untereinander nicht gerade zimperlich.

Chrysiptera parasema
(Gelbschwanz-Demoiselle)

Über das Wesen dieser bis zu 5 cm langen Fische herrscht in der Aquarienliteratur Uneinigkeit. Während manche Aquarianer eine Gruppenhaltung empfehlen, tendieren andere zu einer Einzel- bis maximal Zweierhaltung. Meine Erfahrungen konnte ich in einem 130 x 60 x 60 cm großen Riffbecken mit zwei dieser Tiere machen. Trotz vieler Versteckmöglichkeiten und mehrerer mitgepflegter andersartiger Fische konnten sich die beiden, obwohl es

Chrysiptera parasema

sich um ein Männchen und ein Weibchen handelte (hin und wieder laichten beide unter einer Steinkoralle ab), gerade noch so arrangieren. Das Aquarium wurde in zwei Hälften aufgeteilt. Sobald eine Demoiselle in das Revier der anderen eindrang, gab es heftige Kämpfe und Drohungen, die allerdings niemals ernsthaft mit Verletzungen endeten.

Ansonsten sind die Tiere sehr pflegeleicht. Sie akzeptieren jegliches Frostfutter und gewöhnen sich auch an Trockenfutter.

9.3.4 Grammatidae
(Feenbarsche)

Gramma loreto

Feenbarsche leben immer in Substratnähe, entweder dicht über dem Boden oder dicht am Fels. Im Meer bilden sie bisweilen große Gruppen, leben aber innerhalb der Gruppe als Einzelindividuum. In kleinen Aquarien kann es problematisch werden, mehrere Exemplare zusammen zu pflegen. Der Einsteiger sollte sich am besten nur für maximal zwei Fische entscheiden, die er dann gemeinsam einsetzt. Wenn das Becken über 500 Liter Inhalt hat, kann man auch eine kleine Gruppe von 4 bis 6 Feenbarschen pflegen.

Gramma loreto
(Königs-Feenbarsch)

Der Königs-Feenbarsch wird unter Aquarienbedingungen meist maximal 8 bis 10 Zentimeter lang. Im Aquarium akzeptiert er alle Arten von Frostfutter und mit einiger Geduld gewöhnt er sich auch an Trockenfutter. Der Fisch benötigt eine ruhige Fischgesellschaft, sonst lebt er sehr versteckt. Auch er liebt stark strukturierte Becken.

9.3.5 Apogonidae
(Kardinalbarsche)

Kardinalbarsche bilden eine sehr große Familie mit ca. 20 Gattungen und über 200

Arten. In der Regel sind es überwiegend kleinere Fische. Nur wenige Arten werden größer als 10 cm. Beachten sollten Sie, dass viele Arten dämmerungsaktiv sind. Das bedeutet, dass sie bei eingeschalteter Beleuchtung relativ teilnahmslos unter Korallen oder Felsvorsprüngen verharren. Erst in der Dämmerungsphase beginnen sie lebhaft zu werden. Diese Lebhaftigkeit kann sich manchmal auch noch nach Abschalten der Beleuchtung bis spät in die Nacht fortsetzen. Wer diese Tiere pflegen möchte, sollte unbedingt, eine schwache Mondbeleuchtung, wie im Handel erhältlich, installieren.

Eine Gruppe des Durchsichtigen Kardinalbarsches (*Zoramia* [Synonym *Apogon*] *leptacanthus*) im Aquarium.

Sphaeramia nematoptera
(Pyjama-Kardinalbarsch)

Ein wirklich wunderschön gezeichneter Kardinalbarsch, der gegenüber andersartigen Fischen und auch der eigenen Art sehr friedlich ist. Innerartlich gibt es zwar hin und wieder leichtes „Geplänkel", aber ohne sichtlich aggressiven Hintergrund. Dieser Kardinalbarsch wird maximal 8 cm groß. Die Männchen sind Maulbrüter. Ein gut eingewöhntes Paar kann wöchentlich im Aquarium ablaichen. Dies kann für die Männchen manchmal so anstrengend werden, dass sie hin und wieder den Laich komplett auffressen, um wenigstens etwas in den Bauch zu bekommen. Am besten ist es, wenn die Tiere in einer Gruppe von 6 bis 8 Tieren gepflegt werden. Dann verteilt sich das Laichverhalten auf mehrere Exemplare, sodass der Einzelne nicht so gestresst wird. Bei diesen Kardinalbarschen ist die Gruppenhaltung auch im Erwachsenenalter möglich. Gefressen wird sämtliches angebotene Frostfutter und nach Eingewöhnung auch Flockenfutter.

Sphaeramia nematoptera

Pterapogon kauderni
(Banggai-Kardinalbarsch)

Eine weitere häufig im Handel anzutreffende Art ist *Pterapogon kauderni*. Hierbei handelt es sich um einen Fisch, der in der Literatur häufig mit 12 cm Länge angegeben wird. Dieses Längenmaß ist im Aquarium aber kaum zu beobachten. In der Regel wird er nicht größer als der Pyjama-Kardinalbarsch. Dieser Fisch (Männchen) weist beim Tragen der Eier einen typischen Kehlsack auf.
Die Aufzucht dieses Kardinalbarschs ist nach einiger Übung auch dem Anfänger möglich und hier kann er in der Meeresaquaristik sein erstes „Aha-Erlebnis" erfahren. Die Jungtiere, die man kurz nach dem Freilassen aus dem Maul in einen engmaschigen Aufzuchtkasten geben soll, können vom ersten Tag an mit lebenden

Artemia-Nauplien gefüttert werden. Auch diese Art akzeptiert das komplette Frostfutterprogramm des Fachhandels und ebenfalls Trockenfutter.
Zur häufig angegebenen Schwarmhaltung ist Folgendes zu bemerken: Ziehen Sie die Tiere selbst auf, ist es möglich, auch in kleineren Becken (</= 1 Meter) bis zu einer Größe von ca. 3 bis 4 cm einen kleinen Schwarm zu halten. Neben gelegentlichem Gerangel ist nichts Beunruhigendes zu beobachten. Erst ab einer Größe von ca. 5 cm bemerkt der aufmerksame Aquarianer, dass die Aggressivität zunimmt. Dann muss man die Tiere trennen und kann in kleinen

Pterapogon kauderni

Becken nur ein Paar, in Becken ab ca. 150 cm Kantenlänge auch zwei Paare zusammen pflegen.

Von zehn Aquarianern in meinem Bekanntenkreis, die diese Barsche pflegen, setzte bei neun dieser Zustand ein. Bei einem Aquarianer war auch eine Pflege von 20 Exemplaren in einem 2000-Liter-Becken möglich. Dies ist allerdings die absolute Ausnahme von der Regel.

Gerade unter den Kardinalbarschen gibt es eine Vielzahl herrlicher Fische, die sich sehr gut für die Aquarienpflege eignen würden. Leider werden, außer den zwei oben beschriebenen Arten, alle anderen nicht oder nur sehr selten importiert.

9.3.6 Blenniidae
(Schleimfische)

Schleimfische oder Blenniiden sind häufige Bewohner des Küstenbereichs gemäßigter und tropischer Meere. Bis auf wenige Ausnahmen leben sie in den oberen Bereichen der Küstenregionen. Fast alle Schleimfische sind im Aquarium ausgezeichnet haltbar. Es sind muntere Gesellen, die ein ausgeprägtes Verhaltensrepertoire aufweisen.

Im Gegensatz zu ihren mediterranen Vertretern sind die tropischen Schleimfischarten sehr aggressiv gegenüber Artgenossen. Während man in einem Mittelmeerbecken entsprechender Größe (> 130 cm Kantenlänge und versehen mit vielen Unterschlupfmöglichkeiten) ohne Weiteres mehrere Arten zusammen pflegen kann, ist das bei tropischen Schleimfischen entweder nur paarweise oder aber in den weitaus häufigsten Fällen nur einzeln möglich. Somit sollten Sie zu Beginn sehr genau entscheiden, ob Sie eine der vielen bunten Arten mit interessantem Verhalten erwerben möchten oder doch eine, die weniger bunt ist, dafür aber in der Algenbekämpfung gut mithilft.

Natürlich sind auch diese Arten im Verhalten sehr interessant. Bewährt haben sich in erster Linie folgende Fische:

Ecsenius bicolor
(Zweifarben-Blenni)

Wie die meisten *Ecsenius*-Arten handelt es sich bei diesen Tieren um handfeste Einzelgänger. Die paarweise Haltung ist in entsprechend großen Becken zwar ebenfalls möglich, allerdings ist es Glückssache, im Handel ein harmonierendes Paar zu bekommen. Die vordere Körperhälfte ist in der Regel schwarz bis schwarzblau und die hintere gelb bis orange. Die Fische besitzen zwei kleine Tentakel am Kopf.

Die Art ist aggressiv gegen Artgenossen und gegen andere Blennis. Nach dem Erwerb darf also kein weiterer Blenni mehr in das Aquarium gesetzt werden. Der *E. bicolor* ist sehr genügsam, was die Ernährung betrifft. Sämtliches Frostfutter sowie Trockenfutter und wenig Aufwuchsalgen zählen zu seiner bevorzugten Nahrung. Sie sollten ihm eine röhrenförmige Höhle anbieten, in die sich der Fisch rückwärts hineinfädeln kann.

Es muss noch erwähnt werden, dass einige Aquarianer beobachtet haben, dass besonders dieser Schleimfisch hin und wieder an Steinkorallen frisst (Fossa/Nilsen). Dies ist aber von Individuum zu Individuum unterschiedlich. In einem mit Weichkorallen besetzten Aquarium richten sie keinen Schaden an. Wer später einmal empfindliche Steinkorallen pflegen möchte, sollte sich die Anschaffung dieser Fische sehr gut überlegen. Wenn Sie häufig weiße Bissstellen an den Steinkorallen finden und eine *Ecsenius*-Art pflegen, kann diese dafür verantwortlich sein.

Salarias fasciatus
(Juwel-Felshüpfer)

Dieser sich hauptsächlich von kurzen Aufwuchsalgen ernährende Fisch lebt in flachen Riffgebieten zwischen Korallen, Sand und Geröll bis zu einer Tiefe von 8 Metern. Er leistet im Aquarium wertvolle Hilfe bei der Reduzierung des kurzen Algenra-

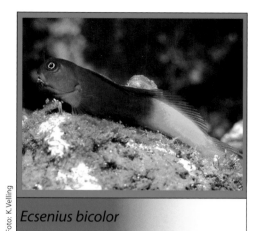

Foto: K. Velling

Ecsenius bicolor

Salarias fasciatus

sens, den er den ganzen Tag über abweidet. Frostfutter oder Trockenfutter wird nur genommen, wenn zu wenig Algen vorhanden sind oder wenn mit zunehmendem Alter die Tiere eines Tages auf den Geschmack gekommen sind. Eine paarweise Haltung dieser Fische ist ebenfalls möglich (THALER). Allerdings ist eine genaue Kenntnis der Fische erforderlich, um ein sicheres Pärchen zu finden. Gleichgeschlechtliche Fische bringen sich langfristig um. Andersartige Blenniiden werden ebenfalls auf lange Sicht nicht akzeptiert und so lange unterdrückt, bis sie sterben.

Vorsicht ist geboten, wenn die Fische zusammen mit Hornkorallen, die stark abschleimen, gepflegt werden. Der Schleim der Koralle ist in diesen Fällen mit Aufwuchsalgen besetzt, und die scheinen den *Salarias*-Arten bestens zu schmecken. Bedingt durch ihre raspelnde Maulkonstruktion gehen sie dementsprechend grob mit den Korallen um. Diese nehmen das ziemlich übel und öffnen sich nicht mehr.

9.3.7 Gobiidae (Grundeln)

Mit etwa 200 Gattungen und 1.500 Arten sind die Grundeln die artenreichste Familie der Meeresfische. Für den Aquarienhandel werden sehr viele Grundeln importiert und lange nicht jede Art ist unter praktischen Gesichtspunkten für die Ko-

rallenriffaquaristik geeignet. Gerade die relativ groß werdenden Symbiosegrundeln der Gattung *Cryptocentrus* (10 cm) benötigen einen gleichermaßen derben Mitbesatz, denn kleinere Fische werden mitunter von ihnen terrorisiert. Die häufig im Handel anzutreffenden Goldkopf-Sandgrundeln der Art *Valenciennea strigata* (18 cm) können den Aquarianer recht schnell zur Verzweiflung bringen, wenn sie den aufgenommenen Sand wahllos über die Dekoration und die Korallen verteilen. Besonders plattenförmige Steinkorallen, aber auch viele andere empfindliche Korallen werden dadurch förmlich zugeschüttet und müssen regelmäßig vom „Schutt" befreit werden.

Die für Einsteiger empfehlenswerten Sandgrundeln sind *Amblygobius rainfordi* und *Amblygobius phalaena*. Speziell die letztere Art ist für die Bodengrundreinigung

Die Goldkopf-Sandgrundel *Valenciennea strigata* ist für das Einsteigeraquarium nicht geeignet.
Foto: J. Pfleiderer

zu empfehlen, denn sie lädt den Sand kaum über der Dekoration ab, sondern an ihrem Standort über dem Boden.

Amblygobius rainfordi
(Rotstreifen-Sandgrundel)

Mit einer Größe von bis zu 6 cm Länge und einem relativ kleinen Maul verursacht diese Sandgrundel keine nennenswerte Trübung. Normal ausgelegte mechanische

Amblygobius rainfordi

Foto: J. Pfleiderer

Schnellfilter kommen gut damit zurecht. Erfahrungsgemäß treibt sie ihr Maul auch nicht tief in den Boden, sondern sie lutscht eher an den mit Algen besetzten Steinchen. Weiterhin frisst sie sehr gerne Fadenalgen (nicht *Bryopsis*-Arten!). Man kann diese Grundel bei bester Kondition halten, wenn ihr kleine Felder dieser Algen (an Stellen, an denen sie keinen Schaden anrichten können) angeboten werden. Den ganzen Tag über weidet sie die Algen ab, und es ist erstaunlich, wie kräftig diese kleine Grundel dann wird. Es muss allerdings bemerkt werden, dass eine Algenplage von ihr alleine nicht eingedämmt werden kann.

Weiterhin interessiert sie sich für kleines Frostfutter wie *Artemien* oder *Cyclops*. Für Trockenfutter ist sie nicht zu begeistern. Auch diese Grundel lässt sich, obwohl sie klein bleibt und recht friedlich aussieht, nur paarweise oder einzeln pflegen. Gleichge-schlechtliche Partner werden nicht akzeptiert.

Bodengrundreiniger

Widmen wir uns noch einmal kurz den bodenreinigenden Sandgrundeln wie *Amblygobius phalaena* oder der sog. Krabbenaugen-Grundel *Signigobius biocellatus*.

Generell eignen sich beide hervorragend zur Bodengrundreinigung, denn sie kauen den ganzen Tag den Sandboden durch und der gereinigte Bodengrund wird durch die Kiemenöffnungen an Ort und Stelle wieder ausgeschieden. Eine anfängliche Wassertrübung verschwindet nach kurzer Zeit.

Werden solche Grundeln auf eine Fläche eingesetzt, die sie auch bewältigen können, müssen Sie sich lange Zeit keine Sorgen über einen verschlammten oder mit Schmieralgen übersäten Bodengrund machen. Werden die Grundeln aber in solchen Aquarien eingesetzt, die zwar immer noch zu klein sind, um mehr als ein Paar zu integrieren (ist kein Platz vorhanden, bekriegen sie sich bis zum Tode), andererseits aber zu groß für nur zwei Grundeln, dann können sie logischerweise nur eine recht bescheidene Leistung erbringen. Ein veralteter Bodengrund kann dort dann immer noch möglich sein. Ein Paar dieser Grundeln hält jedoch erfahrungsgemäß ein 150 x 60 x 60 cm großes Becken tipptopp sauber.

Amblygobius phalaena

Solche veralgten Sandschichten gehören bald der Vergangenheit an, wenn man sandkauende Grundeln im Aquarium pflegt.

Signigobius biocellatus ist heikel in der Pflege. Auch für fortgeschrittene Aquarianer stellt sie eine große Herausforderung dar.

Der große Unterschied liegt allerdings darin, dass *S. biocellatus* wirklich nur als Paar zusammen gepflegt werden sollte, denn allein gehaltene Tiere vereinsamen regelrecht. Auch hat diese Grundel starke Probleme, Futter, das durch das Wasser treibt, einzufangen. Mehr als einmal sind mir ein oder gar beide Tiere verendet, weil sie einfach nicht genug Futter aufnahmen. Es war manchmal schon eine Qual für mich, mitansehen zu müssen, wie unbeholfen diese Grundeln versuchen, jedem einzelnen Futterstückchen hinterherzujagen, obwohl das Wasser voll davon ist. Die Nahrung nur aus dem Bodengrund reicht eben in einem Korallenriffaquarium für solche Fische nicht zum Überleben.

Anders ist das bei *Amblygobius phalaena*. Zum einen kann sie gut alleine gehalten werden und zum anderen frisst sie alles, was ihr vor das Maul treibt. Obwohl sie um einiges größer wird als die Krabbenaugen-Grundel, haben wir doch wesentlich länger Freude an ihr.

Gobiodon okinawae
(Gelbe Korallengrundel)

Diese nicht grabenden Grundeln leben normalerweise in den Ästen bestimmter Geweihkorallen (*Acropora*-, *Pocillopora*- und *Stylophora*-Steinkorallen). Der Körper ist hochrückig, seitlich komprimiert und schuppenlos. Die Haut soll Bitterstoffe enthalten und mit einem giftigen Schleim überzogen sein, sodass die Grundeln für Räuber nicht attraktiv sind (Fossa/Nilsen). Generell eignen sich diese Grundeln bei paarweiser oder in großen Aquarien (> 1.000 Liter) gruppenweiser Pflege sehr für den Einsteiger. Sie werden nicht zu groß (4 cm), akzeptieren das meiste Frostfutter und sind gegenüber andersartigen Fischen recht friedlich. Obwohl häufig angegeben, ist ihre Vergesellschaftung mit den oben aufgeführten Steinkorallen nicht immer problemlos. Gerade bei Einsteigern kann es hin und wieder Rückschläge geben, und eventuell mitgepflegte Steinkorallen leiden dann einige Zeit sehr. Ist kein Bewohner im Aquarium, der diese Korallen noch zusätzlich belastet, können sie wieder komplett genesen, aber Korallengrundeln fressen oft das Gewebe dieser (ihrer) Steinkorallen ziemlich stark an, und sei es nur, um ein Gelege abzusetzen.

Gobiodon okinawae

Foto: J. Pfleiderer

Mir bekannte Aquarianer haben berichtet, dass selbst in einem mit Steinkorallen gut ausgestatteten Aquarium die Grundeln den Korallen so stark zusetzten, dass diese zwar nicht eingingen, aber ein deutliches Unwohlsein an den Tag legten: keine ausgestreckten Polypen mehr und mehrheitlich beschädigtes Gewebe. Aus diesem Grund empfehle ich diese Grundeln nur dem Einsteiger, der entweder Steinkorallen pflegt, mit denen die Grundeln nicht assoziieren, oder der sich ausschließlich für die Pflege von Weichkorallen entscheidet. Dann stellen die Grundeln keine Gefahr dar.

Das Gleiche gilt generell für alle Korallengrundeln wie z. B. die häufig angebotenen *G. citrinus*, *G. rivulatus* oder die schwarze *G. cf. albofasciatus.*

Elacatinus evelynae

Elacatinus evelynae
(Hainasen-Neongrundel)

Die *Elacatinus*-Arten (früher *Gobiosoma*) haben sich generell als gut haltbare Aquarienfische herausgestellt. Aufgrund ihrer geringen Größe (maximal 3 bis 4 cm) eignen sie sich auch für kleine Becken. *E. evelynae* benötigt kleines Frostfutter wie *Cyclops*, *Artemia* oder *Bosmina* sowie feines Trockenfutter zu ihrer Ernährung. Auch reinigt sie Fische von Ektoparasiten. Sie wird am besten als Paar gehalten.

Elacatinus oceanops
(Neongrundel)

Wie ihre Vorgängerin sehr einfach zu halten. Die Futteransprüche sind dieselben. Auch diese Grundel reinigt Fische. Einige Beobachtungen ergaben, dass es Individuen gibt, die sehr aggressiv gegen gleichartige und gleichgeschlechtliche Partner reagieren. Wieder andere sind recht friedlich.

Elacatinus oceanops

So ist es zu erklären, dass manche Aquarianer in 150 cm langen Becken 6 bis 8 dieser Grundeln ohne große Schwierigkeiten pflegen konnten, während andere in Aquarien derselben Größe nicht einmal zwei gleichgeschlechtliche Grundeln zusammen halten konnten, ohne dass sich die Tiere bis aufs Blut bekämpften.

9.3.8 Microdesmidae
(Pfeilgrundeln)

Von den Pfeilgrundeln kann ich dem Einsteiger nur eine Art wirklich empfehlen: die Zebra-Torpedogrundel *Ptereleotris zebra*. Diese bis ca. 12 cm lang werdende Grundel schwimmt gerne im freien Wasser, wenn

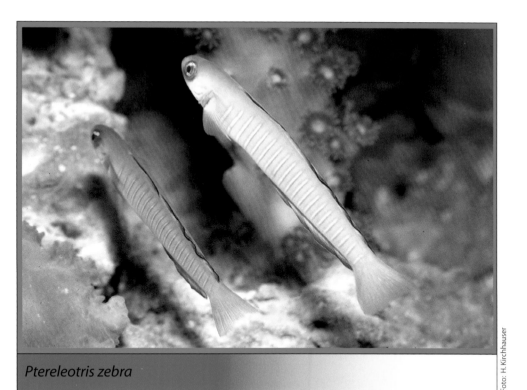

Ptereleotris zebra

die übrige Fischgesellschaft ihr zusagt. In erster Linie mag sie eine ruhige Fischgemeinschaft im Aquarium. Ist das nicht der Fall, wird sie scheu und tritt nur selten einmal außerhalb der Futterzeiten in Erscheinung.

Alle Pfeilgrundeln neigen dazu, bei Erschrecken aus dem Becken zu springen. Diese Grundel kann in mehreren Exemplaren gehalten werden. Kleinere Rangeleien untereinander sind harmlos. Mehrere Exemplare geben dem Einzelindividuum ein größeres Gefühl der Sicherheit. Als Futter wird jegliches Frostfutter, das bewältigt werden kann, angenommen.

Alle weiteren Vertreter der Pfeilgrundeln wie *Nemateleotris decora*, *N. helfrichi* und *N. magnifica* sollten dem erfahrenen Aquarianer vorbehalten bleiben, da sie noch schreckhafter als *Ptereleotris zebra* sind. In Gruppen sind sie gar nicht zu halten und selbst die Paarhaltung ist in kleinen Aquarien manchmal unmöglich!

9.3.9 Callionymidae
(Leierfische)

Leierfische sind streng bodenlebende Fische, die sich von Kleinkrebschen, Würmern, kleinsten Planarien und Nacktschnecken ernähren. Wahrscheinlich gehören in ihr Beuteschema noch viele andere immer oder zeitweise im Boden lebende Tiere, die aber im Aquarium keine große Bedeutung spielen. Früher wurden die Leierfische als schwer haltbar bezeichnet. Heute gilt das genaue Gegenteil: Man bezeichnet sie in der modernen Riffaquaristik mit ihrer (so die theoretische Annahme) gleichzeitig reichen Bodenfauna als leicht haltbare Fische. Die Größe des Aquariums wird gleichgesetzt mit einer Unmenge an Futtertieren, die für Leierfische (und übrigens auch die meisten Seenadeln) ausreichend vorhanden wären. Das ist ein Trugschluss!

Wenn keine Maßnahmen ergriffen werden, um die Zunahme der Mikrofauna im Aquarium zu begünstigen, verhungern die Leierfische langsam, aber sicher auch im größten Becken. Einerseits bieten diese Aquarien wegen guter Filterung und Abschäumung der Mikrofauna denkbar schlechte Möglichkeiten, sich rasant zu vermehren, andererseits hält die ewig anstrengende und meist erfolglose Suche nach Organismen die Leierfische (und Seenadeln) so auf Trab, dass sie langfristig mehr Aufwand zur Futtersuche betreiben, als die Mühe lohnt. Der langsame Hungertod ist die Folge. In vielen Aquarien sind die lebenden Beweise zu sehen: großer Kopf, eingefallener Bauch und Messerrücken, untrügliche Zeichen eines baldigen Hungertodes. Der Leitsatz lautet deshalb: Wer die ansonsten anspruchslosen Leierfische erfolgreich halten möchte, muss sie auch gezielt füttern. Schnelle Fresser und ewig hungrige Zeitgenossen wie Lippfische, Doktorfische oder die meisten Riffbarsche sind als Mitbewohner kritisch.

Leierfische lassen sich mit einiger Geduld an Futterplätze gewöhnen, die für große Fische (z. B. Doktor- oder Kaiserfische)

nicht erreichbar sind, weil deren Körperform es nicht zulässt, den Platz aufzusuchen (Spalten und Überhänge etc.), zum Beispiel eine Stelle kurz unterhalb der Wasseroberfläche. Dort wird täglich eine größere Menge Frostfutter abgelegt, die dann bei ausgeschalteter Strömung nicht im Aquarium verdriftet.

Werden an diesem Platz einige Klopfbewegungen ausgeführt, lassen sich die Leierfische sehr gut darauf trainieren, dass es hier etwas zu fressen gibt. Später ist ein Abstellen der Strömung für sie schon ein Zeichen. Die Fische werden aufmerksam und sind sofort zur Stelle.

Wenn die Leierfische ihre Portion Futter abbekommen, sind sie einfach zu halten. Gefressen wird fast jedes Frostfutter, das sie mit ihren kleinen, spitzen Mäulchen bewältigen können. Selbst rohe, sehr kleine Bachflohkrebse werden willig angenommen. Auch von schmal gepressten Futterplatten (z. B. Benkers Garnelenmix), die man in kleinen Stücken (an einer Klammer befestigt) in das Aquarium hängt, werden mehr oder weniger große Stückchen herausgebissen. Nach einiger Zeit zeigt sich, was für „Moppel" Leierfische werden können, wenn sie gut im Futter stehen. „Dick mit Doppelkinn", dann sind es einfach tolle Fische. In diesem Punkt verdanken wir einer in der Szene bekannten Aquarianerin – Frau Prof. Dr. Ellen Thaler – viel, die endlich mit dem Märchen aufräumte, dass unsere Fische in eingefahrenen Becken genug Nahrung fänden.

Synchiropus splendidus (Mandarinfisch)

Der bis zu 10 cm lang werdende Mandarinfisch *S. splendidus* ist im indo-australischen Archipel und im Westpazifik weit

Synchiropus splendidus

Foto: H. Kirchhauser

verbreitet. Die Fische sollten, wie alle Leierfische, nur mit ruhigen Beckenbewohnern zusammen gepflegt werden. Ein mit lebenden Steinen eingerichtetes Aquarium macht ihr Leben etwas spannender, weil sie dort hin und wieder Nahrung finden und so den ganzen Tag konzentriert auf der Suche nach Fressbarem sind.

Bei der Anschaffung der Leierfische muss darauf geachtet werden, dass nicht zwei Männchen einer Art erworben werden. Sie bekämpfen sich in einem noch so großen Aquarium bis aufs Blut.

Bei einer paarweisen Haltung lassen sich aufschlussreiche Verhaltensbeobachtungen machen und das allabendliche Ablaichritual der Fische verfolgen. Eng aneinander gepresst, mit zitternden Bewegungen, streben sie langsam der Oberfläche zu, um dann mit einer schnellen Bewegung lange Eischnüre ins freie Wasser abzugeben. *Synchiropus splendidus* frisst alle Arten von Frostfutter, die in sein kleines Maul passen. Mit großen Krill-Krebschen tut er sich naturgemäß etwas schwer. Rote, weiße und schwarze Mückenlarven sowie kleine *Mysis* und vor allem ausgewachsene Artemiakrebschen gehören zu seiner Leibspeise.

Synchiropus ocellatus

Synchiropus picturatus
(Clown-Leierfisch)

Dieser Leierfisch hat fast das gleiche Verbreitungsgebiet wie die vorgenannte Art. Er bleibt wesentlich kleiner als *Synchiropus splendidus* (maximal 5 cm), ernährt sich aber auf die gleiche Art und Weise wie dieser. Insgesamt ist *Synchiropus picturatus* genauso einfach zu pflegen wie *Synchiropus splendidus.*

Synchiropus ocellatus
(Augenfleck-Leierfisch)

Diese Art sieht man häufig im Fachhandel. Genaue Beobachtungen ergaben, dass diese bis zu 8 cm Länge erreichenden Fische auf jeden Fall weiße Strudelwürmer (Planarien) fressen. Bei roten Planarien scheiden sich die Geister. Ich selbst konnte beobachten, dass in der Einfahrphase das Aquarium von einer dicht über dem Boden lebenden großen Population kleiner, rotbrauner Planarien überzogen war. Nach dem Zusetzen eines Paares *S. ocellatus* verschwanden sie. Ob es am fortgeschrittenen Einfahren des Beckens oder an den Fischen lag, kann ich nicht mit Gewissheit sagen. Auch bei dieser Art dürfen

Synchiropus picturatus

Foto: H.Kirchhauser

auf keinen Fall zwei Männchen miteinander in einem Aquarium gepflegt werden.

9.3.10 Acanthuridae
(Doktorfische)

Viele Doktorfische haben einen hohen, flachen Körperbau. Sie besitzen an der Schwanzwurzel einen Knochenstachel, der spitz und scharf ist. Dieses „Skalpell" wird zur Verteidigung auch gegen den Pfleger eingesetzt.

Beim Hantieren oder Herausfangen der Fische aus dem Aquarium ist deshalb Vorsicht geboten. Doktorfische sind in der Regel gute Algenfresser. Sie helfen, das Aquarium weitgehend algenfrei zu halten. Sehr oft werden Bilder aus dem Meer mit großen Ansammlungen von Doktorfischen gezeigt, bei denen der Neuling unter den Meerwasseraquarianern auf die Idee kommen kann, diese Fische würden in der freien Natur als Schwarmfische leben. Diese Annahme ist falsch. Große Verbände z. B. des Weißkehldoktors *A. leucosternon* werden nur dann gebildet, wenn die Tiere in unbekannte Reviere einfallen, um dort die Algen abzuweiden. Dadurch verteilt sich die Aggressivität der dort ansässigen Arten auf den ganzen Verband und die eindringenden Einzelindividuen haben mehr Zeit, ungestört zu fressen. Eine Haltung von mehr als einem Pärchen einer Art im Aquarium geht langfristig immer schief. Meist bleibt zum Schluss nur ein Paar übrig.

Wer ein Paar erwerben möchte, kaufe sich am besten zwei unterschiedlich große Fische. Nach einiger Zeit werden diese sich dann durch Geschlechtswechsel arrangieren.

Im Folgenden möchte ich einige weitere pflegeleichte Arten vorstellen, die allesamt nur paarweise gepflegt werden sollten.

Acanthurus olivaceus
(Orangefleck-Doktorfisch)

Von allen *Acanthurus*-Arten ist dieser Fisch für Einsteiger am ehesten zu empfehlen. Alle anderen Arten aus dieser Gattung sollten erst nach einiger Zeit aktiver Meerwasseraquaristik erworben werden, da sie in der Pflege heikler sind. Mit einer Maximallänge von 30 cm ist er ein Fisch für größere Becken (ab 800 Liter). Als Futter akzeptiert er neben jeglicher Art von Frostfutter auch allerlei Grünfutter wie Salat, Spinat, Löwenzahn usw. Auch Trockenfutter wird gerne genommen.

In der Natur ernährt er sich hauptsächlich von Diatomeen, Detritus und kleinen Fadenalgen, die er vom Sandboden aufnimmt oder von den Felsen abgrast. Im Laufe seines Lebens macht der Fisch einen Farbwechsel durch. Jungtiere sind gelb, Halberwachsene schmuziggelb bis bräunlich.

Zebrasoma flavescens
(Gelber Seebader)

Der maximal 18 cm messende *Zebrasoma flavescens* gehört zum Standardsortiment des Fachhandels und ist der wohl populärste

Foto: A. Luty

Acanthurus olivaceus

Zebrasoma flavescens

Zebrasoma desjardinii
(Westl. Segelflossen-Seebader)

Dieser in der Natur bis 40 cm groß werdende Doktorfisch erreicht im Aquarium eine durchschnittliche Größe von maximal 20 cm. Es handelt sich um einen sehr schönen Seebader, der nach meinen Erfahrungen sehr gut in einem Korallenriffaquarium zu pflegen ist. Auch er frisst gerne Fadenalgen. Im Weiteren erhält er die gleiche vegetarische Kost wie Z. *flavescens* und ist ebenfalls wie dieser gut an Trockenfutter zu gewöhnen.

Zebrasoma xanthurum
(Gelbschwanz-Seebader)

Obwohl dieser Seebader nur eine Größe von maximal 25 cm erreicht und mit seiner blauen Körperfarbe und dem gelben Schwanz farblich sehr attraktiv ist, sollten wir von ihm die Finger lassen. Viele Exemplare, die in Aquarien gepflegt werden, sind recht unverträglich gegenüber dem restlichen Fischbesatz. Ebenfalls wurden schon einige Übergriffe auf Korallen gemeldet, die aber auch Mangelernährung als Ursache haben könnten. Seine Vorliebe für Fadenalgen hält sich auf jeden Fall ziemlich in Grenzen und ist diesbezüglich nicht vergleichbar mit der Leistung von *Zebrasoma flavescens*.

Fadenalgenfresser im Korallenriffaquarium. Er ist genügsam und steckt Anfängerfehler gut weg. Bei ihm kann es jedoch problematisch werden, zu einem späteren Zeitpunkt noch einen Partner hinzuzusetzen. Aus diesem Grunde sollten Sie sofort mit zwei unterschiedlich großen Fischen beginnen. Ein Pärchen dieses wunderschön anzusehenden Fisches macht in einem gut gepflegten Aquarium kurzen Prozess mit den Fadenalgen (und auch *Bryopsis*-Algen!) und muss daher im Anschluss reichlich mit Grünfutter versorgt werden. Ausgezeichnet bewährt haben sich frischer Löwenzahn sowie kleine Scheibchen Banane, die von den Fischen willig angenommen werden. Auch sind sie leicht an Trockenfutter zu gewöhnen.

Zebrasoma desjardinii

Foto: H. Kirchhauser

Zebrasoma xanthurum

Foto: L. Gessert

9.3.11 Siganidae
(Kaninchenfische)

Siganus vulpinus
(Fuchsgesicht)

Kugelalgen werden von diesem Fisch stark dezimiert.

Kaninchenfische sind mit den Doktorfischen nahe verwandt. Besonders *S. vulpinus* kann im Aquarium eine Größe von bis zu 25 cm erreichen. Der Fisch ist ein klassischer Einzelgänger. Selbst in einem 3.000-Liter- Sechseckaquarium eines Bekannten konnte er nicht mit zwei weiteren Vertretern seiner Art zusammen gehalten werden, obwohl es hierzu in der Literatur unterschiedliche Aussagen gibt.

Zwei Monate nach dem gleichzeitigen Einsetzen der Fische und einer sehr guten Fütterung wurden vom kleinsten Exemplar (!) die größeren Artgenossen fast umgebracht, wenn der Aquarianer nicht vorher eingegriffen hätte.

Bei Einzelhaltung ist *S. vulpinus* aber ein ausgezeichneter Aquarienfisch, der uns in der Regel (auch hier keine Regel ohne Ausnahme) hilft, die Kugelalgen im Aquarium kurz zu halten. Unermüdlich löst und frisst er diese, sodass sie sich immer mehr reduzieren.

Weiterhin ist der Fisch genauso zu ernähren wie die oben beschriebenen Doktorfisch-Arten. Mit kleinen Garnelen sollte er nicht zusammen gepflegt werden, denn hier besteht die Möglichkeit, dass er sie frisst.

Siganus vulpinus

9.3.12 Fische, die zu Beginn nicht geeignet sind!

Natürlich ist es Ansichtssache, welche Fische nicht in ein Einsteigeraquarium gehören, aber gemäß meinen Erfahrungen werden Sie an den hier vorgestellten Arten keine Freude haben. Entweder sind es Fische die extrem schreckhaft sind und bei jeder Störung versuchen, aus dem Becken zu springen, oder andere, die nur schwer an Frostfutter zu gewöhnen sind. Wieder andere sind gegenüber dem restlichen Fischbestand extrem aggressiv und können die Harmonie in einem Becken empfindlich stören, oder sie vergreifen sich an den Korallen. Die vorgestellte Auswahl ist nicht vollständig und nur ein kleiner Auszug.

Korallenwächter fressen kleine Fische und Garnelen. Foto: J. Pfleiderer

Chrysiptera cyanea entwickelt sich im Aquarium zum Tyrannen. Foto: H. Kirchhauser

Zwergkaiser (hier: *Centropyge loricula*) zupfen an Korallen. Foto: K. Velling

Zanclus cornutus ist sehr heikel in der Eingewöhnung. Foto: J. Pfleiderer

Fast alle Drückerfische sind unverträglich und beißen in Korallen und Muscheln. Foto: J. Pfleiderer

Seepferdchen und die meisten Seenadeln verkraften die starke Strömung im Korallenbecken nicht. Foto: J. Pfleiderer

Foto: H. Kirchhauser

Der Gelbe Pinzettfisch (*Forcipiger flavissimus*) ist heikel.

Feuerfische sind giftig. Foto: J. Pfleiderer

Nemateleotris magnifica ist zu springfreudig. Foto: K. Velling

Der Kuhfisch wird trotz seines drolligen Aussehens im Alter zu groß.

Die in der Jugendform manchmal nur Walnuss-großen Kofferfische (*Ostracion cubucus*) verleiten viele Einsteiger zum Kauf.

Der gleiche Kofferfisch (*Ostracion cubucus*) ist dann einige Jahre später bei guter Pflege 45 cm groß. Wohin damit? 3 Fotos: K. Velling

9.3.13 Besatzvorschläge

Viele Leser schrieben mir, dass bei ihnen am Anfang eine erhebliche Unsicherheit darüber bestand, welche Tiergesellschaften sich für den Einstieg eignen. Ich habe mich daraufhin mit einigen kompetenten Aquarianern zusammengesetzt und einige Beispiele erarbeitet. Diese Gesellschaften haben sich, bei einer abwechslungsreichen Ernährung, bestens bewährt.

Gesellschaft für Riffbecken 80 x 50 x 60 cm (L x B x H):

1 x Juwel-Felshüpfer (*Salarias fasciatus*) – Algenprophylaxe,
1 x Phalaena-Sandgrundel (*Amblygobius phalaena*) – Bodengrundreinigung,
6 x Juwelen-Fahnenbarsche (*Pseudanthias squamipinnis*),
1 x König-Salomon-Zwergbarsch (*Pseudochromis fridmani*),
1 Paar Mandarinfische (*Synchiropus splendidus*),
1 x Neongrundel (*Elacatinus oceanops* oder *E. evelynae*).

Zusätzlich ca. 7 *Tectus*-Schnecken, 5 kleine Einsiedlerkrebse, 1 Seeigel (*Mespilia globulus*), 2 Putzergarnelen (*Lysmata amboinensis*).

Gesellschaft für Riffbecken 120 x 50 x 60 cm (L x B x H):

1 x Juwel-Felshüpfer (*Salarias fasciatus*) – Algenprophylaxe,
1 x Phalaena-Sandgrundel (*Amblygobius phalaena*) – Bodengrundreinigung,
6 x Juwelen-Fahnenbarsche (*Pseudanthias squamipinnis*),
1 x König-Salomon-Zwergbarsch (*Pseudochromis fridmani*),
1 Paar Mandarinfische (*Synchiropus picturatus*),
1 x Neongrundel (*Elacatinus oceanops oder E. evelynae*),
2 x Gelber Seebader (*Zebrasorum flavescens*) – Algenprophylaxe,
1 Paar Banggai-Kardinalbarsche (*Pterapogon kauderni*).

Zusätzlich ca. 10 *Tectus*-Schnecken, 10 kleine Einsiedlerkrebse, 2 Seeigel (*Mespilia globulus*), 2 Putzergarnelen (*Lysmata amboinensis*) und 1 Scherengarnelen-Paar (*Stenopus hispidus*).

Alternativ für Riffbecken 120 x 50 x 60 cm (L x B x H):

1 x Juwel-Felshüpfer (*Salarias fasciatus*) – Algenprophylaxe,
1 x Phalaena-Sandgrundel (*Amblygobius phalaena*) – Bodengrundreinigung,
5 x Durchsichtige-Kardinalbarsche (*Zoramia leptacanthus*),
1 x König-Salomon-Zwergbarsch (*Pseudochromis fridmani*),
1 x Neongrundel (*Elacatinus oceanops* oder *E. evelynae*),
2 x Gelbe Seebader (*Zebrasorum flavescens*) – Algenprophylaxe,
1 Paar Bangai-Kardinalbarsche (*Pterapogon kauderni*),
1 Paar Säbelzahn-Schleimfische (*Meiacanthus grammistes*).

Zusätzlich ca. 10 *Tectus*-Schnecken, 10 kleine Einsiedlerkrebse, 2 Seeigel (*Mespilia globulus*), 2 Putzergarnelen (*Lysmata amboinensis*) und 1 Scherengarnelen-Paar (*Stenopus hispidus*).

Gesellschaft für Riffbecken 160 x 60 x 60 cm (L x B x H):

1 x Juwel-Felshüpfer (*Salarias fasciatus*) – Algenprophylaxe,
2 x (= Pärchen) Phalaena-Sandgrundeln (*Amblygobius phalaena*) – Bodengrundreinigung,
6 x Grüne Schwalbenschwänzchen (*Chromis viridis*),
1 Paar Blaue Riffbarsche (*Chrysiptera parasema*),
1 x Neongrundeln (*Elacatinus oceanops* oder *E. evelynae*),
1 x Gelber Seebader (*Zebrasorum flavescens*) – Algenprophylaxe,
1 x Fuchsgesicht (*Siganus vulpinus*),
1 Paar Banggai-Kardinalbarsche (*Pterapogon kauderni*).

Dazu ca. 20 *Tectus*-Schnecken, 15 kleine Einsiedlerkrebse, 3 Seeigel (*Mespilia globulus*), 2 Putzergarnelen (*Lysmata amboinensis*) und 1 Scherengarnelen-Paar (*Stenopus hispidus*).

Gesellschaft für Riffbecken 170 x 70 x 60 cm (L x B x H):

1 x Juwel-Felshüpfer (*Salarias fasciatus*) – Algenprophylaxe,
1 Paar Phalaena-Sandgrundeln (*Amblygobius phalaena*) – Bodengrundreinigung,
6 x Blaue Schwalbenschwänzchen (*Chromis cyanea*),
1 x Neongrundel (*Elacatinus oceanops* oder *E. evelynae*),
1 Paar Spätblaue Doktorfische (*Acanthurus coeruleus*) – Algenprophylaxe,
4 x Königs-Feenbarsche (*Gramma loreto*).

Dazu ca. 20 *Tectus*-Schnecken, 15 kleine Einsiedlerkrebse, 2 Seeigel (*Echinometra mathaei*), 2 Putzergarnelen (*Lysmata amboinensis*) und 1 Scherengarnelen-Paar (*Stenopus hispidus*).

Achtung: Alle hier empfohlenen Fische sind in diesem Buch beschrieben!

Links Spätblauer Doktorfisch (*Acanthurus coeruleus*) rechts Goldstirn-Brunnenbauer (*Opistognatus aurifrons*). Der Brunnenbauer benötigt einen ca. 10 cm hohen mittelgroben Bodengrund.
Fotos: H. Kirchhauser

9.3.14 Das Eingewöhnen von Fischen

Die Eingewöhnung von Einzeltieren

Fische lassen sich leichter als Wirbellose an die neuen Aquarienverhältnisse anpassen. Hier sollte man sich (bei Transportzeiten von über einer Stunde) gleich vom Fachhändler Sauerstoff in den Beutel geben lassen. Der Beutel kommt dann in eine dunkle Thermobox, am besten eine Kühltasche.

Die Temperaturangleichung sollte behutsam vorgenommen werden.

Zu Hause wird der Transportbeutel in das Aquarium eingehängt und eine halbe Stunde lang ein Temperaturangleich vorgenommen. Danach wird eine weitere halbe Stunde lang mit der Tröpfchenmethode Wasser in den Beutel getropft. Nach Ablauf dieser Zeit entleeren Sie den Beutel mitsamt dem Fisch über einem Eimer in ein feinmaschiges Netz und geben das Tier ohne Wasser in das Aquarium. Das funktioniert gut, wenn sich noch kein alteingesessener gleichartiger Fisch im Becken befindet.

Die Eingewöhnung zum Zweck der Paarbildung

Wenn Sie z. B. zum Zwecke der Paarbildung zu einem späteren Zeitpunkt einen zweiten Fisch in das System integrieren, dann kann es passieren, dass der Alteingesessene den Neuen sofort attackiert und schon in den ersten Sekunden tödlich verletzt. Um dies zu vermeiden, wendet man das Prinzip „Schwimmschule" an.

Ein ca. 5 Liter fassendes Plexiglasaquarium wird am Boden und auf einer Seite mit Löchern versehen. Hierbei ist zu beachten, dass die Löcher nicht von außen nach innen, sondern von innen nach außen gebohrt werden müssen. An den Innenwänden des Plexibeckens dürfen keine scharfen Bohrgrate entstehen, an denen sich ein aufgeregtes Tier verletzen könnte!

Dieses Becken hängen Sie in das Aquarium, stellen einen halben Blumentopf als Versteck hinein und setzen den Fisch nach der zuvor beschriebenen Angleichprozedur

Grafik 41

Prinzip der „Schwimmschule": Ein kleines, mit Löchern versehenes Plexiaquarium wird in das Hauptbecken gehängt. Der neue Fisch wird hineingegeben. So können sich die beiden Fische aneinander gewöhnen.
Foto: D. Juling

in dieses Plexibecken. Nun können sich der neue und der alte Fisch erst einmal „abreagieren", ohne dass es zu Berührungen kommt. Erfahrungsgemäß beruhigen sich beide spätestens nach einem Tag. Den Neuzugang können Sie getrost 2 bis 3 Tage in dieser „Schule" lassen, bis beide Fische keine Notiz mehr voneinander nehmen. Dann senken Sie die Schwimmschule auf den Boden des Aquariums. So kann der Insasse immer in sein mittlerweile vertrautes Revier zurückschwimmen, falls er doch noch angegriffen wird.

Eingewöhnung direkt aus der Importsendung

Erwirbt man einen Fisch direkt aus einer frisch eingetroffenen Importsendung und nimmt diesen mit dem Transportbeutel (in dem er sich schon seit über 24 Stunden befindet) mit nach Hause, sind bei der Eingewöhnung einige Regeln zu beachten: Im Transportbeutel herrscht ein relativ niedriger pH-Wert, der durch die Ausscheidungen und hauptsächlich durch die Atemtätigkeit des Fisches entstanden ist. CO_2 und Ammonium sind in solch einem Beutel überproportional vorhanden. Wenn Sie nun zu schnell Aquarienwasser mit einem hohen pH-Wert in den Beutel laufen lassen, wird der pH-Wert im Beutel abrupt angehoben und ein Großteil des Ammoniums verwandelt sich in das sehr giftige Ammoniak. Der gleiche Vorgang findet auch statt, wenn man es gut meint und den Transportbeutel mit einem Ausströmerstein und einer Luftpumpe zuerst einige Zeit belüften möchte, dadurch das CO_2 austreibt und den pH-Wert anhebt.

Am besten ist es, wenn man über lange Zeit (bei pH 6,5 mindestens über 2 Stunden) sehr langsam mit der Tröpfchenmethode angleicht und alle zehn Minuten mit einem Schöpflöffel etwas Wasser aus dem Beutel holt. So entnehmen wir dem Beutel immer mehr mit Ammonium/Ammoniak angereichertes Wasser und verdünnen dadurch diesen Wert. Wenn Sie vorsichtig vorgehen, nimmt der Fisch keinen Schaden.

Bei einem Fisch direkt aus einer frisch angekommenen Importsendung, ist ein besonderes Eingewöhnungsritual einzuhalten.

10 Algen im Korallenriffaquarium

Das pflanzliche Leben im Meer besteht zu nahezu 90 % aus Algen. Hierzu zählen auch die höheren Blattalgen, die für den Einsteiger in die Meeresaquaristik wie Wasserpflanzen aussehen. In unserem Riffaquarium sind bestimmte Algenarten hilfreich und erwünscht, während andere Arten langfristig das System zum „Kippen" bringen können. Bei einer kontrollierten Pflege niederer und höherer Algen helfen diese das Wasser von überschüssigen Nährstoffen zu befreien. Wichtig ist es die Balance zu finden, damit die Algen nicht die Symbiosealgen in den Korallen beeinträchtigen, indem sie ihnen viele wichtige Spurenelemente und Nährstoffe entziehen. Algen sind auch deshalb wichtig, weil sie als Einzeller den Beginn der Nahrungskette darstellen und sich viele Organismen von ihnen ernähren. Diese Organismen oder aber auch die Algen selbst, dienen wiederum den höheren Wirbellosen und den Fischen als Futter.

Algen werden sich in einem Aquarium immer in dem Maß vermehren, wie sie Nährstoffe und weitere günstige Bedingungen finden. Alle Algen konkurrieren miteinander und versuchen einander zurückzudrängen. Das erreichen sie durch Nährstoffkonkurrenz und vereinzelt durch chemische „Kampfstoffe", die sie ausscheiden, um Konkurrenten in der Entwicklung zu hemmen oder gar ganz zu stoppen. Diesen Zustand kann man sich als Aquarianer zunutze machen, indem man langsam wachsende höhere Algen in bestimmten Zonen des Beckens ansiedelt. Zu diesen Algen gehören vor allem *Caulerpa*-Arten. Sie besitzen ein von der Wissenschaft gut erforschtes wirksames „Waffenarsenal", um vielen niederen Algen den Garaus zu machen. Auch Kalkrotalgen, die auf lebenden Steinen in das Aquarium gelangen, haben sich bei gutem Wachstum ausgezeichnet

dabei bewährt, den niederen Algen die Siedlungsgrundlage streitig zu machen. Wichtig in diesem Zusammenhang ist noch die Tatsache, dass man besonders die *Caulerpa*-Arten niemals so stark wuchern lassen sollte, dass man mit einem Mal eine größere Menge von ihnen ausschneiden muss. Denn dann könnte der gesamte Bestand durch den starken Eingriff förmlich ausbluten und zugrunde gehen. Gebundene Nährstoffe (z. B. Phosphat) können dann mit einem Schlag wieder freigesetzt werden und zu einer rasanten Vermehrung der niederen Algen führen. Darum ist es besser, lieber wöchentlich oder 14-tägig nur vereinzelte Stängel der Algen zu entfernen. Ein Ausbluten kann dadurch vermieden werden.

10.1 Kalkrotalgen

Diese Algen sehen wie Riffgestein aus. Sie gelangen normalerweise mit diesem (auch als Trägersubstrat für Korallen) in unsere Aquarien. Bei günstigen Bedingungen können sie die gesamte Dekoration des Aquariums überziehen. Sie entziehen dem Wasser viele Stoffe, die auch die Korallen (besonders die Steinkorallen) zum Wachs-

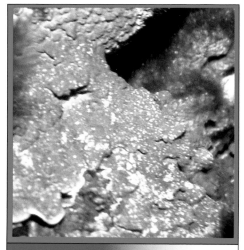

Kalkrotalgen

tum benötigen. Aus diesem Grund müssen Sie die Parameter Calcium und Magnesium laufend im Auge behalten. Wenn die Kalkrotalgen gut wachsen, muss man diese Elemente wesentlich häufiger nachdosieren, damit sie weiterhin im optimalen Bereich liegen. Ein steigender Nitrat- und Phosphat-Wert bremst das Wachstum der Kalkrotalgen.

10.2 *Halimeda*-Algen
(Münzalgen)

Auch unter den Grünalgen gibt es einige Kalkalgen. Sie gehören zur Gattung *Halimeda*.
Diese Algen sind sehr dekorativ, können aber bei guten Bedingungen schnell zur Plage werden. Sie lieben eine mittelstarke Beleuchtung und nährstoffarmes, aber kalkreiches Wasser.

Halimeda-Algen

Ihr Wachstum wird durch Kalkreaktoren, Calciumhydroxid- oder Calciumchlorid-Zugaben stark gefördert. Bei plötzlichen Veränderungen der Wasserqualität sterben *Halime-*

da-Algen innerhalb weniger Tage ab, werden weiß und zerfallen allmählich.

10.3 *Caulerpa*-Algen
(Kriechsprossalgen)

Die verbreitetsten schnellwüchsigsten und anpassungsfähigsten Arten sind *Caulerpa sertularoides* oder *C. taxifolia*. Beide besitzen gefiederte, blattähnliche Auswüchse. Diese beiden *Caulerpa*-Algen kommen zusammen mit der ursprünglich aus dem Mittelmeer stammenden, mittlerweile aber auf tropische Temperaturen adaptierten *C.*

Caulerpa   Oben: *C. prolifera*, Mitte: *C. racemosa*. Unten: *C. sertularoides*.

prolifera auch mit ungünstigen Wasserparametern sehr gut zurecht, sodass sie sich sofort nach der Neueinrichtung schon im Becken ansiedeln lassen. Alle weiteren *Caulerpa*-Arten wie *C. nummularia, C. racemosa* etc. benötigen sauberes, gut eingefahrenes Aquarienwasser. Das Becken sollte daher schon einige Zeit lang stabil sein.

10.4 Fadenalgen

Fadenalgen gehören ebenfalls zu den Grünalgen. Sie sind in der Meerwasseraquaristik unbeliebt, weil sie sich meist in solchen Mengen einfinden, dass der Aquarianer ihrer nicht mehr Herr wird.

Fadenalgen sind deshalb so gefährlich, weil sie alles überwuchern können. Steinkorallen werden zum Beispiel schon geschädigt, wenn die Algen an ihrem Fuß wachsen und ständig ihr Gewebe berühren. Es löst sich dann früher oder später auf und die Algen können die Koralle in Besitz nehmen. Es ist logisch, dass diese Algen bei erhöhten Nährstoffbedingungen ausgezeichnet gedeihen, aber zwingend notwendig sind solche erhöhten NO_3- oder PO_4-Konzentrationen für eine unkontrollierte Verbreitung nicht. Auch in den freien Ozeanen an einem intakten Korallenriff können wir im kleinen Rahmen eine Fadenalgenexplosion provozieren, wenn eine kleine Stelle mit einem unten offenen Käfig so bedeckt wird, dass keine Fische, Seeigel, Schnecken etc. ins Innere des Käfigs gelangen können. Nach spätestens einer Woche ist die Stelle mit niederen Algen überwachsen und nach ca. 2 bis 3 Wochen befinden sich dort die gleichen Fadenalgen wie im Aquarium. In einem gut gepflegten Aquarium, genauso wie im Meer, müssen immer einige Tiere anwesend sein, die diese Algen fressen. Im Riff sind es Heerscharen von Individuen. Im Aquarium sind es vornehmlich Doktorfische, einige Blenniiden, Seeigel, Schnecken und sehr kleine Einsiedlerkrebse. Alle picken, nagen und fressen unermüdlich an den Algen, so dass diese gut eingedämmt werden. In einem Riffaquarium, in dem diese Algen-

Für das Aquarium und die Mehrheit seiner beweglichen Insassen ist es von Vorteil, wenn vereinzelt Fadenalgenfelder vorhanden sind. Sie stellen gute Futterquellen dar.

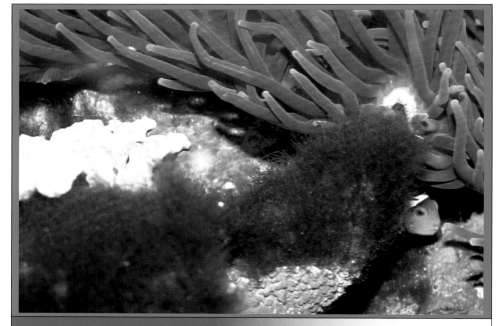

Fadenalgen, gemischt mit *Bryopsis*-Algen

konsumenten jedoch fehlen, nützen auch umfangreiche regelmäßige Wasserwechsel nichts. Die Fadenalgen wachsen unbeirrt weiter. Wer ein Problem mit Fadenalgen hat, sollte zuerst die NO_3- und PO_4-Werte checken. Liegen sie über den empfohlenen Werten, sind durch einen Wasserwechsel oder ein nitrat- bzw. phosphatreduzierendes Mittel diese Werte zu senken (siehe Kap. 5.3.6.3 ff.). Danach ist zu überprüfen, ob genug Konsumenten im Becken sind. Notfalls müssen weitere nachgekauft werden. In den ersten Wochen können Sie den Tieren helfen, indem Sie vor jedem Wasserwechsel die Algen mit einer Bürste soweit als möglich dezimieren. In der Regel kommen nach dieser Zeit die Tiere alleine zurecht. Wichtig ist auch, dass man in Zeiten starken Algenaufkommens die Sicht- und Seitenscheiben des Aquariums immer algenfrei hält, sonst sitzen die Tiere dort und raspeln die Algen ab. Viel wertvoller sind sie für uns allerdings, wenn sie auf der Dekoration bleiben. Das fällt ihnen leichter, wenn sie an den Scheiben keine Algen finden.

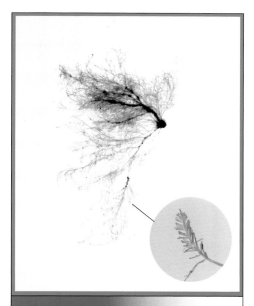

Bryopsis-Alge (Nah- und Mikroaufnahme)

Bryopsis-Algen werden nach meiner Erfahrung nur von wenigen Tieren effektiv gefressen. Auch Doktorfische der Gattung *Zebrasoma* fressen sie nicht immer zuverlässig.

Fadenalgenfresser

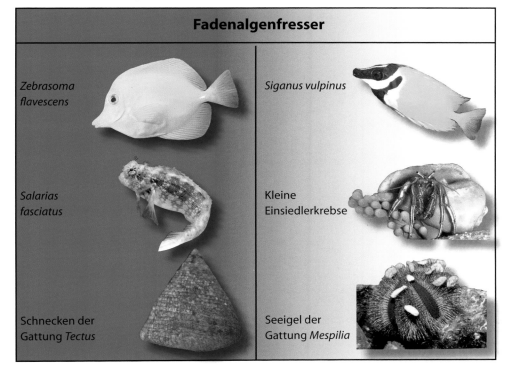

Zebrasoma flavescens

Siganus vulpinus

Salarias fasciatus

Kleine Einsiedlerkrebse

Schnecken der Gattung *Tectus*

Seeigel der Gattung *Mespilia*

10.5 *Valonia*- und *Ventricaria*-Algen (Kugelalgen)

Auch Kugelalgen gehören zu den Grünalgen. Im Aquarium treten vornehmlich zwei Gattungen auf: *Valonia* und *Ventricaria*. Sie bestehen aus dichten, mit Zellsaft gefüllten blasenartigen Kolonien. Werden diese Kugeln zerdrückt und der Zellsaft gelangt ins Wasser, wird die Ausbreitung gefördert. Diese Algen können sich unter Kalkalgenansammlungen, zwischen zusammengeklebten Steinen oder in Felsspalten drücken und diese mit der Zeit auseinandersprengen. Auch aufgewachsene Korallen werden vom Siedlungssubstrat gesprengt. Weiterhin können sie den Ein- und Auslauf von Strömungspumpen voll-

ständig überwuchern und langfristig das Aquarium komplett in Besitz nehmen. In kleinen Becken muss man die Algen regelmäßig abbürsten und absaugen. In großen Aquarien bietet sich der Kauf eines *Siganus vulpinus* oder *S. unimaculatus* an. Mit diesen Fischen gelang es mir immer, die Kugelalgen soweit zu dezimieren, dass sie im Aquarium nicht mehr störten. Allerdings dürfen die Fische zu Beginn nicht mit anderweitigem Futter verwöhnt werden, denn dann haben sie keine Lust mehr auf die Kugelalgen. Sind die Fische aber erst einmal auf den Geschmack gekommen, leisten sie hervorragende Hilfe.

10.6 Kieselalgen

Kieselalgen (Diatomeen) treten in der Regel im frisch eingerichteten Aquarium als Erstbesiedler auf und überziehen das Gestein mit einem braunen Belag. Diese Algen lagern in ihren Zellen Kieselsäure (Verbindung von Silicium, Sauerstoff und Wasser) ein. Ihre Ausbreitung ist von der Menge im Wasser vorhandener Kieselsäure abhängig. Allerdings sollte man sich etwas vor Augen halten: Silicium-(Kieselsäure-)haltige Verbindungen machen etwa 75 % des Gewichts von Erdkruste und Erdmantel aus. Silicium ist neben dem Sauerstoff das zweithäufigste Element der Erde.
Auch dieses Element gehört in geringer Konzentration in das Meerwasseraquarium. Viele Organismen können sich nur durch die Anwesenheit von Kieselsäure bilden. Die bekanntesten sind die Schwämme.
Kieselsäure entsteht durch das Lösen von Silicium im Wasser.
Häufig enthält das Leitungswasser große Mengen an Kieselsäure. Diese wird zum Schutz der Wasserrohre von den Wasserwerken beigegeben. Bei einer Plage hilft nur ein umfangreicher regelmäßiger Wasserwechsel mit kieselsäurefreiem Wasser. Eine Osmoseanlage mit einem nachgeschalteten, mindestens 5 bis 8 Liter fassen-

Valonia sp.

Kieselalgen

breitet sich diese Plage nur aus, wenn etwas aus dem Ruder gelaufen ist.

Lange Zeit habe ich mir Gedanken gemacht, worin denn eigentlich der Unterschied zwischen den sogenannten Schmutz- oder Reinwasserformen bestehen könnte. Ich kam zu folgendem Ergebnis: Diese sehr lästigen Algen werden meist dann zur Plage, wenn das Aquarienwasser über einen gewissen Grad hinaus belastet ist, oder wenn in nur geringen – mit normalen Tests nicht messbaren Mengen – eine extrem belastende Substanz, wie z. B. Schwefelwasserstoff (H_2S), dem Becken zugeführt wird.

den, <u>stark</u> basischen Anionenaustauscher (und nur dieser hilft wirklich) reduziert die Säure auf null. Die Algen werden nach einiger Zeit verschwinden (Näheres siehe im Kapitel 5.1.2 über die Kieselsäure).

Rote Schmieralgen

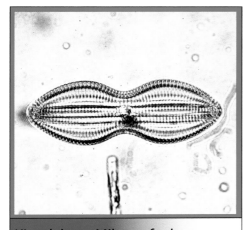

Kieselalgen-Mikroaufnahme

10.7 Cyanophyceen
(Rote Schmieralgen)

Eines der heikelsten Kapitel in der Riffaquaristik ist die Bekämpfung der roten Schmieralgen. Diese Algen sind nahe mit den Bakterien verwandt. Im Aquarium

10.7.1 Die Schmutzwasser-Variante

Die (Schmutzwasser-)Algen verschwinden häufig, wenn das extrem belastete Aquarienwasser durch frisches, sauberes Wasser ersetzt wird. Ein Wasserwechsel ist dann mit mindestens 25 % frischem und etwa 4 Tage abgestandenem Salzwasser einmal pro Woche durchzuführen. Zwischen den Wechselintervallen müssen die Algen mit einer kleinen Strömungspumpe immer wieder vom Substrat geblasen werden. Wichtig

Einfache Filtersäulen, die durch anaerobe Zonen das Nitrat abbauen, ohne dass die darin lebenden Bakterien zusätzlich ernährt werden (wie die abgebildete Aktivkohlesäule), sind auch dann problemlos, wenn im Wasser kein Nitrat mehr vorhanden ist.

ist hierbei, dass sie nicht zur Ruhe kommen. Abblasen und absaugen – wöchentlich!

Sehr effektiv hat bei mir eine unterstützende Zugabe des Mittels EASY-LIFE® der niederländischen Firma EASY LIFE Int. BV oder ein ähnliches Produkt mit den gleichen Inhaltsstoffen geholfen.

Hierbei handelt es sich um einen Wasseraufbereiter, der viele, unter anderem von den Algen erzeugte, schädliche Stoffe bindet, die dann über den Abschäumer aus dem System herausgeholt werden. Die wöchentliche Zugabe des Mittels in der von der Firma empfohlenen Menge hat das Milieu des Aquariums relativ schnell wieder auf Kurs gebracht.

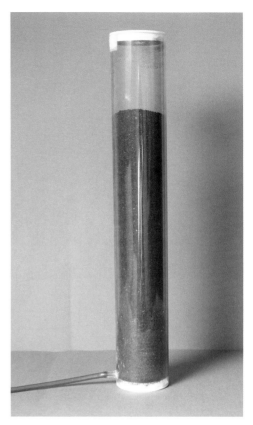

Mit Wasseraufbereitungsmitteln ist es möglich, günstige Milieubedingungen zu schaffen. Rein chemische Aufbereitungsmittel wie z. B. AQUASAVE etc. sind hier nicht geeignet, da sie den Abschäumer „überkochen" lassen. Mittel, die auf Basis „seltener Erden" aufgebaut sind – wie das nebenstehende EASY-LIFE® – sind besser geeignet.

10.7.2 Die Reinwasserform

Viel schwieriger wird es, wenn keine belastenden Werte gemessen werden. In den weitaus meisten Fällen, die mir bei meiner Praxis untergekommen sind, lieferten zur Verminderung des Nitrats eingesetzte externe Denitrifikationsfilter den Auslöser

für ihr Auftreten, und zwar nach folgendem Muster: Zuerst wurde durch die Filter der Nitratwert im Becken bis auf null reduziert. Dann kommt es darauf an, ob Sie mit einer Säule arbeiten, die den Bakterien zwar eine größere Menge Siedlungssubstrat zur Verfügung stellt (Aktivkohle, Sinterglasröhrchen), die Bakterien selbst aber ihre Nahrung aus den natürlichen Abbauprodukten im Becken beziehen. In diesem Fall werden die Bakterien in dieser Säule <u>nicht</u> noch zusätzlich gefüttert und sie reduzieren sich bei sinkendem Nitratgehalt in Ermangelung der Sauerstoffquelle (NO_3) von selbst. Steigt der Nitratwert im Aquarienwasser wieder an, pendelt sich die Bakterienpopulation erfahrungsgemäß dementsprechend ein. Dies funktioniert aber nur in Becken, die mit einer überwiegenden Mehrzahl von Weichkorallen betrieben werden. Diese Korallen produ-

zieren durch ihren Schleim genügend Poly-
zucker, die die Bakterien zusätzlich effektiv
ernähren. Ein einigermaßen ausbalancier-
tes Wechselspiel findet statt.

Allerdings reicht die Ernährung der Bakterien in gut gepflegten Steinkorallenbecken
mit sehr geringem Weichkorallenanteil

aufgrund niedriger löslicher Kohlenstoff-
gehalte für ordentliche Denitrifikationsraten oft nicht mehr aus. Mit Schwefel-,
Ethanol- oder Essigsäure-haltigen Materialien müssen dann zusätzlich Nährstoffe,
in welcher Form auch immer, in das System
eingebracht werden, die von den Bakterien
allerdings sehr aufwendig aktiviert werden
müssen.

Daher wird in solchen Becken meist mit
Filtern gearbeitet, in denen das Substrat den
Bakterien gleichzeitig als Nahrung dient
(Schwefelfilter, Zellulosefilter, verschiedene käufliche Denitratoren etc.). Wird
in diesen Reaktoren aus Unaufmerksam-
keit ein sauerstofffreies (!) Milieu erreicht,

kann es passieren, dass sogenannte Sulfatreduzierer die Oberhand gewinnen und
dem im Meerwasser hoch angereicherten
Sulfat (H_2SO_4) den Sauerstoff entreißen.
Dann produzieren sie giftigen Schwefelwasserstoff (H_2S), der normalerweise nach
faulen Eiern riecht (siehe Kap. 5.3.7.1 über
Denitrifikationsfilter etc.). Innerhalb des
Reaktors wird dann das Wasser mit dem
extrem belastenden H_2S angereichert. Da
das Wasser vom Reaktor nur tropfenweise
an einer beliebigen Stelle dem Aquarium
zugeführt wird, ist es in der Praxis oft so,
dass man weder etwas riechen noch messen
kann. Das Milieu verschlechtert sich jedoch zusehends. Sollten Sie also im Aquarienwasser keine bedenklichen Nitrat- und
Phosphat-Werte messen, aber solch einen
Filter betreiben, ist es ratsam, die Wasser-
durchflussrate so einzustellen, dass er nicht
vollständig ohne Sauerstoff arbeitet oder,
besser noch, Sie lösen ihn sofort vom System. Nach Entdecken dieser Quellen und
der wie bei den Schmutzwasserformen beschriebenen Behandlung, ist nach meinen
Erfahrungen mit einem Rückgang der roten Schmieralgen nach ca. 4 Wochen zu
rechnen.

Auch können manchmal die blauen Fil-
terschwämme – zumindest im Meerwasserbecken – Schmieralgenplagen verursachen. In zwei von fünf Fällen gingen die
Schmieralgen nach der kompletten Entfernung zurück.

Nitratfilter, die ihre Abbaubakterien selbst ernähren (Schwefel-Filter, Zellulose-Filter, Wodka-Filter sowie diverse käufliche Filter), können problematisch werden, wenn das Wasser nach einiger Zeit frei von Nitrat ist.

Der vielfach angebotene blaue Filterschwamm kann (!), zumindest im Meerwasseraquarium, hin und wieder eine Quelle sein, die rote Schmieralgen provoziert.

11 Regelmäßige Pflegeschritte (Pflegeplan)

11.1 Tagespflege

● Einmal am Tag kontrollieren wir sämtliche Tiere. Die Fische werden hinsichtlich Vitalität gecheckt und nach eventuellen Parasiten oder Krankheiten (Pünktchen) abgesucht.
● Alle technischen Geräte wie Pumpen, Abschäumer, Heizung, Filter etc. werden auf Funktion überprüft.
● Ein- bis zweimal täglich die Fische füttern. Nur so viel, wie innerhalb einer Minute gefressen werden kann. Lieber nochmals nachfüttern.
● Verdunstungswasser nachfüllen (besser automatisch regeln lassen).
● Mechanischen Schnellfilter reinigen.
● Temperatur messen.

11.2 Wochenpflege

● Scheiben reinigen.
● Eventuell gepflegte höhere *Caulerpa*-Algen zurückschneiden.
● Abschäumer reinigen (besser zweimal die Woche).
● Spurenelemente zugeben. Verdunstungswassernachfüllbehälter überprüfen und ggf. mit Osmosewasser auffüllen.

11.3 Zweiwochenpflege

● Teilwasserwechsel von 10 %. Sie können das frisch angesetzte Salzwasser ohne Bedenken eine Stunde nach dem Ansatz sofort in das Aquarium geben.
● Salzgehalt, Karbonathärte, pH-Wert, Calcium- und Magnesiumgehalt messen.

11.4 Monatspflege

● Aktivkohlefilterung zur Entfernung der Gelbstoffe aus dem Wasser. Hier hat es sich bewährt, wenn Sie maximal 15 g Kohle pro hundert Liter Wasser für 24 Stunden in den Filterkreislauf legen. So entstehen keine durch die Kohle verursachten Schäden.
● Nitrat- und Phosphatgehalt messen.
● Lampenreflektoren vom Salz befreien (Osmosewasser verwenden).

Schon zwei bis drei Wochen vor der Abreise werden die Pumpen gesäubert. Nur so ist gewährleistet, dass man sie noch einige Zeit kontrollieren kann.

12 Urlaub

Bei der Einrichtung des Aquariums erhebt sich die Frage, was zu tun ist, wenn der Urlaub ansteht. Ein Meerwasseraquarium allein zu lassen, war früher eigentlich undenkbar, aber heutzutage kann man es, dank der recht zuverlässigen Technik, für 3 bis 4 Wochen problemlos unbeaufsichtigt lassen. Nun ist speziell der Typ Aquarium, wie ich ihn hier vorstelle, ein Urlaubstyp, weil er nur wenig Pflegeaufwand benötigt. Wir müssen allerdings einige Dinge vorbereiten, um Komplikationen vorzubeugen.

12.1 Die technische Kontrolle

Unter technischer Kontrolle verstehe ich die Kontrolle des Abschäumers und aller Pumpen. Die elektrischen Teile eines motorbetriebenen Abschäumers werden 2 bis 3 Wochen vor dem Abreisetermin auseinandergenommen und gereinigt. So können Sie sich nach dem Zusammenbau noch eine längere Zeit davon überzeugen, dass er einwandfrei funktioniert.

Der Schaumtopf selbst wird einen Tag vor der Abreise noch einmal gründlich gereinigt. Es hat sich bewährt, sich einen zweiten Topf (einen sogenannten Urlaubstopf) anzuschaffen, in den ein Loch gebohrt wird, in das ein Stück PVC-Rohr geklebt wird. Auf dieses Rohr wird ein Schlauch geschoben, der in einen externen Eimer führt. Wenn nun die Dreckbrühe im Schaumbecher steigt, kann sie durch das Loch über den Schlauch in den Eimer abfließen. So wird ein Überlaufen vermieden.

12.1.1 Kreiselpumpen

Alle Kreiselpumpen werden 2 bis 3 Wochen vor der Abreise auseinandergenommen und gereinigt. Ein sorgfältiger Zusammenbau, besonders beim Einsetzen der Dichtungen, ist obligatorisch.
Alle Schlauchverbindungen werden auf einwandfreien Sitz überprüft.

12.1.2 Leuchten

Die Spritzschutzscheiben der Leuchten sollten mit klarem Osmosewasser gereinigt werden. Auf keinen Fall dürfen vor dem Urlaub neue HQI-Strahler eingesetzt werden. Die Auswirkungen können dann nicht überwacht werden. Erst nach dem Urlaub sollte man das tun.

12.1.3 Verdunstungswasser

Die Nachfülltanks für das Verdunstungswasser müssen für die Zeit der Abwesenheit ggf. angepasst werden. Ist dies nicht möglich, können bei Verwendung einer automatischen Nachfüllanlage mit Schwimmerschalter oder einem anderen den Pegelstand kontrollierenden Teil Abdeckscheiben auf das Aquarium gelegt werden. Sie verhindern eine Verdunstung im großen Stil, sodass der kleine Tank ggf. über die gesamte Zeit ausreicht.

Wer nur zeitgesteuerte Dosierpumpen zur Nachfüllung benutzt, darf keine Abdeckscheiben auf das Becken legen, denn die einmal eingestellten Pumpen behalten ihre Förderrate bei und das Becken würde überlaufen. Hier muss der Tank auf jeden Fall vergrößert werden.

12.2   Wasserkontrolle

Die Wasserkontrolle ist nötig, um durch nochmaliges Messen und Vergleichen aller Parameter festzustellen, ob sich die Werte in irgendeiner Weise negativ verändert haben.

Die Parameter Salzgehalt, Calcium, Magnesium und Karbonathärte sind noch einmal auf ihr Optimum einzustellen.

12.3   Futterdosierung

Wenn Sie das Aquarium während Ihrer Abwesenheit von einem Pfleger warten lassen wollen, so ist zu raten, die Futtermenge und -art in einem Wochenplan genau anzugeben und die einzelnen Tagesmengen genau zu rationieren. So wird vermieden, dass entweder zu viel oder zu wenig gefüttert wird.

Wurden die Fische, wie weiter oben bereits empfohlen, rechtzeitig auf Trockenfutter umgestellt, hat man jetzt die Möglichkeit, einen Futterautomaten einzusetzen. Dieser kann mit Flockenfutter oder gefriergetrocknetem Futter bestückt werden. Wichtig ist, dass das Futter zuerst in einen Futterring fällt, damit es nicht sofort von der Strömung fortgetragen und über den Oberflächenabsauger entsorgt wird. Im Futterring saugt es sich voll Wasser, geht unter und kann so von den Fischen oder Garnelen bequem gefressen werden.

Die übrigen Wirbellosen wie Korallen, Röhrenwürmer etc. werden während des Urlaubs nicht speziell gefüttert.

12.4   Temperaturkontrolle im Sommer oder im Winter

Abhängig davon, zu welcher Jahreszeit Sie in Urlaub fahren, muss dafür Sorge getragen werden, dass das Aquarium entweder nicht überhitzt oder auskühlt. Das Auskühlen ist in diesem Fall das kleinere Problem: Ein zuverlässiger Heizstab wird auf 22 °C eingestellt und in das Becken integriert. So ist gewährleistet, dass das Wasser nie unter diesen Wert fällt. Selbst wenn man glaubt, das Becken auch ohne Heizstab betreiben zu können, kann z. B. eine Pflegeperson bei einer Wohnungskontrolle im tiefsten Winter das Fenster einen Spalt öffnen und vergessen, es wieder zu schließen. Spätestens dann rotiert zwar der Stromzähler, aber das Becken und seine Bewohner bleiben heil.

Etwas schwieriger wird es, wenn der Urlaub in die Zeit des Sommers oder gar Hochsommers fällt. Die eleganteste Möglichkeit ist, ein Kühlaggregat einzusetzen, das speziell für Aquariensysteme gedacht ist. Es verursacht, im Gegensatz zur Alternative

Ventilator, keine übermäßige Verdunstung. Die Verdunstungswassernachfüllanlage wird dadurch nicht zum Problem. Allerdings ist solch ein Kühlgerät nicht gerade billig. Wer es sich nicht leisten möchte oder kann, sollte das Aquarienzimmer, so gut es geht, abdunkeln, damit die Hitze von außen kaum eindringen kann. Dann besorgt man einen elektronischen Digital-Thermostat, der nicht nur bei steigender, sondern auch bei fallender Temperatur anspringt.

bereitet keine Probleme, wenn ein ausreichend großer Vorratsbehälter angeschlossen wird.

Wird aber nur über eine zeitgeschaltete Dosierpumpe automatisch das im Voraus berechnete Wasser nachgefüllt, kann diese Methode nicht angewendet werden. Dann bleibt nur das Kühlgerät oder die Anstellung eines erfahrenen Aquarianers, der den Wasserstand des Beckens im Ventilatorbetrieb jeden dritten Tag kontrolliert.

Überaus effektiv zur Kühlung des Aquariums ist ein Ventilator. Allerdings muss er, wie auf dem rechten Bild (Pfeil), direkt auf die Wasseroberfläche blasen. Links dient er nur zur Entlüftung des geschlossenen Lichtkastens und bietet kaum Hilfe bei der Kühlung des Wassers.

Der Thermostat muss eine Steckdose haben, damit ein Ventilator angeschlossen werden kann. Meist reicht schon ein 12-Volt-Lüfter für PC-Netzgeräte aus. Dieser muss direkt auf die Wasseroberfläche blasen (alle horizontalen Konstruktionen [siehe Bild oben] sind nicht effektiv genug). Der Abstand vom Lüfter zur Wasseroberfläche darf nicht größer als maximal 15 cm sein. Wenn nun die gewünschte Temperatur am Thermostat eingestellt ist und diese überschritten wird, fängt der Lüfter an zu laufen.

Ein automatischer Niveauschalter, der den Wasserstand in einer Kammer abgleicht und bei sinkendem Wasserstand automatisch das Verdunstungswasser nachfüllt,

12.5 Elektrodenreinigung und Eichung

Es ist wichtig, dass wir ca. 10 Tage vor dem Urlaub alle eventuell eingesetzten Elektroden reinigen und eichen.

13 Komplikationen

Hier erstelle ich einen kleinen Katalog von Problemen, mit denen in der laufenden Praxis fast jeder Meerwasseraquarianer einmal konfrontiert wird. Dieses Kapitel erhebt natürlich keinen Anspruch auf Vollständigkeit und ist im Laufe der Zeit erweiterbar.

13.1 Stromausfall

Ein Stromausfall wird dann zur Katastrophe, wenn er länger als 5 bis 6 Stunden dauert. Wirbellose und Fische halten im Aquarium erfahrungsgemäß maximal bis zu 10 Stunden Stromausfall aus. Danach kann ein Massensterben einsetzen.

Das Problem sind in erster Linie die Wirbellosen. Einzelne Wirbellose sind empfindlicher und sterben nach dieser Zeit ab. Sie verpesten das Wasser und ziehen alle anderen mit in den Abgrund. Um einem Sauerstoffmangel (der hauptsächlich für das Sterben verantwortlich ist) entgegenzuwirken, haben wir zwei Möglichkeiten: Erstens können Sie sich im Fachhandel für Anglerbedarf eine kleine batteriebetriebene Luftpumpe für Köderfische besorgen. Mit einem Kieselgurausströmerstein kann diese ein Aquarium bis max. 200 Liter Inhalt mit Luft versorgen. Bei einem 5 bis 8-stündigen Stromausfall sollten Sie immer über eine Batteriereserve von 4 bis 6 Stück verfügen. Diese Pumpen machen erfahrungsgemäß schon nach relativ kurzer Zeit (ca. 2 Std.) schlapp. Auch sollten Sie den Ausströmerstein maximal 30 cm tief eintauchen. Noch tiefer reicht der Druck der Pumpe nicht aus.

Zweitens kann man sich einen Stromumwandler besorgen, der aus einer 12-Volt-Autobatterie eine 230-Volt-Anlage macht. Damit können Sie dann eine für Wechselstrom geeignete Luftpumpe betreiben. Sie läuft wesentlich länger als die Köderfischpumpe. Die Autobatterie muss natürlich regelmäßig auf Funktionalität überprüft werden.

Eleganter ist es ein Stromaggregat anzuschaffen. Im Baumarkt gibt es solche Geräte schon für unter 100,- Euro. Mit 2 Litern Benzin liefern diese Geräte eine Stromleistung von 800 Watt Wechselstrom bei 220 Volt für 3 bis 4 Stunden. Das Notstromaggregat muss wegen der Abgase im Freien aufgestellt werden. Pumpen und Abschäumer können mit diesem Gerät betrieben werden. Hier sollte bedacht werden, dass der Besatz in einem Meerwasseraquarium im Laufe der Zeit locker einen Wert von mehreren hundert bis tausend Euro erreichen kann. Dagegen sind die ca. 100,- Euro für ein gutes Stromaggregat tatsächlich nur Peanuts!

Allein was auf diesem Bild zu sehen ist, kann viele hundert Euro wert sein. Die Anschaffung für ein Stromaggregat rechtfertigt es auf jeden Fall.

Stromgenerator der Firma Einhell.

13.2 Wenn ein Fisch krank wird

Bei sorgfältiger Pflege werden die Fische in einem Meerwasseraquarium, wie es hier vorgestellt wird, nur selten krank. Meist erkranken sie, wenn sie durch einen neu gekauften, schon kranken Fisch angesteckt werden. Manchmal ist zu beobachten, dass z. B. mit *Oodinium* infizierte Fische in unserem tropischen Meerwasseraquarium von selbst wieder genesen.

Sollte aber, trotz guter Pflege, ein Fisch tatsächlich krank werden, dann kann er, wenn er in einem Becken zusammen mit Korallen und anderen niederen Tieren gepflegt wird, nicht mit Medikamenten behandelt werden. Die meisten Wirbellosen vertragen die angebotenen Medikamente nicht.

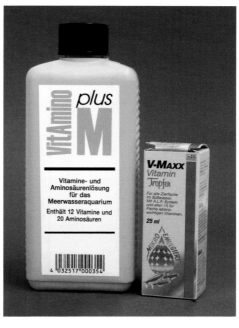

Regelmäßige Aminosäurezugaben und gelegentliche (2 x wöchentliche) Vitamingaben auf das Futter erhalten die Vitalität der Aquarienbewohner.

Es gibt für uns dann nur folgende Möglichkeiten:

1. Wir belassen die Fische im Aquarium und sorgen durch ein vitaminisiertes Futter, eine gute Wasserqualität und durch eine zusätzlich installierte UV-C-Lampe für eine relativ keimreduzierte Umgebung. Dadurch kann die Widerstandskraft der Fische gestärkt und der Krankheitsverlauf eingedämmt und gestoppt werden.

2. Die Alternative ist, den Fisch herauszufangen. Dies geschieht entweder mit einer Falle, die in das Aquarium gestellt wird und in die der Fisch mit einer Futtergabe gelockt wird. Das funktioniert aber nur zu Beginn der Krankheit, wenn der Fisch noch Hunger hat. Geht es ihm schlecht, wird er nichts mehr fressen und nicht in die Falle schwimmen. In diesen Fällen hilft nur das Fangen mit dem Netz. Es ist zwar mühsam, aber in Aquarien bis 500 Liter nicht unmöglich. Danach wird der Fisch in einem separaten Becken mit Medikamenten behandelt.

Verschwindet ein Fisch im Aquarium, weil er z. B. hinter die Dekoration geschwom-

men ist und dort verendete, dann ist dies zwar bedauerlich, aber für das Aquarium selbst nicht so gefährlich. Der Fisch wird bis zum Skelett von Garnelen, Schnecken und Einsiedlerkrebsen aufgefressen. Den Rest besorgen die Borstenwürmer und die Bakterien.

13.3 Die Korallen öffnen sich nicht mehr

Eine Koralle, die wenige Tage lang ihre Polypen nicht öffnet, ist nicht unbedingt ein Hinweis für Unwohlsein. Es können viele Gründe vorliegen. Lederkorallen reinigen sich dadurch, dass sie sich schließen und durch einen sich bildenden Film die Schmutzteile von der Körperseite nach außen abtragen. Nach der Reinigung werden die Polypen auch wieder erscheinen. Es gibt aber noch mehrere Gründe dafür, dass Korallen ihre Polypen nicht zeigen:

- Falsche Platzierung
- Ein Fisch zupft dauernd daran herum
- Einsiedler und Garnelen laufen häufig über die Koralle

• Zu nahe Nachbarschaft zu einer aggressiven Koralle
• Zu schwache Strömung
• Zu starke Strömung
• Falscher pH-Wert (zu niedrig oder zu hoch)
• Parasitenbefall
• Selektiver Entzug einer anorganischen Verbindung wie z. B. Phosphat, die aber in Spuren benötigt wird (meist nach dem Einsatz von Phosphatadsorbern)
• Einsatz großer Mengen Aktivkohle (Entzug sämtlicher kolloidaler Verbindungen aus dem Wasser)
• Falsches Licht (beschädigter oder fehlerhafter HQI-Brenner mit hoher UV-C-Strahlung)

Erfahrungsgemäß ist es jedoch meist eine mechanische Störung oder Schädigung durch Fische, Garnelen oder Parasiten. Hier muss der Übeltäter gefunden und aus dem Aquarium verbannt werden. In allen anderen Fällen muss eine Gegenmaßnahme immer behutsam über längere Zeit eingeleitet werden.

Einige Hornkorallen bleiben auch länger geschlossen, wenn sie in einer ungenügenden Strömung oder unter einer falschen Beleuchtung stehen. Das erkennt man daran, dass sich nach einiger Zeit auf ihrer Oberfläche immer mehr Algen ansammeln. Dann müssen die Tiere versetzt werden.

13.4 Fallender pH-Wert

Ein pH-Wert, der dauerhaft unterhalb von 7,8 liegt (Messung abends nach dem Abschalten der Beleuchtung), ist Anlass zur Sorge. Der pH-Wert fällt nur, wenn die Pufferkapazität in Form der Karbonathärte in unserem Aquarium zu gering ist. Die KH sollte nie unter 5 absinken. Meist entwickelt sich der pH-Wert negativ, wenn das Becken schon viele Jahre lang steht und die Kalkreserven langsam, aber sicher aufgezehrt sind. Wenn trotz vieler Maßnahmen der pH-Wert nicht angehoben werden kann, sollten Sie über eine Totalerneuerung nachdenken. Hier ist es sinnvoll, mit neuer Dekoration, neuem Bodengrund und neuen, frischen lebenden Steinen wieder ein gesundes Milieu aufzubauen.

Sie können das Aquarium auch teilweise renovieren, d. h., eine komplette Hälfte des Beckens wird durch frisches unverbrauchtes Dekorationsmaterial, neue lebende Steine und neuen Bodengrund von Grund auf neu gestaltet.

Es ist auch möglich, dass das Wasser zu hohe Säureanteile enthält, weil zu viele Fische gepflegt werden. Dann hilft auf Dauer nur eine Reduzierung des Bestands. Die KH sollte mit handelsüblichen Karbonathärtebildnern angehoben werden. Da dies in der Praxis häufig sehr große Mengen dieser Substanzen erfordert, lohnt es sich, über die Anschaffung eines Kalkreaktors nachzudenken.

Korallen, die über 3 bis 5 Tage geschlossen bleiben, sind kein Anlass zur Besorgnis. Erst wenn sie so lange geschlossen bleiben, dass sie stark veralgen, läuft etwas falsch.

14 Parasiten

Heutzutage wird in der Meeresaquaristik, genau wie in der extensiven Landwirtschaft, immer sehr schnell von Parasiten, Schädlingen, Ungeziefer etc. und ihrer Vernichtung gesprochen. Parasiten sollten erst einmal beobachtet werden, ob sie überhaupt die Koralle bzw. ihren Wirt schädigen. Mitunter finden wir auch hier Vertreter, z. B. bei den klein bleibenden Krabben oder diversen Schnecken, die einer gesunden Koralle nicht schaden und dabei sehr spannend zu beobachten sind

Einige Parasiten haben sich aber tatsächlich als „problematisch" erwiesen, sei es durch ihre räuberische Lebensweise oder durch ihre rasante Ausbreitung. Sie möchte ich im Folgenden kurz vorstellen.

14.1 Rote, beige und weiße Strudelwürmer

Bis heute sind viele verschiedene nicht parasitäre Strudelwürmer bekannt. Manche leben von Copepoden, andere von Kieselalgen (Diatomeen) und einige von Aas. Gerade beim Neubesatz eines Beckens mit lebenden Steinen vermehrt sich häufig eine weißlich-transparente Art sehr stark. Sie zählt zur Gattung *Amphiscolops* ernährt sich von Aufwuchs und Copepoden, ist jedoch harmlos und wird von Fischen der Gattung *Synchiropus*, wie z. B. dem Mandarinfisch *S. splendidus* oder dem LSD-Fisch *S. picturatus*, gefressen. Verschiedene Lippfische, wie z. B. *Halichoeres chrysus*, fressen diese weißen Strudelwürmer ebenfalls.

Eine weitere Strudelwürmerart lebt als sogenannter Opportunist auf dem Bodengrund, der Dekoration und seltener auf Korallen. Sie wird maximal 5 mm lang, hat am Hinterende drei Fortsätze und ist bei uns als die klassische „rote Planarie" bekannt. Es handelt sich um die Gattung *Convolutrilobia*. Diese Würmer ernähren sich neben Kieselalgen auch von geschädig-

Eine „Rote Planarie" in Nahaufnahme. Obwohl es faszinierende Geschöpfe sind, können sie im Riffaquarium stören.
Foto: H. Kirchhauser

tem Korallengewebe und nehmen dabei die Zooxanthellen in ihren Körper auf. Durch die Algen – die sie ebenso einsetzen wie die Korallen – erhalten sie ihre Körperfärbung. Sie können sich in hell beleuchteten Becken rasch vermehren und bedecken schon nach kurzer Zeit sämtliche Oberflächen. Es hat sich gezeigt, dass sie sich in nährstoffreichen Becken wesentlich schneller vermehren als in nährstoffarmen Aquarien. Die Würmer finden sich oft auf Lebendgestein aus Indonesien oder werden mit Korallensubstrat eingeschleppt, wenn die Korallen in einem Becken zusammen mit den Strudelwürmern aufbewahrt wurden.

Jeder Aquarianer sollte bei einem Korallenkauf ein Vergrößerungsglas mit zum Fachhändler nehmen. Dort kann das Aquarium, in dem sich die Koralle befindet, besser nach Strudelwürmer abgesucht werden, denn nur mit dem bloßen Auge sind sie kaum zu entdecken.

14.1.1 Die PVP-Iod-Methode
(hilft bei allen Strudelwürmern)

„Rutscht" allerdings doch einmal eine Koralle mit Strudelwürmer durch und dies wurde erst auf der Heimfahrt im Transportbeutel bemerkt, dann hat sich folgendes Verfahren bewährt: Die Koralle wird in ein ca. 5 Liter fassendes Plexiglasaquarium gegeben, das mit eingefahrenem Salzwasser aus dem Aquarium befüllt wird. Dann gibt man 5 ml (pro Liter Wasser) einer Betaisodona-Lösung hinzu (Im Beispiel also 25 ml PVP-Iod).

Das Ganze wird gründlich umgerührt und die Koralle wird mit dem Siedlungssubstrat für 5 Minuten in diese Lösung gegeben.

Ein weiteres mit Strömungspumpe und Heizstab ausgestattetes Plexiglasbecken dient als Überwachungsbecken. Dort kann man kontrollieren, ob die Koralle nach der Behandlung frei von Strudelwürmern ist.

14.1.2 Die chemische Variante

14.1.2.1 Bei roten Strudelwürmern

Die bessere und sicherere Lösung ist jedoch, wenn Sie in das 5-Liter-Plexiglasaquarium Salzwasser aus dem Hauptbecken geben, eine kleine Strömungspumpe einsetzen und eine Messerspitze (ca. 0,09 g) CONCURAT-L 10 % zugeben. Hierbei handelt es sich um ein Breitbandspektrum-Anthelminthikum für Tiere wie Schweine, Kühe, Hühner etc. Hergestellt wird es von der Firma Bayer Leverkusen (siehe Kasten). Es wird im Wasser gut aufgelöst und dann wird die betroffene Koralle mit Substrat in dieses Kleinaquarium gegeben. Dabei werden alle roten Strudelwürmer wirkungsvoll zerstört. Die Koralle selbst trägt keinen Schaden davon. Nach ca. 20 Minuten wird die Koralle aus dem Becken geholt und nochmals in sauberem Salzwasser aus dem Hauptbecken kräftig ausgeschüttelt. Es ist allerdings immer besser, die Behandlung in einem separaten Becken vorzunehmen, statt im großen Aquarium behandeln zu müssen. Deshalb ist Aufmerksamkeit beim Kauf oberstes Gebot.

Wo bekommt man Concurat-L10% bzw. Levamisol 10%?

Tierärzte und Apotheker gehen oft automatisch davon aus, dass Nutztiere behandelt werden sollen. Automatisch folgt die Antwort: „Das Mittel gibt es nicht mehr" (weil dafür nicht mehr zugelassen)! Bitte geben Sie sich mit dieser Auskunft nicht zufrieden und erklären Sie, dass ein Aquarium behandelt werden soll. Eine Liste mit alternativen Präparaten ist angefügt. In unserem Fall mit den Strudelwürmern dürfen nur solche Mittel verwendet werden, in denen Levamisol enthalten ist.

Levamisol 10
Hersteller, Vertrieb: CPPharma, medistar-Arzneimittel-Vertrieb GmbH, WDT (www.cp-pharma.de). Wirkstoff: Levamisol-10%iges Pulver zum Einnehmen, auch als Injektionslösung und zum Einreiben erhältlich. Es enthält im Gegensatz zu Concurat-L10% keine Glukose. Wenn nicht anders möglich, sollte alternativ zum Concurat-L10% dieses Mittel eingesetzt werden. Anwendung und Dosierung genau wie Concurat-L10%.

Concurat® L10%:
Hersteller: Bayer AG, Leverkusen (www.bayer-tiergesundheit.de). Zusammensetzung: 100 g Pulver enthalten 11,79 g Levamisol-hydrochlorid (entsprechend 10 g Levamisol). Hilfsstoffe: Glukose-Monohydrat.
Eigenschaften und Wirksamkeit: Breitband-Anthelminthikum für Rinder, Schweine, Schafe, Ziegen, Geflügel.
Packungsgröße: 7,5 g

Weitere Alternativen (Achtung: Diese wurden von mir nicht erprobt!)

Belamisol 10
Hersteller: Bela-Pharm. Wirkstoff: Levamisol 10%ige Injektions-lösung.

Nematovet 10
Hersteller, Vertrieb: ani-Medica GmbH, Klat-Chemie-Vertrieb GmbH. Wirkstoff: Levamisol 10%ige Injektionslösung.

Rote Planarien

14.1.2.2 Bei beigen Strudelwürmern

Beige Strudelwürmer (Gattung *Waminoa*) sprechen kurioserweise nicht auf die für rote Strudelwürmer vorgeschlagene Menge CONCURAT-L 10 % an. Somit scheidet für sie eine Behandlung direkt im Aquarium auf jeden Fall aus. Hier hat man nur die Möglichkeit, stark befallene Korallen außerhalb des Wassers zu behandeln. Eine Variante ist, die befallene Koralle separat in einem kleinen Becken zu behandeln. Eine PVP-Iodlösung (Betaisodona) wird dem Wasser zugegeben (5 ml PVP auf 1 Liter Wasser). Die Würmer werden daraufhin äußerst lebhaft und sitzen nicht mehr so fest

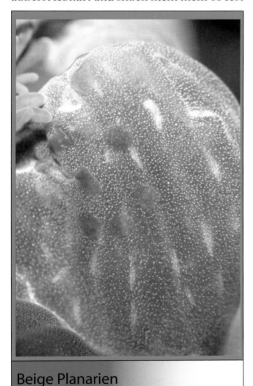

Beige Planarien

auf der Koralle. Nun hat man die Chance, durch kräftiges Hin- und Herschütteln die Strudelwürmer von der Koralle zu schütteln. Dies ist zurzeit die einzige Methode, die beigen Strudelwürmer von den Korallen zu lösen.

14.1.3 Die Behandlung des Aquariums

Zuerst müssen im Aquarium die Strudelwürmer so gründlich wie möglich abgesaugt werden. Dabei packen Sie einen Außenfilter locker mit Watte, verkleinern aufgrund der größeren Sogwirkung den Querschnitt des Einlaufs und saugen alle erreichbaren Stellen gut ab. Während der Behandlung sollten so wenig Planarien wie möglich im Aquarium sein. Danach nehmen wir einen kleinen Beutel CONCUR-RAT-L (7,5 g Pulver). Ich benutze 7,5 g Pulver auf 500 Liter Wasser. Diese Dosis richtet erfahrungsgemäß keinen größeren Schaden an.

Den Beutelinhalt in einem Liter Wasser gut verrühren bis er komplett aufgelöst ist und mitten in die Strömung des Aquariums geben. Abschäumer laufen lassen, damit eine gute Durchlüftung gewährleistet ist, da das Strudelwurmgift den Sauerstoff blockiert. UV-C-Klärer abschalten und keine Aktivkohle im Kreislauf lassen. Nach 3 Stunden mit einer guten Aktivkohle das Medikament und, sehr wichtig (!), das frei gewordene Planariengift aus dem Aquarium herausholen. Nach 14 Stunden die Kohle entfernen und entsorgen.

14.1.4 Die Methode bei wenig Strudelwürmern im Becken

Eine weitere Möglichkeit ist das Anlocken der Planarien in der Nacht mit einem Punktstrahler. Haben sie sich dann zahlreich auf einer Stelle gesammelt, kann man sie mit einem Schlauch relativ leicht absaugen. Diese Methode erfordert Zeit und Geduld und funktioniert gut bei wenigen Planarien im Becken. Bei einer Plage ist dieser Kampf aussichtslos.

Info – CONCURAT-L nur als letzte Instanz

Die Methode, mit CONCURAT-L zu behandeln, ist das schwerste Geschütz im Kampf gegen die „Roten". Der größte Fehler, der bei der Behandlung gemacht werden kann, ist der, aus Bequemlichkeit das Absaugen der Strudelwürmer sträflich zu vernachlässigen. Der Grund ist folgender: Durch die Zugabe von CONCURAT-L platzen die Strudelwürmer und dabei wird ein fischgiftiger Stoff freigesetzt. Dieses Gift stört bzw. verhindert die Sauerstoffaufnahme im Fischblut und kann dadurch die gesamte Fischbesatzung töten. Beachten Sie bitte, dass nicht CONCURAT-L, sondern das Strudelwurmgift die Fische tötet. Sie müssen unbedingt dafür Sorge tragen, dass so viele wie möglich abgesaugt werden, damit bei der Vernichtung nur noch relativ wenige Würmer platzen, und dass sich das Gift mit dem Umgebungswasser so stark verdünnt, dass es nicht mehr schädlich wirkt. Bis zum Einsatz der Aktivkohle richtet es dann erfahrungsgemäß keinen Schaden an.

14.1.5 Minimierung der Wuchsstoffe

Das absolute Minimieren an Phosphat, Nitrat und Kieselsäure kann ebenfalls zur Reduzierung der roten Strudelwürmer führen. Mittels ausgezeichneter Wasserpflege können wir die Werte so weit senken, dass den Strudelwürmern durch verminderten Algenwuchs (Kieselalgen) langfristig die Lebensgrundlage genommen wird. Ich konnte beobachten, dass sich in sehr sauberem Wasser, obwohl die „Roten" eingeschleppt wurden, keine Plage entwickelte. Monate später waren keine Strudelwürmer mehr zu sehen.

14.2 Nacktschnecken

14.2.1 Die großen Arten

Sporadisch wird der Meerwasseraquarianer mit den bis zu 5 cm groß werdenden Nacktschnecken der Gattungen *Tritoniopsis* und *Dendronotus* konfrontiert. Sie finden sich oft auf Korallen der Gattung *Cladiella*. Diese Nacktschnecken vermehren sich rasch und sind vorzüglich getarnt. Entdeckt werden sie meist erst, wenn Weichkorallen wie *Cladiella*, *Nephthea* und manchmal sogar *Sarcophyton*- und *Sinularia*-Arten aus unerklärlichen Gründen einfach zerfallen oder mit Fraßspuren übersät sind. Es hilft nur, die verdächtigen Korallen nachts sehr genau zu inspizieren, denn hier kann man die Nacktschnecken beim Fressen erwischen. Danach müssen sie abgesammelt werden. Meist kleben aber an der Koralle noch die Eipakete der Schnecken. Sie gilt es zu finden, sonst haben Sie keine Ruhe. Sind die Schnecken ausgewachsen, können sie nur von sehr großen Lippfischen gefressen werden. Diese sind aber für ein normales Korallenriffaquarium nicht geeignet, da sie auch mit vielen anderen kleinen Tieren aufräumen. Kleine Lippfische wie der Kanarienlippfisch *Halichoeres chrysus* und der

Tritoniopsis sp.

Foto: H. Kirchhauser

Sechsstreifenlippfisch *Pseudocheilinus he-xataenia* fressen die Jugendformen dieser Schnecken sicher und können so im Lauf der Zeit die Schnecken aus dem Aquarium verbannen. Süßwasserbäder helfen bei diesen Schnecken nicht. Sie müssten so lange ausgedehnt werden, dass im Regelfall zuerst die Koralle verendet – Operation gelungen, Patient tot.

14.2.2 Die kleinen Arten

Viele besonders kleinpolypige Steinkorallen wie *Montipora*- oder *Acropora*-Arten werden häufig von klein bleibenden Nacktschnecken belästigt. Befinden sich – trotz aller Vorsichtsmaßnahmen – solche „blinden Passagiere" im Aquarium, steht man vor zwei Problemen:

• Wie lassen sie sich entfernen, ohne Korallen und Fische zu gefährden?

• Was geschieht mit vorhandenen Eipaketen, die normalerweise kaum auf eingeleitete Maßnahmen reagieren?

In einem von mir betreuten Aquarium entdeckte ich eines Abends ausbleichende Bereiche und winzige weiße Pünktchen in den Falten einer *Montipora*-Steinkoralle. Hinweise dieser Art sind selbst mit dem geübten Auge sehr schwer zu erfassen und sollten, auch bei Vermutung, immer nachgeprüft werden. Eine starke Lupe war in diesem Fall sehr hilfreich. Einmal auf die Pünktchen fixiert, erkannte ich, dass diese in kurzer Zeit den Standort wechselten und dass die Koralle allmählich überall mit weißen Flecken übersät war. Die aktivste

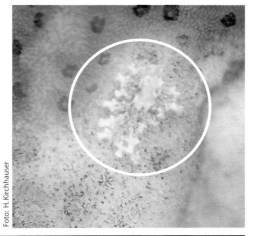

Foto: H. Kirchhauser

Nahaufnahme (Kreis) einer auf *Montipora*-Korallen parasitierenden Nacktschnecke.

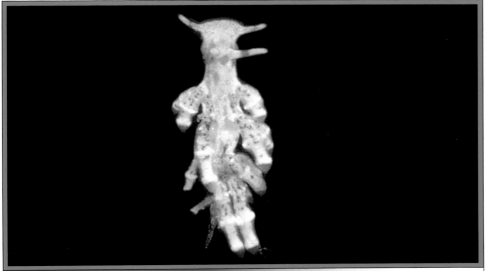

Kleine parasitäre Nacktschnecke

Foto: H. Kirchhauser

Zeit dieser Nacktschnecken war nach dem Abschalten der Beleuchtung.

Mit chemischen Mitteln wollte ich im Riffaquarium nicht arbeiten. Zwar bekämpft

Glasrose

Foto: H. Kirchhauser

Der Kanarienlippfisch *H. chrysus* ist in vielen Fällen eine wirksame Lösung gegen kleine Nacktschnecken.

eine Concurat-L-Anwendung (*wie bei den roten Planarien beschrieben*) auch diese Schnecken, aber die Eier bleiben unbeschädigt. Daher entschloss ich mich zum Einsatz von Lippfischen. *Halichoeres chrysus* erwies sich wieder einmal als das Mittel der Wahl. Relativ schnell wurden die Schnecken dezimiert. Durch das weitere Wegfressen der neu aus den Eiern geschlüpften Schnecken erledigte sich der Fall nach einem Monat zu meiner vollsten Zufriedenheit.

14.3 Glasrosen

Glasrosen werden wirkungsvoll von der Garnele *Lysmata wurdemanni* und den Fischen *Chelmon rostratus* und *Acreichthys tomentosus* vernichtet. Dies funktioniert aber nur, wenn diese Tiere allesamt nicht gefüttert werden. Auch müssen Sie sich darüber im Klaren sein, dass die beiden Fische, nachdem alle Glasrosen aufgefressen wurden, an andere anemonenähnliche Tiere gehen können. Bei *Chelmon rostratus* wird man auch damit rechnen müssen, dass er großpolypige Steinkorallen und *Tridacna*-Muscheln beschädigt, obwohl er erstaun-

licherweise auch der Fisch sein kann, der, wenn man ihn ausreichend füttert, kaum zu Übergriffen neigt. *Acreichtys tomentosus* verputzt zuverlässig auch alle größeren Röhrenwürmer. Somit bleiben als Dauerlösung nur die Garnele und ein manuelles Abspritzen der Glasrosen mit Salzsäure oder Natronlauge.

Normalerweise werden Glasrosen mit diesen Lösungen, die mit Wasser verdünnt werden, getötet. Entweder verwenden Sie 50 % verdünnte technische Salzsäure oder einen gestrichenen Teelöffel Ätznatron auf 50 ml Wasser oder Sie benutzen die im Handel angebotenen Mittel nach Vorschrift. Die angesetzten Lösungen werden mit einer Spritze aufgezogen und möglichst genau in das Tier gespritzt. Zu beachten gilt, dass nicht mehr als 15 mittelgroße Tiere je 500 l/Tag bekämpft werden sollten. Jegliche darüber hinausgehende Menge würde das Wasser zu stark belasten (siehe auch Kap. 6.9.5.1).

14.4 *Anemonia cf. manjano*

Als eine der größten Plagen für den Riffaquarianer kann sich die sogenannte Feueranemone *Anemonia cf. manjano* entpuppen.

Diese Anemone kann durch infiziertes lebendes Riffgestein oder Korallensubstrat in das Aquarium eingeschleppt werden. Zuverlässig hilft nur ein sofortiges Abspritzen mit den gleichen Chemikalien, wie sie bei den Glasrosen aufgeführt wurden. Da die Feueranemonen in der Regel eine größere Körpermasse haben, benötigen sie ca. die doppelte Dosis, wie sie für Glasrosen eingesetzt wird. Hier sollten Sie nicht mehr als 5 Exemplare pro 500 l/Tag vernichten. Eine effektive Bekämpfung ist mir nur durch den Seegrasfeilenfisch *Acreichthys tomentosus* bekannt. Laut Aussagen einiger von mir befragter Aquarianer räumen diese Fische unter den Feueranemonen so auf, dass nach einiger Zeit selbst ein „Manjano"-verseuchtes Aquarium wieder „Manjano"-frei ist. Nachdem alle Feueranemonen vernichtet sind, wechselt er aber schnell zu anderen Anemonen über.

Invasion von *A. cf. manjano*

Acreichthys tomentosus gilt als wirksame Hilfe gegen Glasrosen und die Feueranemone *Aemonia cf. manjano*. Foto: J. Pfleiderer

14.5 Räuberische Krabben

In dieser Gruppe muss man vorsichtig sein, nicht alle Krabben als „räuberisch" über einen Kamm zu scheren. Einmal haben wir es bei Krabben aus den Gattungen *Cymo*, *Trapezia* und *Tetralia* mit harmlosen Vertretern zu tun. Besonders auf frisch importierten gesunden Steinkorallen sind die *Trapezia*- und *Tetralia*-Krabben häufig anzutreffen. Man sollte sie dort lassen, denn sie beschützen die einmal auserwählte Koralle sehr zuverlässig gegen übermäßigen Algenbewuchs, Parasiten (Strudelwürmer) und andere Fressfeinde (bestimmte Fische).

Schamkrabben aus der Familie Calappidae können, müssen aber nicht räuberisch sein. Viele von ihnen sind gute Pfleglinge für ein Sandzonenbecken. Falls Sie Bedenken haben, können Sie diese Krabben aus dem Aquarium fangen und in einem kleinen Becken auf ihre Tauglichkeit hin überprüfen. Erweisen sie sich als friedfertig, sollten Sie sie wieder zurück ins Aquarium geben. Die schlimmsten und häufigsten Räuber finden sich unter den Schwimmkrabben (Gattung *Thalamita*), einigen Rundkrabben, wie z. B. der Gattung *Atergatis*, Felsenkrabben der Gattung *Eriphia* und besonders den Wollhandkrabben aus der Gattung *Pilumnus*.

Diese Krabben können recht groß werden und einen ungeheuren Appetit entwickeln. Solange sie klein sind, kann man sie mit einer im Fachhandel käuflichen Schneckenfalle erbeuten. Das funktioniert relativ gut. Später kann man ein glattes hohes Glas in einem Winkel von ca. 30 Grad an die verdächtige Stelle anlehnen und eine Futtertablette hineingeben. Durch den Duft angelockt, wird die Krabbe in das Glas steigen, aber wegen der glatten Glasoberfläche nicht mehr herauskommen. Diese Methode hat allerdings nur dann Erfolg, wenn keine Garnelen im Becken sind. Denn diese holen sich die Futtertablette mühelos aus dem Glas.

14.6 *Porpostoma notatum* (Syn. *Helicostoma nonatum*)

Besonders bei Steinkorallen ist diese Krankheit mitunter recht häufig. Meist wie aus dem Nichts löst sich das Gewebe der Koralle auf und die einzelnen Äste werden weiß. Dieser rasch fortschreitende Gewebeverlust, der das Skelett freilegt, wird durch ein Pathogen ausgelöst. Das Protozoen *Porpostoma notatum* ist hierfür verantwortlich. Eine zuverlässige Heilmethode gibt es bis heute nicht. Bewährte Heilmittel wie z. B. PVP-Iod (Betaisodona) oder Chlo-

Räuberische Krabbe

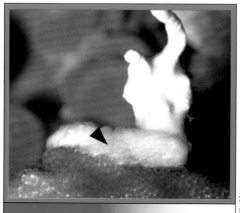

Porpostoma-Befall (Pfeil)

Foto: H. Kirchhauser

ramphemicol sind nur bedingt hilfreich, denn durch den Schleim, der sich bei einem Befall an der Koralle bildet, werden

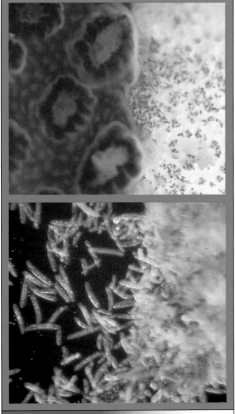

Oben: Zerstörtes Korallengewebe
Unten: *Porpostoma notatum*

Fotos: H. Kirchhauser

die Erreger scheinbar sehr gut geschützt. Es hilft nur, die befallenen Äste der Koralle ca. 2 bis 3 cm in das gesunde Gewebe hinein abzuschneiden und zu entsorgen. Je früher Sie den Befall bemerken, desto größere Chancen hat das noch nicht befallene Gewebe zur Regeneration.

Keinesfalls dürfen infizierte Teile mit gesunden Korallen zusammengebracht werden. *Porpostoma notatum* greift sofort auf die gesunde Koralle über und richtet auch diese zugrunde. Die Krankheit entwickelt sich oft durch schlechte Strömungsverhältnisse im Aquarium.

14.7 Kleine Seesterne
(Asterina sp.)

Besonders durch die lebenden Steine werden die kleinen Seesterne der Gattung *Asterina* in das Meerwasseraquarium eingeschleppt. Sie vermehren sich bei zusagenden Bedingungen enorm und sind schon mal zu Hunderten nachts auf der Frontscheibe des Aquariums zu sehen. Beim ersten Auftauchen sollten sie bereits abgesammelt werden, denn in der Masse können sie Korallen, aber auch Kalkalgen schädigen.

Asterina anomala

Foto: A. Luty

Die Harlekingarnele *(Hymenocera picta)* stellt eine zuverlässige Hilfe gegen die kleinen *Asterina*-Seesterne dar. Große Seesterne sollten Sie dann allerdings nicht im Becken pflegen, denn diese werden sofort angegriffen und getötet. Ohne Seesternnahrung verhungert diese Garnele recht schnell.

Mit dieser kurzen Auswahl möchte ich nun meinen Streifzug durch die Welt der Plagegeister beenden. Wer mehr darüber erfahren möchte, dem empfehle ich das Studium von Spezialliteratur und die gängigen Fachzeitschriften.

Stationen und Zwischenbilanz des parallel zu diesem Buch aufgebauten 200-Liter-Aquariums – nach zweieinhalb Jahren Betrieb

Zweieinhalb Jahre nach dem Neubeginn wollen wir uns noch einmal die einzelnen Stationen in Erinnerung rufen. Unser Becken weist nun einen schönen und gesunden Bewuchs auf. Die Fische sind vital und das Becken benötigt nur noch minimale Pflege. Nun können wir uns langsam, aber sicher mit der Technik der Korallenvermehrung beschäftigen. Viele Gleichgesinnte werden froh sein, wenn sie von uns den einen oder anderen Ableger erhalten.

Erste Woche

Dritte Woche

Dritter Monat

Sechster Monat

Ein Jahr

Ein Jahr sechs Monate

Zwei Jahre

Zwei Jahre drei Monate

Zwei Jahre sechs Monate

Zwei Jahre sechs Monate

15 Fragmentation und das Befestigen von Korallen

Die meisten im Meerwasseraquarium gepflegten Korallen können vermehrt werden. Üblicherweise geschieht dies durch die sogenannte Fragmentation, d. h. durch Trennung einzelner Teile vom Ganzen. Die Technik ist relativ einfach: Mit einem Skalpell oder einem sehr scharfen Klingenmesser trennt man Äste von Weich-, Leder- bzw. Hornkorallen ab. Dann befestigt man das Fragment an einem toten Dekorationsgestein und stellt es in eine gleichmäßige Strömung. Das tote Gestein ist hier wichtig, da auf ihm noch keine Biofilme etc. siedeln, die ein Anwachsen des Ablegers erschweren oder gar ganz verhindern (Abstoßeffekt).

Am einfachsten ist es, wenn das Fragment von Weichkorallen mit einem Zahnstocher durchstochen wird und dieser dann mit einem Stück Teflonband (Baumarkt) so auf den Stein gebunden wird, dass er keinen allzu starken Druck auf das Korallengewe-

Weichkoralle, die mit der Zahnstochermethode auf dem Substrat befestigt wurde. Das vordere Tier ist schon angewachsen.

be ausübt. Die Koralle soll sanft gegen das Substrat gedrückt werden.

Bei kleinpolypigen Steinkorallen werden einzelne Äste mit einer scharfen Zange abgeknipst. Dann bohrt man in ein Stück totes Substrat ein ca. 1 bis 2 cm tiefes Loch. Die fragmentierten Äste werden in das Loch gesetzt und mit Zweikomponenten-Epoxidkleber befestigt. Hierbei darf kein starker Druck auf das Gewebe ausgeübt werden, denn sonst kann es im Laufe der folgenden Tage absterben.

Bei Hornkorallen mit starken Ästen (nicht *Pseudopterogorgia*-Typen) geht man folgendermaßen vor: Es wird ebenso ein 2 cm tiefes Loch in totes Substratgestein gebohrt und mit Expoxidkleber aufgefüllt. Danach wird die Rinde des Hornkorallenastes am unteren Ende ca. 2 cm breit entfernt. Dann nimmt man einen kleinen Kabelbinder und zieht ihn am Skelett sehr fest. Er wird bis auf 0,5 cm vor dem Verschluss abgeschnitten. Das Skelett wird in das Loch mit dem Kleber gedrückt, und zwar so tief, dass der Kabelbinderverschluss entweder schon in den Kleber mit eindringt oder kurz darüber liegt. Dann wird noch einmal Kleber auf den Kabelbinder gegeben und um diese Stelle herum mit dem Substratstein verbunden. Die Hornkoralle kann sich so nicht mehr aus der Klebestelle lösen. Wichtig ist, dass zu Beginn das Hornkorallengewebe den Kleber nicht berührt. Es hat sich herausgestellt, dass es bei Berührung mit ihm abstirbt und sich in einer relevanten Zeit kein neuer Fuß bildet. Erst wenn der Kleber einige Wochen im Wasser ausdiffundiert ist, beginnt die Hornkoralle, einen Fuß über diesen Kleber zu ziehen. Wenn es möglich ist, eine ausreichend dicke Hornkoralle mit dem Gewebe in ein Loch zu stecken und ohne Kleber so zu fixieren, dass sie sich nicht bewegen kann, dann ist sehr schnell mit einer Fußentwicklung zu rechnen.

Grafik 42

Fotos: G. Heissler

Bei sehr weichen Korallen wie dieser *Klyxum sp.* funktioniert die Zahnstochermethode nicht. Hier reißt das Gewebe um den Zahnstocher und die Koralle verdriftet in die Dekoration. Deshalb wird ein ausgedienter Filterkorb auf einen Stein gebunden, die Koralle in diesen Korb gesetzt und, wie auf der Zeichnung ersichtlich, mittels Zahnstochern, die zwischen die Astgabeln der Koralle gesteckt wurden, auf das Substrat gedrückt. Nach 14 Tagen ist die Koralle auf dem Stein festgewachsen. Hin und wieder muss geprüft werden, dass die Koralle nicht am Korb anwächst.

Foto: H. Kirchhauser

Bei pilzförmigen Lederkorallen trennt man, wenn sie zu groß geworden sind, den Kopf ab. Auch er wird dann in einzelne kleinere Fragmente mit einem sehr scharfen Messer zerteilt. Durch diese Fragmente wird wiederum ein Zahnstocher gesteckt, der dann nach der obigen Methode auf einen Stein gebunden und in eine sanfte Strömung gesetzt werden muss. Nach ca. 14 Tagen ist er angewachsen. Aus dem Stumpf entwickelt sich nach einiger Zeit wieder ein neuer Kopf.

Mit diesen relativ einfachen Methoden können schon eine ganze Menge Korallen vermehrt werden.

Foto: R. Boger

Diese *Montipora*-Koralle (Bild links) wird mittels Zweikomponentenkleber auf einen Kalkstein geklebt. Von den beiden knetartigen „Würsten" wird jeweils die gleiche Menge Material abgeschnitten und gleichmäßig zu einer Kugel geknetet. Wichtig ist hierbei, dass eine homogene Masse entsteht. Mit diesem Gemisch wird die Koralle auf den Stein geklebt. Im Laufe der Zeit erhalten Sie so eine recht große Ansammlung von Korallenablegern, die Sie entweder tauschen oder an den Fachhandel verkaufen können.

16   Das erste Meerwasseraquarium – der Einrichtungsplan

Erster Monat

- Aquariengröße: 100 cm x 60 cm x 60 cm (L x B x H) = 360 Liter.

- Den Standort aussuchen. Er sollte wenig Lichteinfall und eine relative Temperaturkonstanz aufweisen. Ein Elektroanschluss (Steckdose) muss vorhanden sein.

- Die Belastbarkeit des Bodens überprüfen. Unser im Beispiel aufgeführtes Becken wird bei vollständiger Einrichtung ein Gewicht von ca. 500 kg auf die Waage bringen.

- Aufstellen des Unterschranks. Er sollte mit einer Wasserwaage ausgerichtet werden.

- Verteilersteckdose installieren. Mindestens 12 Steckeranschlüsse.

- Weiche Aquarienunterlage (Schaumstoff oder Styropor) auf den Unterschrank legen.

- Aquarium aufstellen.

- Plexiglasplatte auf den Glasboden des Aquariums legen oder ggf. mit Silikon aufkleben.

- Beleuchtung installieren: 2 x 150 Watt HQI sowie 2 x 39 Watt T5-Röhren (blau).

- Totes Dekorationsgestein mit Portlandzement einmauern. Versteckplätze für die Technik und die Tiere berücksichtigen.

- Bodengrund ca. 3 bis 4 cm hoch einbringen.

- Technische Geräte wie Abschäumer, Strömungspumpen etc. einbauen.

- Süßwasser einfüllen und einen Probelauf starten.

- Thermostat auf 25 °C einstellen und die Geräuschentwicklung der Pumpen überprüfen. Notfalls vermindern.

- Wenn alles funktioniert, können Sie das Süßwasser wieder ablassen.

- Nun wird das zuvor in einem externen Behälter angesetzte Salzwasser in das Aquarium gefüllt.

- Salzdichte und KH überprüfen und die Werte in ein Analytik-Journal eintragen.

Erste und zweite Woche

- Die komplette Technik (einschl. Beleuchtung 3 Stunden pro Tag) einschalten.

- Am zweiten Tag Salzgehalt messen und ggf. einstellen.

- Ab dem dritten Tag Beleuchtung für 4 Stunden täglich einschalten.

- Ab dem fünften Tag Beleuchtung 6 Stunden täglich einschalten.

- Abschäumer überprüfen und reinigen, Schnellfilter reinigen, Salzgehalt prüfen, pH-Wert checken und die KH messen.

Falls alle Werte im grünen Bereich sind, wird das Becken nun 14 Tage lang, ohne irgendetwas einzusetzen, betrieben. Die sich bildenden Schmieralgen etc. sind normal. Die Scheiben sollten in dieser Zeit gereinigt werden.

Dritte Woche

● Beleuchtungsdauer HQI auf 7 Std. täglich erhöhen. Blaubeleuchtung auf 12 Stunden täglich einstellen. KH messen und mit Anfangswert vergleichen. pH-Wert sollte am Abend nach dem Verlöschen der Beleuchtung zwischen 7,9 und 8,1 liegen.

● Die lebenden Steine in das System einbringen.

● Einmal pro Woche die lebenden Steine mit einer Pumpe vom Sediment befreien (abblasen). Wöchentlich die Ammonium/Ammoniak-, Nitrit- und Nitratwerte messen. Abschäumer reinigen.

● Die Schmieralgen sollten nun langsam zurückgehen.

● Abschäumer reinigen, Schnellfilter reinigen.

Vierte Woche

● Einige Büschel *Caulerpa*-Algen in das System einbringen.

● KH prüfen und ggf. mit KH-Bildner erhöhen. Salzgehalt überprüfen.

● Messung von Ammonium/Ammoniak, Nitrit und Nitrat.

● Alle Schnellfilter und den Abschäumer reinigen sowie die Scheiben putzen.

Zweiter Monat

● Auf Vermehrung der *Caulerpa*-Algen achten.

● Wöchentlich die Ammonium/Ammoniak-, Nitrit- und Nitratwerte messen.

● Sobald die ersten Tiere auf den lebenden Steinen sichtbar werden, 3 Einsiedlerkrebse und 3 Schnecken in das System einbringen. Wenn es ihnen auch nach Tagen noch gut geht, noch einmal die gleiche Menge in das Aquarium geben.

● Das Aquarium mit dieser Besetzung den ganzen Monat lang ohne weiteren Besatz laufen lassen. Gegebenenfalls die Algen etwas eindämmen, Scheiben putzen, Filter reinigen, Abschäumer reinigen und die Wasserwerte messen.

● Sämtliche sichtbaren Glasrosen vernichten.

Dritter Monat

● Planung des Besatzes. Die ersten Leder- und Weichkorallen einsetzen.

● Einen gelben Doktorfisch gegen Fadenalgen einsetzen.

● Eine *Lysmata wurdemanni* gegen noch verbliebene Glasrosen einsetzen.

● Sobald es den Tieren über die Hälfte des dritten Monats hinaus gut geht, kann der Besatz langsam aufgestockt werden.

● Ammonium/Ammoniak und Nitrit dürfen nun nicht mehr nachweisbar sein.

● Nach diesem dritten Monat sollte nun mit den ersten Wasserwechseln begonnen werden. Ein halbes Jahr lang nur die Hälfte der sonst vorgeschlagenen Menge wechseln (= 5 % pro Woche).

Nun haben Sie das nötige theoretische Rüstzeug erhalten. Jetzt kann die Praxis beginnen.

Viel Spaß und gutes Gelingen!

Literatur und Quellenangaben

BOGER, R., LATKA, R. (2001): Der Kalkreaktor im praktischen Betrieb. Der MeerwasserAQUARIANER 3/2001

BROCKMANN, D. (1991) Bedeutung einiger chemischer Parameter für die Seewasseraquaristik unter Berücksichtigung der Bedürfnisse von wirbellosen Riffbewohnern. – 1. Internationales Meerwasser-Symposium, Band 1

BROCKMANN, D. (1993): Salzlauge oder Salzwasser – wie gut ist unser künstliches Meerwasser? – 2. Internationales Meerwasser-Symposium, Band 2

BROCKMANN, D. (2003): Das Phosphat-Problem – 6. Internationales Meerwasser-Symposium, Band 6

BRUCE, A. J. and SVOBODA, A. (1983): Observations upon some pontoniine shrimp from Aquaba, Jordan. Zool. Verhandelingen, 205: 1-44.

DRÖGE, J. (1993): Strömungstechnische Grundlagen für die Verrohrung zwischen Seewasseraufbereitung und Seewasserbecken – 2. Internationales Meerwasser-Symposium, Band 2

FÖRSCHING, S. (2001): Auch Korallen muss man füttern. Der MeerwasserAQUARIANER 3/2001

FOSSA, S., NILSEN, A. J. (1995): Korallenriff-Aquarium, Bd. 3, Birgit Schmettkamp Verlag Bornheim

FOSSA, S., NILSEN, A. J. (1996): Korallenriff-Aquarium, Bd. 5, Birgit Schmettkamp Verlag Bornheim

FOSSA, S., NILSEN, A. J. (1992): Korallenriff-Aquarium, Bd. 1, Birgit Schmettkamp Verlag Bornheim

FOSSA, S., NILSEN, A. J. (1992): Korallenriff-Aquarium, Bd. 2, Birgit Schmettkamp Verlag Bornheim

FOSSA, S., NILSEN, A. J. (1995): Korallenriff-Aquarium, Bd. 4, Birgit Schmettkamp Verlag Bornheim

FOSSA, S., NILSEN, A. J. (1998): Korallenriff-Aquarium, Bd. 6, Birgit Schmettkamp Verlag Bornheim

GLASER, A. (2005): Kohlendioxid im Meerwasseraquarium. Der MeerwasserAQUARIANER 2/05

GLASER, A. (2004): Wieviel Salz ist im Salzwasser? Der MeerwasserAQUARIANER 1/2004

GLASER, A. (2004): Funktioniert mein Wassertest? Der MeerwasserAQUARIANER 4/2004

GLASER, A. (2003): Calcium und Karbonathärte. Der MeerwasserAQUARIANER 3/2003

GLASER, A. (2003): Kalkwasser und Kalkreaktor – eine gute Kombination! Der Meerwasser-AQUARIANER 4/2003

GLASER, A. (2009): Was leistet der Abschäumer? Der MeerwasserAQUARIANER 2/2009. Latka Verlag Marxzell.

GLASER, A. (2010): Licht und Korallen Teil 1 bis 3. Der MeerwasserAQUARIANER 2-4/2010. Latka Verlag Marxzell.

HARTOG, J. C. DEN (1980): Caribbean Shallow Water Corallimorpharia. Zoologische Verhandelingen (176): 1-83, 14 plts.

HOEK V. D., CH. (1993): Algen. Thieme Verlag Stuttgart

HÜCKSTEDT, G. (1965): Aquarienchemie. Franckh Kosmos Stuttgart

HÜCKSTEDT, G. (1965): Aquarientechnik. Franckh Kosmos Stuttgart

HÜSTER, R. (1997): Stoffkreisläufe im Riff und im Aquarium – 4. Internationales Meerwasser-Symposium, Band 4

HÜSTER, R. (2004): Biofilme – eine geniale Erfindung der Natur. Der MeerwasserAQUARIANER 4/2004

ISMAIER, P. (2003): Meine Erfahrungen mit der Zeovit-Methode. Der MeerwasserAQUARIANER 4/2003

KIRCHHAUSER, J. (2002): Seeigel im Aquarium. Der MeerwasserAQUARIANER 3/2002

KIRCHHAUSER, J. (2003): Leierfische im Meerwasseraquarium. Der MeerwasserAQUARIANER 4/2003

KIRCHHAUSER, J., Latka, R. (2010): Caribbean Style – Ein Korallenbecken mit karibischem Flair. Der MeerwasserAQUARIANER 4/2010

KOKOTT, J. (2005): Organik im Riffaquarium – 7. Internationales Meerwasser-Symposium Band 7

KOKOTT, J., MRUTZEK, M. (2004): Ethanoldosierung im Meerwasseraquarium – neue Wege zur Verbesserung der Lebensbedingungen. Der Meerwasser-AQUARIANER 1/2004

KOKOTT, J., MRUTZEK, M. (2005): Ethanoldosierung im Aquarium – Erfahrungen und neue Erkenntnisse. Der MeerwasserAQUARIANER 1/2005

KOOP, K., D. BOOTH, A. BROADBENT, J. BRODIE, D. BUCHER, D. CAPONE, J. COLL, W. DENNISON, M.ERDMANN, P. HARRISON, O. HOEGH-GULD-

Literatur und Quellenangaben

BERG, P. HUTCHINGS, G. B. JONES, A. W. LARKUM, J. O`NEIL, A. STEVEN, E. TENTORI, S. WARD, J. WILLIAMSON UND D. YELLOWLEES (2001): The effect of nutrient enrichment on coral reefs. Synthesis of results and conclusions. Mar. Pollut. Bull 42: 91-120.

LATKA, R. (2003): Haben Keimzahlen einen Einfluss auf die Meeresaquaristik? Der MeerwasserAQUARIANER 4/2003

LATKA, R. (2003): Zeolith – Mythos oder Motivation? Der MeerwasserAQUARIANER 3/2003

LATKA, R. (2000): Aräometer für Meerwasseraquarianer. Der MeerwasserAQUARIANER 3/2000

LATKA, R., STARK, W. (2011): LED-Licht und Korallen – funktioniert das? Der MeerwasserAQUARIANER 1/2011

LANGOUET, M. (2001): Der Biodenitrator auf Schwefelbasis. Der MeerwasserAQUARIANER 1/2001

LUTY, A. (1999): Doktorfische – Lebensweise – Pflege – Arten. Dähne Verlag Ettlingen

LUTY, A. (2003): Salzplauderei. Der MeerwasserAQUARIANER 1/2003

LUTY, A. (2001): Einsiedlerkrebse „Ritter der Meere" Der MeerwasserAQUARIANER 2/2001

MILLERO (1992, 1996): Chemical oceanography, CRC Press.

MOHR, B. (2000): Wodka kontra Nitrat – Der Wodkafilter. Der MeerwasserAQUARIANER 4/2000

PAWLOWSKY, E. (1995): Optimierung von Filtertechnik und Abschäumung – Theorie und Praxis der Verfahrenstechnik – 3. Internationales Meerwasser-Symposium, Band 3

RENKE, E. (2001): Die Verwendung von Spurenelementen. Der MeerwasserAQUARIANER 3/2001

RHEINHEIMER, G. (1981): Mikrobiologie der Gewässer. Gustav Fischer S.21-33.

Mildenberger, M. (2005): Einfluss der Umwälzrate auf die Wasserqualität in Aquariensystemen. Anlage 12 eines Gutachtens vom 01.05.2005.

RIDDLE, D., GAY, N. (2002): Der pH-Wert: Indikator für eine korrekte Strömung. Der MeerwasserAQUARIANER 1/2002

SANDER, M. (1998): Aquarientechnik im Süß- und Seewasser. Ulmer Verlag Stuttgart

SARBACHER, J. (2000): Einrichten und Einfahren eines Korallenriffaquariums. Der MeerwasserAQUARIANER 4/2000

SARBACHER, J. (2001): Die pH-Wert-Messung in der Meeresaquaristik. Der Meerwasser-AQUARIANER 1/2001

SCHUHMACHER, H., HINTERKIRCHER, J. (1996): Niedere Meerestiere Rotes Meer, Indischer Ozean, Pazifik. BLV Verlagsgesellschaft München

SCHUHMACHER, H. (1988): Korallenriffe, 3. Aufl., BLV München

SIMKISS, K. (1964): Phosphates as crystal poisons of calcification. Biol. Rev. 39: 487–505.

STRAUB, J. O. (2001): Warum fluoreszieren Korallen? Der MeerwasserAQUARIANER 3/2001

STÜBER, D. (2002): Phosphat und Nitrat, schädliche Wasserinhaltsstoffe im Meerwasseraquarium. Der MeerwasserAQUARIANER 2/2002

STÜBER, D. (2004): Die Manipulation biologischer Systeme, Teil 1. Der MeerwasserAQUARIANER 3/2004

STÜBER, D. (2004): Die Manipulation biologischer Systeme, Teil 2. Der MeerwasserAQUARIANER 4/2004

STÜBER, D. (2003): Der Abschäumer: alte Technik im neuen Gewand. Der MeerwasserAQUARIANER 4/2003

STÜBER, D. (2000): Fische im Riffaquarium. Der MeerwasserAQUARIANER 4/2000

TAYLOR, F. S. (2000): Die Bedeutung des Nitrits im Meerwasseraquarium. Der Meerwasser-AQUARIANER 4/2000

TUNZE, A. (1995): Realisation biologisch relevanter Strömungsformen – 3. Internationales Meerwasser-Symposium, Band 3.

Kontaktadresse:

Praxis für Neueinsteiger
Herrn Rüdiger Latka
E-Mail: meeraqua@t-online.de

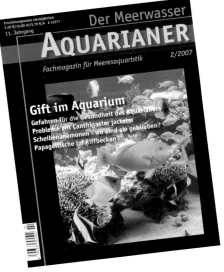
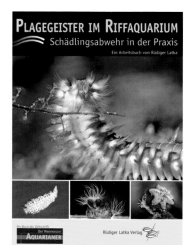

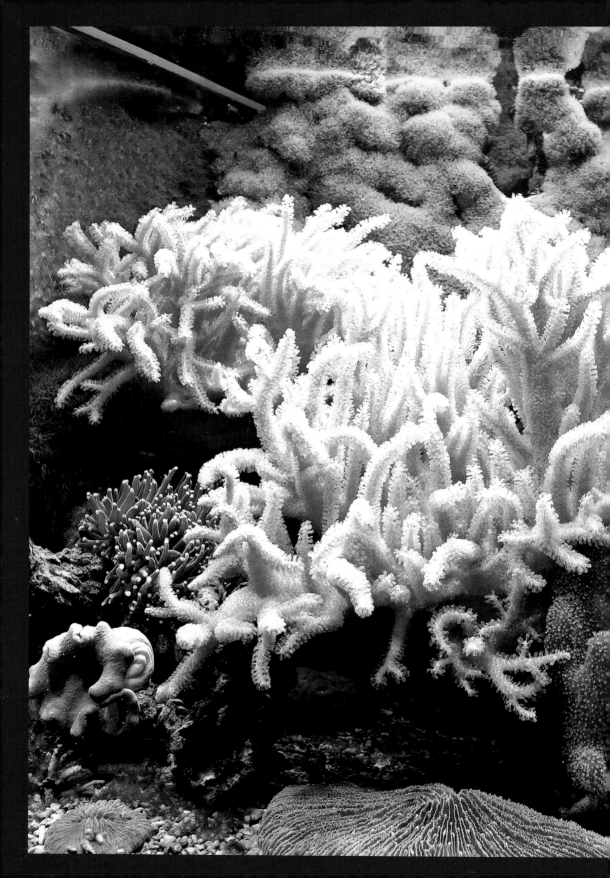